2024
政策热点
面对面

国务院研究室编写组　著

中国言实出版社

图书在版编目（CIP）数据

2024 政策热点面对面 / 国务院研究室编写组著 . ——
北京 : 中国言实出版社，2024.3
ISBN 978-7-5171-4784-8

Ⅰ . ① 2… Ⅱ . ①国… Ⅲ . ①时事政策教育 – 中国 –
学习参考资料 Ⅳ. ①D643

中国国家版本馆 CIP 数据核字（2024）第 054714 号

2024政策热点面对面

责任编辑：朱艳华　郭江妮
责任校对：代青霞　宫媛媛

出版发行：中国言实出版社
　　　　　地　　址：北京市朝阳区北苑路180号加利大厦5号楼105室
　　　　　邮　　编：100101
　　　　　编辑部：北京市海淀区花园路6号院B座6层
　　　　　邮　　编：100088
　　　　　电　　话：010-64924853（总编室）　　010-64924716（发行部）
　　　　　网　　址：www.zgyscbs.cn　电子邮箱：zgyscbs@263.net

经　　销：新华书店
印　　刷：北京中科印刷有限公司
版　　次：2024年4月第1版　　2024年4月第1次印刷
规　　格：710毫米×1000毫米　1/16　29.5印张
字　　数：368千字

定　　价：58.00元
书　　号：ISBN 978-7-5171-4784-8

本书编委会

主　　　编：黄守宏

副　主　编：康旭平　肖炎舜　陈昌盛

执行副主编：包益红

编　　　委：秦青山　刘日红　姜秀谦

　　　　　　王胜谦　宋　立　李攀辉

　　　　　　牛发亮　乔尚奎　王汉章

　　　　　　冯文礼　朱艳华　孙韶华

　　　　　　张伟宾

目　录

CONTENTS

巩固和增强经济回升向好态势 推动高质量发展取得新的更大成效

（代序）

黄守宏

今年全国两会已胜利闭幕。习近平总书记在会议期间发表一系列重要讲话，思想深邃、内涵丰富，具有重大指导意义。在去年底召开的中央经济工作会议上，习近平总书记发表重要讲话，全面分析了国内外经济形势，提出了今年经济发展的总体要求、主要目标、政策取向和重点任务。李强总理所作的《政府工作报告》（以下简称《报告》），以习近平新时代中国特色社会主义思想为指导，深入贯彻党的二十大和二十届二中全会精神、中央经济工作会议精神，总结了过去一年政府工作，对今年重点工作作出了具体安排。这里，浅谈一些个人的学习体会。

一、深刻认识2023年我国发展来之不易的成就，倍加珍惜积累的宝贵经验

过去一年，是全面贯彻党的二十大精神的开局之年，是本届政府依法履职的第一年。面对异常复杂的国际环境和艰巨繁重的改革发展稳定任务，以习近平同志为核心的党中央团结带领全国各族人民，顶住外部压力、克服内部困难，付出艰辛努力，新冠疫情防控实现平稳转段，经济实现回升向好，民生保障有力有效，全年经济社会发展主要目标任务圆满完成，高质量发展扎实推进，社会大局保持稳定，全面建设社会主义现代化国家迈出坚实步伐。我国发展取得的重大成就，令人倍感振奋、备受鼓舞。

去年的成绩单，是一份可圈可点、沉甸甸的成绩单，是一份既有显绩又有潜绩的成绩单。国内生产总值超过126万亿元，增长5.2%，增速居世界主要经济体前列，对世界经济增长的贡献仍保持在30%左右。经济增量超过6万亿元，相当于一个中等国家一年的经济总量。就业形势稳定改善，城镇新增就业1244万人，全年城镇调查失业率平均为5.2%、比2022年下降0.4个百分点。物价总体保持温和上涨，居民消费价格上涨0.2%，扣除食品和能源价格的核心居民消费价格上涨0.7%。居民收入继续增加，全年全国居民人均可支配收入超过3.9万元，扣除价格因素实际增长6.1%，快于经济增速。国际收支基本平衡，年末外汇储备超过3.2万亿美

元。在经济总体回升向好的同时，现代化产业体系建设取得重要进展，科技创新实现新的突破，改革开放向纵深推进，安全发展基础巩固夯实，生态环境质量稳中改善。这些成就之中，有的是外在的、看得见的、可用数据来衡量的，有的是能体悟、可感受到的，还有不少内在的、深层次的、静悄悄的但影响深远的变革。横看成岭侧成峰，远近高低各不同。对去年的成就，可以从多个维度、多个层面、多个角度来看待。

去年的成绩单，是一份来之不易、很不寻常的成绩单，是一份激励当下、昭示未来的成绩单。回顾过去一年，多重困难挑战交织叠加，工作的复杂性艰巨性多年少有。从国际看，外部环境对我国发展的不利影响持续加大。世界经济复苏乏力，国际贸易和投资低迷，地缘政治冲突加剧，保护主义、单边主义上升，外部势力对我国的打压遏制不断升级。从国内看，经济发展面临的矛盾和问题"几碰头"，很多情况是历史上罕见的。新冠疫情发生以来，党中央始终坚持人民至上、生命至上，习近平总书记亲自指挥、亲自部署，各方面持续努力，有效统筹疫情防控和经济社会发展，最大限度保护了人民生命安全和身体健康，保持了经济社会发展大局稳定。去年年初，新冠疫情防控实现平稳转段，取得重大决定性胜利。但也要看到，三年新冠疫情冲击对经济肌体带来的损伤、给人们心理留下的阴影等，并不是随着疫情防控转段就自然消失了。在去年经济恢复中，疫情"疤痕效应"持续存在。同时，长期积累的深层次矛盾加速显现，很多新情况新问题又接踵而至。比如，外需下滑和内需不足碰头。近几年包括疫情冲击的三年中，我国出口仍保持较快或一定的增速，2021年、2022年分别增长21.2%和10.5%，即便是疫情突然暴发的2020年出口增速也为4%，去年经过艰苦努力出口增速仅有0.6%。比如，一些地方的房地产、地方债务、中小金融机构等风险隐患凸显。国际国内的这些风险挑战，哪一个应对起来都不容易，其中不少是相互关联、相互影响的。政策抉择和工作推进面临的两难多难问题明显增加，稍有不慎就可能顾此失彼、进退失据。在这种情况下，经济能稳住、风险能防住、全年发展主要目标任务能完成就很不简单，许多方面出现积极向好变化、为今后发展奠定坚实基础就更为难得。实践充分表明，在以习近平同志为核心的党中央坚强领导下，中国人民有勇气、有智慧、有能力战胜任何艰难险阻，中国发展必将长风破浪、未来可期！

去年的成绩单，是一份"拼出来、干出来、奋斗出来"的成绩单，是一份求真务实、锐意创新的成绩单。习近平总书记在党的二十大报告中指出："新时代的伟大成就是党和人民一道拼出来、干出来、奋斗出来的！"过去一年取得的成就，同样如此。按照党中央决策部署，各方面做了大量卓有成效的工作。《报告》从六个方面总结回顾了过去一年所做的主要工作。

一是加大宏观调控力度，推动经济运行持续好转。经历三年新冠疫情冲击之后，去年我国经济总体处于"大病初愈"的恢复阶段，同时又面临严峻复杂的发展环境，经济下行压力加大。在这种情况下，应对的思路和办法无非有两种。一种是"下猛药"式的思路和办法，实行"大水漫灌"和强刺激政策。这样做短期内固然会抬高经济增速，但由于治标不治本，不仅经济增长难以持续，也会留下后遗症。另一种是固本培元的思路和办法，注重标本兼治，保持必要的政策力度、优化政策工具组合，在稳住当前增长、防止经济失速的同时，更多在推动高质量发展上用力。在深入分析发展面临的多重困难挑战和疫后经济恢复特点基础上，经过反复权衡，我们采用了后一种思路和办法。坚持统筹稳增长和增后劲，围绕扩大内需、优化结构、提振信心、防范化解风险，加强逆周期调节，加大结构性政策实施力度，延续优化一批阶段性政策，及时推出一批新政策，打出有力有效的政策组合拳。由于去年面临多重困难挑战，而且这些困难挑战的成因和性质不同，加之疫后经济恢复有其自身的逻辑和特点，单靠哪项政策都很难收到"一剑封喉"之效。我们注重加强政策协同配合，加力提效实施财政政策，精准有力实施货币政策，及时出台促消费、稳投资政策，制定实施优化房地产调控、一揽子化解地方债务、分类处置金融风险等政策举措。经过全国上下共同努力，全年经济运行呈现前低中高后稳态势，守住了不发生系统性风险的底线，产业结构加快转型升级，经济发展质量明显提高。

二是依靠创新引领产业升级，增强城乡区域发展新动能。推动国家创新体系整体效能持续提升，全社会研发经费投入增长8.1%，与国内生产总值之比达到2.64%。关键核心技术攻关成果丰硕，航空发动机、燃气轮机、第四代核电机组等高端装备研制取得长足进展，人工智能、量子技术等前沿领域创新成果不断涌现。全面部署推进新型工业化，传统产业加快转型升级，战略性新兴产业蓬勃发展，未来产业有序布局，先进制造业和现代服务业深度融合，一批重大产业创新成果达到国际先进水平。国产大飞机 C919 投入商业运营，国产大型邮轮成功建造，汽车出口量跃居世界第一，新能源汽车产销量占全球比重超过 60%。出台稳定工业经济运行、支持先进制造业举措，规模以上工业增加值增长 4.6%，增速比上年提高 1 个百分点。深入推进新型城镇化，常住人口城镇化率提高到 66.2%。实施新一轮千亿斤粮食产能提升行动，粮食产量 1.39 万亿斤，再创历史新高。完善区域协调发展体制机制，区域发展协调性、平衡性不断增强。

三是深化改革扩大开放，持续改善营商环境。新一轮机构改革中央层面基本完成，地方层面有序展开。加快建设全国统一大市场，清理一批妨碍公平竞争的政策规定，开展工程建设招投标等重点领域专项整治。实施国有企业改革深化提升行动，推动国有经济布局优化和结构调整。出台促进民营经济发展壮大的意见，在投资促进、金融支持、市场监管、便民办税等方面协同加大支持力度。推动外贸稳规模、优结构，出口占国际市场份额保持稳定，电动汽车、锂电池、光伏产品"新三样"出口额增长近 30%。完善吸引外资政策，新设外商投资企业增长 39.7%，实际使用外资金额 1.1 万亿元。在上海等自由贸易试验区对接高标准国际经贸规则推进制度型开放，设立新疆自由贸易试验区，高标准自贸区建设稳步推进。成功举办第三届"一带一路"国际合作高峰论坛，形成458项合作成果。

四是强化生态环境保护治理，加快发展方式绿色转型。持续打好蓝天、碧水、净土保卫战，全国地级及以上城市细颗粒物（PM2.5）平均浓度为30微克/立方米，优于"十四五"规划设定的年度目标；地表水水质优良断面比例达到89.4%，上升1.5个百分点。加快实施重要生态系统保护和修复重大工程，完成造林、种草改良1.25亿亩，完成水土流失治理面积6.3万平方公里、全国水土保持率达到72.5%。能源结构持续调整，可再生能源发电装机规模历史性超过火电，全年发电量近3万亿千瓦时。

五是着力抓好民生保障，推进社会事业发展。出台支持企业稳岗拓岗政策，加强高校毕业生等重点群体就业促进服务。加大义务教育、基本养老、基本医疗等财政补助力度，扩大救助保障对象范围，年末全国基本养老、失业、工伤保险参保人数分别达到10.66亿人、2.44亿人和3.02亿人。提高"一老一小"个人所得税专项附加扣除标准，6600多万纳税人受益。新开工改造城镇老旧小区5.37万个、开工建设和筹集保障性租赁住房213万套（间），共惠及上千万家庭。有效应对海河等流域特大洪涝灾害，做好甘肃积石山地震等抢险救援，扎实推进灾后恢复重建。推动旅游市场全面恢复，国内出游人次、居民出游花费分别增长93.3%和140.3%。成都大运会、杭州亚运会和亚残运会成功举办，我国体育健儿勇创佳绩。

六是全面加强政府建设，大力提升治理效能。坚定维护以习近平同志为核心的党中央权威和集中统一领导，当好贯彻党中央决策部署的执行者、行动派、实干家。深入开展学习贯彻习近平新时代中国特色社会主义思想主题教育。坚持把政治建设摆在首位，全面提高政府履职能力。加强党风廉政建设和反腐败斗争，严格落实中央八项规定精神。创新和完善城乡基层治理。加强社会治安综合治理，有效打击电信网络诈骗等违法犯罪活动，平安中国建设取得新进展。

《报告》强调，过去一年我国发展取得的成绩，根本在于习近平总书记领航掌舵，在于习近平新时代中国特色社会主义思想科学指引，是以习近平同志为核心的党中央坚强领导的结果，是全党全军全国各族人民团结奋斗的结果。在应对风险挑战的实践中，我们进一步深化了新时代做好经济工作的规律性认识，积累了克服重大困难的宝贵经验，中央经济工作会议对此作了概括。这些规律性认识，进一步丰富和发展了习近平经济思想，是我们做好各项工作的重要认识论和方法论，今后要全面贯彻到推动高质量发展的实践中。

总起来说，读懂读透读好过去一年的成绩单，就会对中国经济过去这些年为什么"行"、为什么"能"、为什么"好"有更深刻的认识和理解，也会对完成今年发展目标任务乃至实现全面建成社会主义现代化强国目标更有信心和底气，因为这背后的大逻辑和根本动因都是一致的。

在肯定成绩的同时，《报告》也客观指出了经济社会发展面临的困难和挑战。世界经济增长动能不足，地区热点问题频发，经济逆全球化、产业链供应链区域化碎片化更趋明显，外部环境的复杂性、严峻性、不确定性上升。我国经济持续回升向好的基础还不稳固，有效需求不足，部分行业产能过剩，社会预期偏弱，风险隐患仍然较多；一些地方基层财力比较紧张；部分中小企业和个体工商户经营困难；就业总量压力和结构性矛盾并存；增强科技创新能力、推进重点领域改革、生态环境保护治理等还要持续努力。政府工作自身也存在多方面不足。《报告》强调，我们一定直面问题和挑战，尽心竭力做好工作，决不辜负人民期待和重托！

二、准确把握 2024 年经济社会发展总体要求和政策取向，努力营造良好发展环境

今年是中华人民共和国成立 75 周年，是实现"十四五"规划目标任务的关键一年。做好政府工作，要在以习近平同志为核心的党中央坚强领导下，以习近平新时代中国特色社会主义思想为指导，全面贯彻落实党的二十大和二十届二中全会精神，按照中央经济工作会议部署，坚持稳中求进工作总基调，完整、准确、全面贯彻新发展理念，加快构建新发展格局，着力推动高质量发展，全面深化改革开放，推动高水平科技自立自强，加大宏观调控力度，统筹扩大内需和深化供给侧结构性改革，统筹新型城镇化和乡村全面振兴，统

筹高质量发展和高水平安全，切实增强经济活力、防范化解风险、改善社会预期，巩固和增强经济回升向好态势，持续推动经济实现质的有效提升和量的合理增长，增进民生福祉，保持社会稳定，以中国式现代化全面推进强国建设、民族复兴伟业。

准确研判国内外形势，是正确制定发展目标和宏观政策取向、明确重点工作任务的基础。《报告》指出，"综合分析研判，今年我国发展面临的环境仍是战略机遇和风险挑战并存，有利条件强于不利因素"。这是坚持运用习近平新时代中国特色社会主义思想的世界观和方法论，深入分析我国发展面临的主要矛盾和矛盾的主要方面，统筹考虑国内外形势中的"不变"因素与"变化"因素、阶段性因素与趋势性因素、确定性因素与不确定性因素、积极因素与消极因素等，作出的科学判断。当今世界变乱交织，世界百年变局全方位、深层次加速演进。但和平和发展仍然是时代主题，新一轮科技革命和产业变革加速发展，绿色发展推动生产消费加速转型，世界经济复苏趋势继续延续。今年我国经济发展确实面临不少困难和挑战，必须正视并采取有力有效的措施加以解决。但也要看到，这些困难和挑战是近几年一直存在的，经过去年努力，总体上是在缓解的、趋势是向好的。长期以来支撑我国经济持续发展的基本动因、显著优势继续保持而且不少方面在不断增强，发展新动能在加快壮大。总体来看，今年我国发展的有利条件在增多，经济回升向好、长期向好的基本趋势没有改变也不会改变。《报告》强调，只要我们贯彻落实好党中央决策部署，紧紧抓住有利时机、用好有利条件，把各方面干事创业的积极性充分调动起来，一定能战胜困难挑战，推动经济持续向好、行稳致远。

按照党中央决策部署，综合考虑国内外形势和各方面因素，兼顾需要和可能，《报告》提出了今年经济社会发展的主要预期目标和政策取向。

今年发展主要预期目标是：国内生产总值增长5%左右；城镇新增就业1200万人以上，城镇调查失业率5.5%左右；居民消费价格涨幅3%左右；居民收入增长和经济增长同步；国际收支保持基本平衡；粮食产量1.3万亿斤以上；单位国内生产总值能耗降低2.5%左右，生态环境质量持续改善。

今年的发展主要预期目标与去年相比，总体上保持了稳定，同时根据国内外形势变化和推动高质量发展需要，对就业、居民收入、能耗等指标提出了新的要求。国内生产总值增速、物价等指标虽然与去年一致，但也有新的内涵和要求。这些指标相互关联，是一个有机的整体。

（一）关于经济增速目标。经济增速预期目标作为基础性、综合性指标，各方面历来都比较关注。今年经济增长预期目标定为5%左右，统筹考虑了当前和长远需要。一是考虑促进就业增收、防范化解风险等需要。没有一定的经济增长，就业增收、结构优化、防范化解风险就缺乏支撑。根据当前就业与经济增长的关联性，实现今年的就业目标，经济增速需要保持5%左右。二是考虑基本实现现代化的需要。

到 2035 年基本实现现代化、达到中等发达国家水平，只有 12 年时间了，发展的任务很重，未来一个时期经济增速需要保持在 5% 左右。**三是考虑稳定预期、提振信心、凝聚力量的需要。**市场经济条件下，社会预期具有自我强化、自我实现的特点和内在机制。经济增长目标具有很强的预期引导作用，如果定得过高难以实现不行，如果定得偏低也会导致社会预期走弱。将今年增长预期目标设定为 5% 左右，保持了年度预期目标连续性稳定性，与社会各方面的期盼相吻合，是较为合适的。同时，制定这一目标也充分考虑了可能性，包括去年以来的经济增长态势、潜在经济增速和支撑条件等。去年在多重困难挑战交织叠加背景下，经济增速达到 5.2%，今年我国发展的"有利条件强于不利因素"，实现 5% 左右的增速是完全可能的。当然，实现这一目标并不容易，需要政策聚焦发力、工作加倍努力、各方面齐心协力。

（二）关于**就业目标**。就业是最基本的民生。今年就业压力加大，需要在城镇就业的新成长劳动力约 1700 万人，其中高校毕业生超过 1170 万人、创历史新高。今年将就业目标设定为"城镇新增就业 1200 万人以上"，与去年"城镇新增就业 1200 万人左右"相比，要求更高。这体现了就业优先的政策导向，也体现党和政府进一步加强稳就业工作的力度和决心。

（三）关于**居民收入增长目标**。这个目标直接关系居民生活改善和内需扩大。党的十八大以来，随着经济发展，居民收入保持较快增长，2023 年比 2012 年实际增长 94.4%，年均增速快于经济增速。但目前居民收入在国民收入分配中的比重、劳动报酬在初次分配中的比重依然偏低，这也是影响居民消费能力和意愿的重要因素。今年居民收入增长目标是"和经济增长同步"，与前些年一直提的"和经济增长基本同步"相比，删去了"基本"二字。这贯彻了党的二十大报告关于"完善分配制度"的相关要求，体现了着力改善人民生活的鲜明导向，也有利于引导消费预期、激发内需潜力。随着经济持续回升向好和促增收政策力度加大，今年居民收入还会持续稳定增长。

（四）关于**物价目标**。价格水平及其走势是宏观经济的温度计。国际国内的实践表明，物价太高或太低都不好，不仅会影响经济持续发展和人民生活改善，也会积聚或引发风险。物价涨幅过高、出现通货膨胀的危害显而易见，人们的感受也比较直接，但物价持续偏低会导致总需求收缩、债务风险加剧，对经济增长、居民增收的危害更大，解决起来也更为困难。去年我国居民消费价格上涨0.2%，一些人认为已经出现了"通缩"，这是不符合实际的，但也确实需要防范通缩风险。今年将居民消费价格涨幅目标定为3%左右，属于温和适度水平，符合物价企稳回升的总体态势，旨在发出积极推动价格稳步回升的政策信号，引导市场预期，并为加大宏观调控力度和深化价格改革留有一定余地。

（五）关于**能耗强度目标**。去年对单位国内生产总值能耗提出"继续下降"的定性要求，实际结果是比上年下降了0.5%。今年提出"降低2.5%左右"的量化目标，综合考虑了经济社会发展用能和绿色低碳转型需要，也考虑了耗能较低的服务业回归正常发展和可再生能源替代扩大等支撑条件，是积极稳妥、经过努力能够完成的。

实现今年发展目标，要坚持稳中求进、以进促稳、先立后破。这是党中央深入分析研判国内外形势确定的重要原则，充分体现了习近平新时代中国特色社会主义思想的世界观和方法论，具有很强的指导性和针对性。我们要深入学习领会，正确把握和处理好稳与进、立与破的关系。稳是大局和基础。在当前有效需求不足、社会预期特别是民营企业预期偏弱的情况下，各项政策和工作都要着眼于稳。各地区各部门要多出有利于稳预期、稳增长、稳就业的政策，谨慎出台收缩性抑制性举措，清理和废止有悖于高质量发展的政策规定。经济发展犹如逆水行舟、不进则退，必须把进作为方向和动力，以进促稳，着力在转方式、调结构、提质量、增效益上积极进取，激发和增强发展内生动力活力。当前，我国发展正处在新旧动能转换的关键期，必须先立后破，不能未立先破，否则就会影响经济社会发展稳定大局。对该立的要积极主动立起来，该破的要在立的基础上坚决破，不断巩固稳中向好的基础。过去我们主要依靠投资、出口拉动经济增长，随着国内外形势发生深刻变化，这种发展方式难以为继，也积累了一些风险隐患。习近平总书记深刻指出，新形势下发展不能穿新鞋走老路，必须完整、准确、全面贯彻新发展理念，加快构建新发展格局，推动高质量发展。贯彻落实习近平总书记要求，必须着力转变发展方式，统筹扩大内需和深化供给侧结构性改革，主要依靠消费、科技创新推动经济增长，促进"投资社会"、"生产社会"向"消费社会"转型。宏观政策取向也要相应作出转变，坚持以支持提振消费、增加有效投资来驱动内需扩大，以支持发展新质生产力、培育壮大新动能来推动经济结构优化升级，以支持防范化解重大风险隐患来保障安全发展。今年要强化宏观政策逆周期和跨周期调节，继续实施积极的财政政策和稳健的货币政策，加强政策工具创新和协调配合。

积极的财政政策要适度加力、提质增效。积极的财政政策要根据不同年份情况，综合权衡政策力度，合理搭配政策工具，以取得最佳效果。今年统筹考虑发展需要和财政可持续，用好财政政策空间，对积极的财政政策作出了符合实际的安排。

财政政策"适度加力"，主要体现在以下两个方面。一方面，财政支出强度总体扩大。去年年初预算将赤字率按3%安排，由于四季度增发的1万亿元国债列入赤字，赤字率调整为3.8%左右。今年的赤字率拟按3%安排，由于国内生产总值增加了，赤字规模也相应扩大至4.06万亿元，比去年年初预算增加1800亿元。预计今年财政收入继续恢复增长，加上调入资金等，一般公共预算支出规模28.5万亿元、比去年增加1.1万亿元。另一方面，政府债券规模明显增加。今年安排地方政府专项债券3.9万亿元、比去年增加1000亿元，发行超长期特别国债1万亿元，还有去年四季度增发的1万亿元国债大部分在今年使用。需要指出的是，发行超长期特别国债是党中央着眼我国现代化建设全局采取的重大战略举措。我国在科技创新、新型工业化、乡村振兴、区域协调发展、新型城镇化等重大战略实施中仍有不少薄弱环节，在粮食、能源、产业链供应链等领域安全能力建设方面也存在不少短板制约。这些领域的突出问题都是强国建设、民族复兴进程中必须解决的，但其中很多重大项目投资周期长、收益低，现有资金渠道和筹资方式等难以满足需求。为系统解决资金供给问题，从今年开始拟连续几年发行超长期特别国债，不列入赤字，专项用于国家重大战略实施和重点领域安全能力建设，今年先发行 1 万亿元。这样的安排，统筹当前和长远，有利于增强各方对我国发展的预期和信心，有利于控制政府负债率、增强财政可持续，也有利于实现我们的战略目标。

财政政策"提质增效"，主要是大力优化支出结构，保障重点支出，减少一般性支出，加强绩效管理，提高财政资金效益和政策效果。今年财政保障的重点是两个方面。一方面，强化国家重大战略任务财力保障。主要是支持加快现代化产业体系建设、科教兴国、扩大内需、乡村振兴、区域协调发展、新型城镇化、加强生态文明建设等重大战略实施。另一方面，加强基本民生保障。坚持尽力而为、量力而行，加强基础性、普惠性、兜底性民生保障建设，加大对就业、医疗、社会保障等民生领域的财政支持力度，提高基本公共服务水平和可及性、均衡性。现在各级财力都比较紧张，但最紧张的是在市县基层。今年中央对地方转移支付安排 10.2 万亿元，剔除不可比因素后同口径增长 4.1%。其中，安排均衡性转移支付 2.6 万亿元、增长 8.8%，适当向困难地区和欠发达地区倾斜。省级政府要加强统筹，推动财力下沉，增强基层保基本民生、保工资、保运转能力，兜牢"三保"底线。2013 年以来，我国实施大规模减税降费，目前宏观税负在全球处于中等偏低水平。统筹考虑支持高质量发展需要、财政承受能力和优化税制等方面因素，今后要在保持宏观税负总体稳定基础上，实施结构性减税降费，提高政策的精准性、针对性、有效性。在落实好去年延续和优化的税费优惠政策基础上，今年将有针对性地研究出台结构性减税降费政策，重点支持科技创新和制造业发展。《报告》强调，各级政府要习惯过紧日子，真正精打细算，严肃财经纪律，加强财会监督，切实把财政资金用在刀刃上、用出实效来。

稳健的货币政策要灵活适度、精准有效。稳定经济运行、推动高质量发展，必须营造良好的货币金融环境。今年《报告》中稳健的货币政策取向没有变，对总量、结构、价格等方面提出了新要求。一是加强货币政策总量调节。今年《报告》提出，"保持流动性合理充裕，社会融资规模、货币供应量同经济增长和价格水平预期目标相匹配"。与近些年相比，有两点新变化，即把"社会融资规模"放到了"货币供应量"前面，把"同名义经济增速基本匹配"改为"同经济增长和价格水平预期目标相匹配"。前者主要是考虑到社会融资规模与货币供应量相比，涵盖的范围更广，除金融机构的贷款外，还包括金融机构表外业务及金融市场的债券、股票融资等，可以更全面地反映经济活动中的总体融资情况。后者主要是考虑更好统筹实现经济增长和保持合理物价水平的目标。二是加强货币政策结构调节。《报告》强调加大对重大战略、重点领域和薄弱环节的支持力度。要用好再贷款、再贴现、窗口指导等政策手段和阶段性、长期性的结构性货币政策工具，合理引导资金流向，支持国家重大战略实施和重点领域发展。当前中小微企业融资难问题依然存在，要优化融资增信、风险分担、信息共享等配套措施，更好满足中小微企业融资需求。三是促进社会综合融资成本稳中有降。近几年实际贷款利率不断下降，但目前社会综合融资成本还有压降空间。要多渠道增加银行低成本资金，完善利率形成和传导机制，继续规范相关收费行为，压减不必要的收费项目，降低或减免企业续贷、过桥、融资担保等方面的费用。四是畅通货币政策传导机制。当前企业融资需求与金融机构资金供给之间存在不对称，反映货币政策传导面临一些阻滞。一方面，部分企业特别是民营中小微企业融资难融资贵问题仍然存在。另一方面，一些资金存在沉淀空转问题。比如，有的企业从大银行获取低息贷款，再将贷款存到利率更高的小银行吃息差，小银行则使用存款资金购买二级市场债券，这些资金并未转化为实体企业的生产投资。要着力打通资金进入实体经济的"最后一公里"，加强信贷投放窗口指导和监管指引，促进信贷投放与实体经济实际需要相匹配。五是增强资本市场内在稳定性。直接融资是社会融资规模的重要组成部分，资本市场稳定健康发展具有牵一发动全身的重要作用。

要针对影响资本市场平稳运行的突出问题，深化资本市场改革，健全资本市场基础制度，大力提升上市公司质量和投资价值，健全有利于中长期资金入市的政策环境。加强资本市场监管，保护投资者特别是中小投资者合法权益，持续优化资本市场生态。六是做好金融五篇大文章。这是习近平总书记在中央金融工作会议上提出的明确要求。要大力发展科技金融、绿色金融、普惠金融、养老金融、数字金融，加快完善激励机制、标准体系、配套政策、风险管控等相关基础制度。

增强宏观政策取向一致性。这是提高政策整体效能、实现今年乃至今后发展目标任务的客观需要，也是为解决当前社会预期特别是经营主体预期不稳问题所采取的重要举措。财政、货币政策被公认为是宏观政策，就业、产业、区域、科技、环保等政策因对经济发展具有全局性影响，也属于宏观政策的范畴。各项政策都有其特定的政策目标，《报告》要求"增强宏观政策取向一致性"，就是都要围绕实现今年发展目标来制定和实施，把握好时、度、效，加强统筹衔接、协调联动，放大政策组合效应。同时，鉴于许多非经济性政策对社会预期、经济运行会产生直接或间接的影响，中央经济工作会议和《报告》要求将其纳入宏观政策取向一致性评估。这就意味着，无论是经济政策还是非经济性政策，如果对经济发展有明显的收缩性抑制性效应，就要缓出或不出，即便是亟须出台的，也要采取相应措施，尽可能降低对经济发展的负面影响。要建立健全政策统筹机制，发挥好评估、把关、协调作用，防止出现相互掣肘、效应对冲或合成谬误等问题，确保同向发力、形成合力。各部门要增强发展大局意识，围绕经济建设这一中心工作和高质量发展这一首要任务，对本部门拟出台的政策措施进行宏观政策一致性评估。在此基础上，国家发展改革委牵头的政策文件评估机制进行再评估。政策行不行、好不好，最终要看社会反响和实际效果。企业和群众是直接感受者，最有发言权。各地区各部门在政策研究和制定中要开门问策、集思广益，最大限度减少片面性、主观随意性。研究制定涉企政策，要注重与市场沟通，回应企业关切，解决突出问题。政策出台时要精准做好宣传解读，防止误读误解。要加强对政策执行情况的跟踪评估，以企业和群众满意度为重要标尺，及时进行调整和完善。对实践证明不当的政策要及时叫停，对政策执行中存在的偏差要及时纠正。总之，要将党中央关于增强宏观政策取向一致性的要求，贯穿到政策研究、制定、实施全过程，哪个方面、哪个环节出问题都要及时加以解决，努力营造稳定透明可预期的政策环境。

《报告》提出，要研究储备政策。基于对当前国内外形势和经济运行态势的分析判断，《报告》中提出了宏观政策举措。如果将来国际环境发生超预期变化，我国经济遭遇超预期冲击或经济运行出现大的问题，就要及时采取新的政策措施。我国政府法定负债率不到60%、低于主要市场经济国家和新兴市场国家水平，金融总体稳健，宏观政策仍有较大空间。要增强底线思维、极限思维，加强储备政策预研、丰富工具箱，确保一旦需要就能及时推出、有效发挥作用。需要指出的是，受国际环境变化因素和国内周期性、结构性、体制性因素以及突发性因素等影响，经济增速在月度、季度间有一定波动是正常的。只要经济运行的总体状况和走势向好，就要保持定力，在贯彻落实既定政策上下功夫。要增强宏观调控的前瞻性、针对性、有效性，防止经济增长出现大的起伏，努力巩固和增强经济回升向好态势，推动实现全年发展目标。

三、突出重点、把握关键，扎实做好政府重点工作

今年政府工作任务重、要求高、挑战多，必须按照党中央决策部署，紧紧抓住主要矛盾，着力突破瓶颈制约，有力有序向前推进。《报告》提出了十个方面的重要任务和政策举措。

（一）大力推进现代化产业体系建设，加快发展新质生产力。现代化产业体系是现代化国家的物质技术基础。加快建设以实体经济为支撑的现代化产业体系，既关系当前经济持续稳定发展，也关系我国在未来发展和国际竞争中赢得战略主动。发展新质生产力是推动高质量发展的内在要求和重要着力点。习近平总书记自去年9月份以来对发展新质生产力作出一系列重要论述，深刻阐明了发展新质生产力的重大理论和实践问题，强调要因地制宜发展新质生产力。《报告》深

入贯彻落实习近平总书记重要指示精神，要求充分发挥创新主导作用，以科技创新推动产业创新，加快推进新型工业化，提高全要素生产率，不断塑造发展新动能新优势，促进社会生产力实现新的跃升。

推动产业链供应链优化升级。经过长期努力，我国建成了门类齐全、配套完备的产业体系，这是建设现代化产业体系的基础。要依靠创新推动结构优化、产业升级，加快迈向全球价值链中高端。一要保持工业经济平稳运行。当前工业经济稳步恢复，但仍面临有效需求不足、市场预期偏弱等困难。要促消费、稳外贸等多管齐下，充分发挥重点行业和工业大省带动作用，巩固工业经济回升向好态势。二要推动制造业高质量发展。我国是世界第一制造大国，但制造业"大而不强、全而不优"问题依然突出，继续发展面临日益加大的国际竞争压力。要深入实施制造业重点产业链高质量发展行动，着力补齐短板、拉长长板、锻造新板，巩固和增强制造业发展优势。先进制造业是现代化产业体系的骨干，我国已经建成45个国家级先进制造业集群，要优化行业和区域布局，推动其向世界级集群提升。传统产业在我国制造业中占比超过80%，经过改造升级也能形成新质生产力。要深入实施制造业技术改造升级工程，积极实施大规模设备更新，推动高端化、智能化、绿色化转型。三要强化制造业发展支撑引领。我国生产性服务业发展相对滞后，占经济总量的比重只有18%左右，而发达国家多在40%—50%。要加快发展研发设计、检验检测、智慧物流等现代生产性服务业，深化先进制造业和现代服务业融合。实施大中小企业融通创新"携手行动"，促进中小企业专精特新发展。加强标准引领和质量支撑，推动标准与国际先进水平对接，深入开展增品种、提品质、创品牌行动，加强全面质量管理，打造更多具有国际影响力的"中国制造"品牌。

积极培育新兴产业和未来产业。这是加快发展新质生产力的内在要求，事关国家发展战略全局。《报告》对此作出部署。*一要分类分业、精准施策培育壮大新兴产业*。我国战略性新兴产业占国内生产总值比重已超过13%，发展潜力巨大。要实施产业创新工程，完善产业生态，拓展应用场景，促进融合集群发展。智能网联新能源汽车等产业在全球处于领先地位，要着力做强做优，不断提升核心竞争力。氢能、新材料、创新药等前沿新兴领域创新活跃，要完善支持政策，促进其加快成长壮大。生物制造、商业航天、低空经济等产业潜在市场规模大，要加快打造成为新增长引擎。*二要前瞻谋划、加快布局未来产业*。未来产业创新持续涌现、发展前景广阔，已成为世界主要国家的战略必争之地。要面向国家战略需求，制定未来产业发展规划，加强前瞻部署、创新驱动、应用牵引、梯次培育，积极开辟量子技术、生命科学等新赛道，创建一批未来产业先导区。*三要优化新兴产业和未来产业发展环境*。产业创新发展离不开长期稳定的资金投入。要鼓励发展创业投资、股权投资，引导更多资本投早投小投硬科技。现在产业投资基金数量很多，一定程度存在资金投向同质化、使用效率不高等问题，要进一步明确功能定位，更

好发挥引领撬动作用。目前很多地方发展新兴产业和未来产业积极性很高，要加强重点行业统筹布局，引导各地按市场规律、产业发展规律办事，根据资源禀赋、产业基础、科研条件等错位发展，防止一哄而上和低水平重复建设。这些年，我国在基于互联网的新业态新模式发展方面走在世界前列，得益于包容审慎监管方式。要继续坚持和完善包容审慎监管，健全科学规范、鼓励创新、宽容失误的监管规则，为新兴产业和未来产业更好发展提供空间。

深入推进数字经济创新发展。我国数字经济规模连续多年位居世界第二，但在关键核心技术、产业基础能力等方面存在短板。要制定支持数字经济高质量发展政策，促进数字技术和实体经济深度融合，巩固和增强我国数字经济优势。一要积极推进数字产业化。数字产业化是发展数字经济的动力和支撑。要深化大数据、人工智能等研发应用，加快突破算力、算法等底层技术，构建自主可控的产业生态。发挥我国应用场景丰富等优势，开展"人工智能＋"行动，赋能千行百业。数字经济规模效应明显，要引导优质要素资源高效集聚，打造具有国际竞争力的数字产业集群。二要大力推进产业数字化。产业数字化是发展数字经济的主战场。要实施制造业数字化转型行动，分行业制定转型路线图，加快工业互联网规模化应用，推动"智改数转网联"。大力推进商贸、物流、金融等服务业数字化，加快建设智慧城市、数字乡村。三要加快推进企业数字化转型。企业是数字化转型的主体，其中量大面广的中小企业是重点和难点。要深入开展中小企业数字化赋能专项行动，切实解决企业"不愿转、不敢转、不会转"等问题。这些年，我国平台企业迅速发展壮大，在推动数字经济发展中发挥了重要作用。要提升常态化监管水平，支持平台企业在促进创新、增加就业、国际竞争中大显身手。四要筑牢数字经济发展基础。数据是数字经济的基础要素。要健全数据产权、流通交易、收益分配、安全治理等基础制度，推动数据开放共享和开发利用。继续适度超前建设5G等数字基础设施，深化实施"东数西算"工程，加快形成全国一体化算力体系。

（二）深入实施科教兴国战略，强化高质量发展的基础支撑。党的二十大报告指出，教育、科技、人才是全面建设社会主义现代化国家的基础性、战略性支撑。《报告》强调，坚持教育强国、科技强国、人才强国建设一体统筹推进，创新链产业链资金链人才链一体部署实施，深化教育科技人才综合改革，对做好今年的教育、科技、人才工作提出明确要求。

加强高质量教育体系建设。教育兴则国家兴，教育强则国家强。我国教育已由规模扩张阶段转向高质量发展阶段。《报告》要求全面贯彻党的教育方针，坚持把高质量发展作为各级各类教育的生命线。一要落实立德树人根本任务。培养什么人、怎样培养人、为谁培养人是教育的根本问题。《报告》围绕这个建设教育强国的核心课题，要求推进大中小学思想政治教育一体化建设。二要统筹各级各类教育发展。我国已建成世界上规模最大的教育体系，各学段普及程度已达到或超过中高收入国家平均水平。《报告》提出开展基础教育扩优提质行动，就是要多措并举推动义务教育、学前教育、高中教育质量整体提高，"双管齐下"改善薄弱学校办学水平和增加优质学位供给。建设教育强国，龙头是高等教育。要围绕提高人才自主培养质量和科技创新能力，实施高等教育综合改革试点，推动高校建设特色优势专业集群，开展好有组织科研。《报告》还要求大力提高职业教育质量，培养高素质技能人才。三要着力解决教育发展中的突出问题。比如，《报告》提出要改善农村寄宿制学校办学条件。全国义务教育阶段寄宿制学校有 6.5 万所，寄宿学生有 3154 万人、占义务教育学生总数的 19.6%。虽然这些年农村寄宿制学校的条件有了很大改善，但还存在很多薄弱环节，需要补上这个短板。又如，《报告》提出加强学生心理健康教育。近年来，心理健康问题呈现"低龄化"发展趋势，引发社会关注。要坚持健康第一的教育理念，多措并举加强和改进心理健康工作，促进学生身心健康、全面发展。四要推动教育更好服务高质量发展。当前，经济社会发展对人才培养提出新的更高要求，很多领域存在人才短缺问题。《报告》要求优化学科专业和资源结构布局，建强应用型本科高校，就是要有的放矢培养国家战略人才和急需紧缺人才。

加快推动高水平科技自立自强。习近平总书记指出，"实现高水平科技自立自强，是中国式现代化建设的关键"。《报告》强调要充分发挥新型举国体制优势，全面提升自主创新能力。一要持续强化基础研究。我国面临的很多"卡脖子"

技术问题，根子是基础研究跟不上，源头和底层的东西没有搞清楚。《报告》对强化基础研究系统布局作出安排。突出前瞻性、战略性需求导向，优化基础研究资源配置和布局结构，长期稳定支持一批创新基地、优势团队和重点方向。基础研究具有长期性和不确定性，需要有力度的持续投入。去年我国基础研究经费占全社会研发经费的比重为 6.65%，而发达国家通常在 15% 以上。要健全基础研究长期稳定支持机制，在各级财政继续加大投入的同时，引导企业和社会力量增加投入。二要提升创新体系整体效能。我国有国家实验室、国家科研机构、高水平研究型大学、科技领军企业等战略科技力量，有世界上数量最多的企业，关键是优化资源配置，推动形成功能互补、良性互动的协同创新新格局。《报告》要求集成国家战略科技力量、社会创新资源，推进关键核心技术协同攻关，加强颠覆性技术和前沿技术研究。三要强化企业科技创新主体地位。近些年来，国家在支持企业发挥创新主体作用方面采取了很多措施。目前国家重点研发计划中，企业参加或牵头的占比已接近 80%。企业的科技投入增长也很快，但投入强度与发达国家相比还有很大差距。要激励企业加大创新投入，深化产学研用结合，促进科技成果转移转化。四要健全完善体制机制。目前，制约科技创新、影响科技人员积极性的体制机制障碍依然不少。要加快形成支持全面创新的基础制度，深化科技评价、科技奖励、科研项目和经费管理制度改革，健全"揭榜挂帅"机制，加强知识产权保护，不断激发创新创造活力。扩大国际科技交流合作，更加积极融入全球创新网络，营造具有全球竞争力的开放创新生态，广泛汇聚和用好全球创新资源。

全方位培养用好人才。推动高质量发展，人才是第一资源。2023 年，我国具有大学文化程度人口超过 2.5 亿人，劳动年龄人口平均受教育年限达 11.05 年，人才资源总量、科技人力资源、研发人员总量均居全球首位，但人才队伍结构性矛盾依然突出，人才发展机制还不健全。《报告》提出，实施更加积极、更加开放、更加有效的人才政策，就是要广育各类人才、广纳天下英才，形成人尽其才、各展其能的良好局面。一要加强平台建设。《报告》提出推进高水平人才高地和吸引集聚人才平台建设，主要考虑是发挥国际和区域科技创新中心等在科教资源、产业基础等方面的优势，以更大力度引才聚才，加快形成人才发展的战略支点和雁阵格局。二要把握工作重点。我国发展需要各领域各层次人才，《报告》围绕一流科技领军人才和创新团队、拔尖创新人才、基础研究人才、卓越工程师和高技能人才等的选育、引进、使用等提出明确要求。青年时期是创造力最旺盛的时期。有研究表明，自然科学发明创造的最佳年龄段是 25—45 岁。要加大对青年科技人才支持力度，着力解决薪酬待遇、住房、子女入学等方面的实际困难，为他们的成长创造良好环境。三要健全科技评价机制。评价体系对人才成长发展具有重要"指挥棒"作用。要加快建立以创新价值、能力、贡献为导向的人才评价体系，更加注重"立新标"，继续深入"破四唯"（唯论文、唯职称、唯学历、唯奖项），倾力打造良好人才生态，让更多的优秀人才脱颖而出，让各类人才的创新创造潜能充分释放。

（三）着力扩大国内需求，推动经济实现良性循环。我国有 14 亿多人口，人均国内生产总值达 1.2 万美元，中等收入群体超过 5 亿人，居民消费正在优化升级，拥有全球最大最有潜力的消费市场。同时，我国正处于新型工业化、信息化、城镇化、农业现代化深入发展阶段，有效投资需求潜力很大。这两个方面的结合就是巨大的内需潜力，这是我们大国经济的最大优势所在。今年，我们要把实施扩大内需战略同深化供给侧结构性改革有机结合起来，更好统筹消费和投资，激发有潜能的消费，扩大有效益的投资，增强对经济增长的拉动作用。

促进消费稳定增长。目前消费增长动力不足，原因是多方面的。其中，有疫情以来部分群体收入增速放缓、消费能力减弱因素，有供给结构和能力因素，有消费环境障碍因素，也有预期不稳带来的预防性储蓄增多、即期消费减少因素。比如，2022 年、2023 年住户存款分别新增 17.8 万亿元和 16.7 万亿元，较 2019—2021 年 10 万亿元的年均增量上升了 60%—80%。《报告》提出，要从增加收入、优化供给、减少限制性措施等方面综合施策，激发消费潜能。新型消费正在蓬勃兴起，要因势利导，加快培育壮大。实施数字消费、绿色消费、健康消费促进政策，发展网上零售、直播电商等新业态新模式，积极培育智能家居、文娱旅游、体育赛事、国货"潮品"等新的消费增长点。要稳定和扩大传统消费，实施大规模消费品以旧换新行动，提振智能网联新能源汽车、电子产品等大宗消费。随着居民收入和生活水平提高，服务消费需求持续增长。要推动养老、育幼、家政等服务扩容提质，支持社会力量提供社区服务，在用房、用电、用水等方面给予更多扶持。要优化产品和服务供给，通过推动供给创新培育消费新增长点，通过加快停车场、充电桩和医疗等服务设施建设，拓展消费需求空间。要优化消费环境，开展"消费促进年"活动，加快调整制约消费的过时政策，采取合理增加消费信贷等支持政策，实施"放心消费行动"，加强消费者权益保护，营造便利、安全、放心的消费环境。

积极扩大有效投资。发展新质生产力、推动经济转型升级离不开投资，基础设施和社会民生领域还有许多薄弱环节亟待加强，有效投资潜力很大。我国总储蓄率高，社会资金充裕，扩大有效投资也有条件。由于多种因素影响，近几年投资呈放缓趋势。要采取有力措施，推动多渠道增加投资，优化投资结构，保持投资合理增长。*一方面，要发挥好政府投资的带动放大效应*。今年中央预算内投资、地方专项债、国债资金等加在一起，政府投资规模比去年明显增加。要重点支持科技创新、新型基础设施、节能减排降碳，加强民生等经济社会薄弱领域补短板，推进防洪排涝抗灾基础设施建设，推动各类生产设备、服务设备更新和技术改造，加快实施"十四五"规划重大工程项目。合理扩大地方政府专项债券投向领域和用作资本金范围，额度分配向项目准备充分、投资效率较高的地区倾斜。要统筹用好各类资金，科学规划

布局建设项目，避免重复投资，防止低效无效投资，提高投资效益。另一方面，要着力稳定和扩大民间投资。近些年民间投资占全社会投资的比重持续下滑，2021—2023年分别为56.5%、54.2%和50.4%。针对这一问题，我们已经出台了一批促进民间投资政策措施。今年要在抓好已有政策落实基础上，进一步完善相关政策措施，提振民间投资预期和信心。要实施好政府和社会资本合作新机制，鼓励民间资本参与重大项目建设。进一步拆除各种藩篱，在更多领域让民间投资进得来、能发展、有作为。

（四）坚定不移深化改革，增强发展内生动力。推动高质量发展，根本要靠改革。要推进重点领域和关键环节改革攻坚，充分发挥市场在资源配置中的决定性作用，更好发挥政府作用，营造市场化、法治化、国际化一流营商环境，推动构建高水平社会主义市场经济体制。

*激发各类经营主体活力。*习近平总书记多次强调，公有制经济和非公有制经济都是社会主义市场经济的重要组成部分，应该相辅相成、相得益彰，而不是相互排斥、相互抵消。《报告》指出，国有企业、民营企业、外资企业都是现代化建设的重要力量。要不断完善落实"两个毫不动摇"的体制机制，依法平等保护企业产权和自主经营权，为各类所有制企业创造公平竞争、竞相发展的良好环境。国有企业主要分布在关系国民经济命脉的重要行业和关键领域，大多是行业龙头企业，不少处于产业链供应链"链长"地位。要深入实施国有企业改革深化提升行动，建立国有经济布局优化和结构

调整指引制度，推动国有企业做强做优主业，增强核心功能、提高核心竞争力。民营经济在国民经济中占有重要地位，全国 50% 以上的税收、60% 左右的国内生产总值、70% 以上的技术创新成果、80% 以上的城镇劳动力就业，都来自于民营经济。当前民营经济发展遇到一些困难，预期不稳、信心不足问题比较突出。中共中央、国务院去年印发《关于促进民营经济发展壮大的意见》提出 31 条举措，有关部门制定了 28 条配套措施，各地方也出台了支持政策。今年要继续把这些政策落实落细，还要聚焦企业关切推出一些新举措，进一步解决市场准入、要素获取、公平执法、权益保护等方面存在的突出问题。比如，融资难融资贵的问题，目前民营企业银行贷款余额占比不到 25%、信用债发行规模占比仅约 5%，融资环境与民营经济的规模、地位、作用还不够匹配，《报告》提出要提高民营企业贷款占比、扩大发债融资规模。针对拖欠账款问题，《报告》要求健全防范化解拖欠企业账款长效机制。一部当代中国发展史，也是一部企业家的创业史。改革开放以来，在党的政策激励下，很多优秀企业家包括民营企业家勇立潮头、敢为人先，闯出了一片片新天地，为经济社会发展作出了贡献。《报告》强调要弘扬优秀企业家精神，积极支持企业家专注创新发展、敢干敢闯敢投、踏踏实实把企业办好。我国营商环境会越来越好，破解企业生产经营中的难题、实现更好可持续的发展，关键在于企业家。只要广大企业家提振信心，继续勇当"弄潮儿"，大胆开拓进取，一定能带领企业创造新的辉煌。

　　加快全国统一大市场建设。超大规模市场、产业体系完备等是我国的显著优势，要将这些优势充分发挥出来，必须形成高效规范、公平竞争、充分开放的全国统一大市场。党的二十大对构建全国统一大市场、深化要素市场化改革、建设高标准市场体系作出战略部署。2022年，中共中央、国务院印发《关于加快建设全国统一大市场的意见》，明确了总体要求、工作原则、主要目标和重点任务。去年国务院制定了总体工作方案。今年《报告》又作了具体安排。**一要建立统一的基础制度规则。**制定全国统一大市场建设标准指引，着力推动产权保护、市场准入、公平竞争、社会信用等方面制度规则统一，出台公平竞争审查条例，保障各类所有制企业公平参与竞争。**二要着力解决突出问题。**当前对市场的非正常干预依然存在，不少老问题没有完全解决，同时又出现一些新情况新问题，比如在政府采购和招投标领域，以安全、信用、技术标准等为名的隐性壁垒依然存在。要破除障碍掣肘，专项治理地方保护、市场分割、招商引资不当竞争等突出问题，加强对招投标市场的规范和管理。**三要实施公平统一的市场监管。**市场监管与经营主体息息相关，目前在资质、环保、质监、卫生、消防等方面还存在不少监管不到位、不统一的情况。要加快健全统一市场监管规则，加强市场监管标准化规范化建设，增强市场监管制度和政策的稳定性、可预期性。《报告》强调要坚持依法监管，严格落实监管责任，提升监管精准性和有效性，坚决维护公平竞争的市场秩序。

推进财税金融等领域改革。按照党中央决策部署,《报告》对此作出具体安排。要谋划新一轮财税体制改革,落实金融体制改革部署,加大对高质量发展的财税金融支持。电力、油气、铁路、通信等行业的网络环节具有自然垄断属性,要坚持改革与监管并重,着力深化改革,健全自然垄断环节监管体制机制,推动自然垄断行业和环节健康发展。当前社会民生领域还有不少短板和薄弱环节,《报告》强调要深化收入分配、社会保障、医药卫生、养老服务等社会民生领域改革。

(五)扩大高水平对外开放,促进互利共赢。对外开放是我国现代化建设不断取得新成就的成功之道,也为全球经济增添了强劲动力。我们要主动对接高标准国际经贸规则,稳步扩大制度型开放,以高水平对外开放促进全面深化改革、推动高质量发展,培育国际经济合作和竞争新优势。

推动外贸质升量稳。今年我国对外贸易面临的困难挑战较多,国际贸易增长面临较大不确定性,国际循环存在干扰,一些国家对我设置多种贸易壁垒。同时,我国外贸发展仍具备多方面优势和条件。我们要巩固和增强已有优势,培育外贸发展新动能。要加强进出口信贷和出口信保支持,优化跨境结算、汇率风险管理等服务,加快国际物流体系建设,支持外贸企业降本提效、开拓多元化市场。近年来我国跨境电商进出口持续快速增长,成为外贸发展新亮点。要完善配套政策,提升监管便利化水平,支持企业通过跨境电商拓展销售渠道、培育自主品牌,优化海外仓布局,加快构建适应跨境电商发展的产业链和生态圈。加工贸易过去在我国外贸发展中发挥了重要作用，目前仍是我国深入参与国际分工的重要方式。要支持加工贸易提档升级，鼓励开展高附加值加工贸易。中间品贸易在我国外贸中占比较大，去年我国中间品出口占出口总值的45%以上，中间品进口占进口总值的近80%。近些年"新三样"等绿色产品贸易增长较快，发展潜力也很大。要继续采取措施，拓展中间品贸易、绿色贸易等新增长点。积极扩大优质产品进口，更好满足高质量发展和人民生活品质提升需要，促进对外贸易平衡发展。实施全国版和自贸试验区版跨境服务贸易负面清单，出台服务贸易、数字贸易创新发展政策，进一步推动我国外贸稳规模、优结构、提升国际竞争力。

加大吸引外资力度。现在外资企业占全国各类企业总数不到2%，贡献了全国货物贸易额的十分之三、技术进出口的十分之六、税收收入的七分之一、城镇就业的十二分之一。保持经济平稳运行、促进产业优化升级、推动高质量发展，必须高度重视和更好发挥外资作用。当前，全球外商直接投资总体低迷、招商引资竞争激烈，对我国吸引外资带来压力。但我国市场规模大、产业配套能力强和较高的投资回报率，仍对外资具有较强的吸引力。据有关方面统计，近五年外商在华直接投资收益率为9%左右，在国际上处于比较高的水平。要更大力度吸引和利用外资，增强外商投资信心。一要继续缩减外资准入负面清单。这些年我国外资准入负面清单不断缩减，2013年首张外资准入负面清单有190条，目前缩短到全国版31条、自贸区版27条。今年要全面取消制造业领域外资准入限制措施，放宽电信、医疗等服务业市场准入。扩大鼓励外商投资产业目录，鼓励外资企业境内再投资。在重视吸引重大外资项目的同时，注重引进技术含量高的中小外资项目。**二要落实好外资企业国民待遇。**保障依法平等参与政府采购、招标投标、标准制定，推动解决数据跨境流动等问题。加强外商投资服务保障，优化支付服务，提升外籍人员来华工作、学习、旅游便利度。**三要深入实施自贸试验区提升战略。**赋予自贸试验区、海南自由贸易港等更多自主权，推动开发区改革创新，打造开放层次更高、营商环境更优、辐射作用更强的对外开放新高地。

推动高质量共建"一带一路"走深走实。习近平总书记提出"一带一路"倡议十年多来，共建"一带一路"取得丰硕成果。习近平总书记去年在第三届"一带一路"国际合作高峰论坛上宣布了中国支持高质量共建"一带一路"八项行动。我们要抓好八项行动落实落地，稳步推进重大项目合作，实施一批"小而美"民生项目，积极推动数字、绿色、创新、健康、文旅、减贫等领域合作，推动共建"一带一路"实现更高质量、更高水平的新发展。

深化多双边和区域经济合作。我国对外签署的自贸协定已覆盖三分之一以上外贸额。要推动落实《区域全面经济伙伴关系协定》等已生效协定，深挖贸易投资合作潜力，同时积极与更多国家和地区商签高标准自贸协定和投资协定。推进中国—东盟自贸区 3.0 版谈判，推动加入《数字经济伙伴关系协定》《全面与进步跨太平洋伙伴关系协定》。全面深入参与世贸组织改革，坚定维护以世贸组织为核心的多边贸易体制权威性和有效性，积极推动恢复世贸组织争端解决机制正常运转，推动建设开放型世界经济。

（六）更好统筹发展和安全，有效防范化解重点领域风险。我国经济金融风险总体可控，但一些领域的风险隐患仍然比较突出。要增强系统观念，坚持以高质量发展促进高水平安全，以高水平安全保障高质量发展，标本兼治化解房地产、地方债务、中小金融机构等风险，维护经济金融大局稳定。

稳妥有序处置风险隐患。《报告》作出了具体部署。一要完善重大风险处置统筹协调机制。财政、金融、产业等领域的风险相互关联，特定条件下会相互转化、相互传染。防范化解重大风险，需要多方面协同配合，关键是落实各方责任。要压实企业主体责任、部门监管责任、地方属地责任，提升处置效能，统筹化解房地产、地方债务、中小金融机构等风险。二要促进房地产市场平稳健康发展。去年以来，房地产市场出现积极变化。要继续优化房地产政策，因城施策用好政策工具箱，对不同所有制房地产企业合理融资需求要一视同仁给予支持，促进金融与房地产良性循环。三要统筹好地方债务风险化解和稳定发展。按照党中央决策部署，去年制定实施了一揽子化债方案，地方债务风险得到整体缓解。今年要进一步落实一揽子化债方案，通过安排财政资金、压减支出、盘活存量资产资源等方式逐步化解风险。在稳妥推进债务化解的同时，要努力保持地方经济稳定发展。国家综合采取中央预算内投资适度倾斜、增加均衡性转移支付、强化基层基本财力保障等措施，对困难地区予以支持。这些地区要着力在优化营商环境、激发民间投资活力、更多吸引外资等方面下功夫，在债务化解过程中找到符合实际的新的发展路径。四要稳妥推进中小金融机构风险处置。经过几年持续处置，高风险中小金融机构数量已大幅下降。要继续深入推进高风险中小金融机构改革化险，持续提升金融体系稳健性。

健全风险防控长效机制。推动源头防控、标本兼治，从根本上减少重大风险隐患。一要加快构建房地产发展新模式。适应新型城镇化发展趋势和房地产市场供求关系变化，完善房地产相关制度和政策。加大保障性住房建设和供给，完善商品房相关基础性制度，满足居民刚性住房需求和多样化改善性住房需求。二要建立同高质量发展相适应的政府债务管理机制。完善全口径地方债务监测监管体系，坚决遏制新增隐性债务，有序化解存量隐性债务。分类推进地方融资平台转型。三要健全金融监管体制。增强金融监管有效性，完善风险监测预警机制，提高金融风险防控能力。

加强重点领域安全能力建设。当今世界并不太平，不稳定、不确定、难预料因素增多，自然灾害也时有发生。我们这样一个人口和工业大国，维护好粮食、能源、产业链供应链等安全至关重要。我国粮食连年丰收，但进口量也不小，去年进口了1.6亿吨、增长11.7%，相当于国内产量的23%。去年还进口了价值近3500亿美元的集成电路，进口原油、天然气分别占国内消费量的 70% 和 40% 左右。要完善粮食生产收储加工体系，全方位夯实粮食安全根基。深入实施《国家水网建设规划纲要》，加快推进国家水网骨干工程建设。强化能源资源安全保障，加大油气、战略性矿产资源勘探开发力度。加快构建大国储备体系，加强重点储备设施建设，优化储备品种、规模和结构布局，确保平时备得足、储得好，关键时刻调得出、用得上。产业链供应链在关键时刻不能掉链子，这是大国经济必须具备的重要能力。要有效维护产业链供应链安全稳定，支撑国民经济循环畅通。

（七）坚持不懈抓好"三农"工作，扎实推进乡村全面振兴。习近平总书记强调，推进中国式现代化，必须坚持不懈夯实农业基础，推进乡村全面振兴。《报告》指出，要锚定建设农业强国目标，学习运用"千村示范、万村整治"工程经验，因地制宜、分类施策，循序渐进、久久为功，推动乡村全面振兴不断取得实质性进展、阶段性成果。

加强粮食和重要农产品稳产保供。这些年粮食等主要农产品持续丰收，为稳定物价、改善民生提供了有力保障。目前我国粮食供给是充裕的，但粮食生产能力基础尚不稳固。要毫不放松抓好粮食和重要农产品生产，确保国家粮食安全。一要坚持稳面积、提单产两手发力，努力夺取全年粮食丰收。多措并举稳定粮食播种面积，不误农时抓好粮食播种和田间管理，夯实丰收基础。加快推动大面积提高粮食单产，立足现有良田良种良机良法良制，分品种加强集成配套推广，提高关键增产技术到位率和覆盖面。近两年我国大豆扩种成效明显，但也出现了局部地区卖豆难、效益不高、重迎茬等问题。要尊重规律、实事求是，巩固大豆扩种成果。要多渠道拓展食物来源，优化"菜篮子"产品生产供给，稳定畜牧业、渔业生产能力，发展现代设施农业。**二要强化农业发展支持政策，充分调动种粮抓粮积极性**。农民种粮能挣钱，粮食生产才有保障。去年以来，农产品价格普遍走低，对种粮抓粮积极性造成不利影响。今年适当提高小麦和早籼稻最低收购价，把三大主粮生产成本和收入保险政策的实施范围扩大到全国，有利于引导带动农民多种粮。完善主产区利益补偿机制方面，要加大产粮大县支持力度，提高高标准农田建设中央和省级投资补助水平，取消对产粮大县资金配套要求，让主产区抓粮更有动力。**三要强化藏粮于地、藏粮于技，提升农业综合生产能力**。紧紧扭住耕地和种子两个要害，扎实推进新一轮千亿斤粮食产能提升行动。加大耕地保护和建设力度，优先把东北黑土地区、平原地区、具备水利灌溉条件地区的耕地建成高标准农田，加强黑土地保护和盐碱地综合治理。要扎实推动种业振兴行动，加大种源关键核心技术攻关，加快把种业创新成果转变为现实生产力。近些年我国农业自然灾害多发重发，要加强灾害预警和趋势研判，加快完善水利基础设施，全面提升农业防灾减灾救灾能力。《报告》强调，各地区都要扛起保障国家粮食安全责任。要全面落实粮食安全党政同责，严格耕地保护和粮食安全责任制考核。各地无论是粮食主产区还是主销区、产销平衡区，都要把责任真正扛起来，主销区尤其要下大力气保面积、保产量，共同保障粮食和重要农产品稳定安全供给，确保始终把饭碗牢牢端在自己手上。

毫不放松巩固拓展脱贫攻坚成果。今年是巩固拓展脱贫攻坚成果同乡村振兴有效衔接五年过渡期的第四年，必须强化责任、政策和工作落实，确保不发生规模性返贫。要抓好防止返贫监测，落实针对性帮扶举措，及时消除返贫风险隐患。推动各类资源、帮扶措施向促进产业发展和扩大就业聚焦聚力，强化易地搬迁后续帮扶，促进脱贫群众持续增收、脱贫地区加快发展，增强内生动力。深化东西部协作和定点帮扶。加大对国家乡村振兴重点帮扶县支持力度，建立健全农村低收入人口和欠发达地区常态化帮扶机制，让脱贫成果更加稳固、成效更可持续。

稳步推进农村改革发展。今年农村改革的一个重点是实施第二轮土地承包到期后再延长30年整省试点，这项工作既关系农村基本经营制度，又关系广大农民切身利益，要坚持"大稳定、小调整"，扎实稳妥推进改革试点任务落地。要着眼促进农民增收，壮大乡村富民产业，发展新型农业经营主体和社会化服务，培养用好乡村人才。当前，乡村建设还有不少短板弱项。比如县域内新能源汽车公共充电桩保有量只占全国的12.1%；生鲜农产品冷链运输率较低导致损耗率远高于发达国家；还有约40%的行政村尚未建成寄递物流综合服务站；等等。《报告》提出深入实施乡村建设行动，强调加强充电桩、冷链物流、寄递配送设施建设。要从各地实际和农民需求出发，加强重点村镇新能源汽车充换电设施规划建设，加快建设骨干冷链物流基地，健全县乡村物流配送体系，更好满足农业农村发展需要，拓展扩大内需空间。

（八）**推动城乡融合和区域协调发展，大力优化经济布局**。党的十八大以来，我国城乡、区域协调发展迈出坚实步伐，为构建新发展格局、推动高质量发展发挥了重要支撑作用。要深入实施区域协调发展战略、区域重大战略、主体功能区战略，把推进新型城镇化和乡村全面振兴有机结合起来，加快构建优势互补、高质量发展的区域经济格局。

积极推进新型城镇化。这既有利于拉动消费和投资、持续释放内需潜力，也有利于改善民生、促进社会公平正义。去年，我国常住人口城镇化率为 66.2%，户籍人口城镇化率估计在 50% 左右，与发达国家 80% 以上的城镇化率相比有相当的差距。我国城镇化还有很大发展提升空间。要深入实施新型城镇化战略行动，促进各类要素双向流动，形成城乡融合发展新格局。*一要把加快农业转移人口市民化摆在突出位置*。目前，全国城区常住人口 300 万以下城市的落户限制已基本取消，但据调查统计仍有 1.7 亿进城农民工及其随迁家属尚未在城镇落户。要深化户籍制度改革，完善"人地钱"挂钩政策，促进公共资源配置与常住人口规模相匹配，让有意愿的进城农民工及其家属在城镇落户，推动未落户常住人口平等享受城镇基本公共服务。*二要推动县城成为新型城镇化的重要载体*。全国县城及县级市城区的常住人口超过 2.5 亿人，占城镇常住人口的比重约为 27%，越来越多的农村居民到县城就学就业、居住生活。要培育发展县域经济，补齐

基础设施和公共服务短板，提高县城综合承载能力。注重以城市群、都市圈为依托，促进大中小城市协调发展。三要稳步实施城市更新行动。推进"平急两用"公共基础设施建设，在相关设施建设中嵌入疫情防控、应急减灾需求，"平时"可用作旅游、康养、休闲等，"急时"可迅速转换利用，从而提升城市应急保障能力。目前，一些超大特大城市的城中村存在房屋安全和消防安全隐患多、配套设施落后等突出问题。要积极稳步推进城中村改造，着力改善城市居住环境，推动城市高质量发展。现在很多城市存在防洪排涝能力不足、水电气热管道老化等问题，要加快完善地下管网等工程建设，强化城市运行安全保障。老旧小区改造直接关系人民安居乐业。党的十九大以来，我国累计投资约9000亿元，开工改造22万个老旧小区，惠及居民约1亿人。要继续推动老旧小区改造，解决加装电梯、停车等难题，加强无障碍环境、适老化设施建设。《报告》强调，新型城镇化要处处体现以人为本，提高精细化管理和服务水平，让人民群众享有更高品质的生活。

提高区域协调发展水平。《报告》指出，要充分发挥各地区比较优势，按照主体功能定位，积极融入和服务构建新发展格局。要改革完善相关机制和政策，推动东北全面振兴取得新突破，促进中部地区加快崛起，鼓励东部地区加快推进现代化，推动西部大开发形成新格局，提升东北和中西部地区承接产业转移能力，促进区域之间要素合理流动、产业高效协同、供需有机衔接。支持经济发展优势地区更好发挥高质量发展动力源作用，深入推进京津冀协同发展，出台实施持续深入推进长三角一体化高质量发展的政策措施，加快推动粤港澳大湾区建设。持续推进长江经济带高质量发展，推动黄河流域生态保护和高质量发展。支持革命老区、民族地区加快发展，加强边疆地区建设，统筹推进兴边富民行动。优化重大生产力布局，加强国家战略腹地建设。大力发展海洋经济，建设海洋强国。今年将研究制定深化落实主体功能区战略政策文件，出台主体功能区优化实施规划，以主体功能区战略引导经济合理布局。

（九）加强生态文明建设，推进绿色低碳发展。去年7月党中央召开全国生态环境保护大会，12月印发《关于全面推进美丽中国建设的意见》，作出系统部署。要深入践行绿水青山就是金山银山的理念，协同推进降碳、减污、扩绿、增长，建设人与自然和谐共生的美丽中国。

推动生态环境综合治理。近年来，我国深入开展污染防治攻坚战，成效有目共睹。同时，生态环境质量稳中向好的基础还不牢固，需要继续加强综合治理，持续改善生态环境质量。*一要持续深入打好污染防治攻坚战*。我国大气环境形势依然严峻，部分地区秋冬季空气污染突出。去年国务院印发《空气质量持续改善行动计划》，明确了新的目标任务和行动举措，要着力抓好落地落实。近年来我国水污染防治扎实推进，要继续围绕促进"人水和谐"，统筹水资源、水环境、水生态治理，持续深入打好碧水保卫战。《报告》还强调，要加强土壤污染源头防控，强化固体废物、新污染物、塑料污

染治理。二要着力提升生态系统多样性、稳定性、持续性。生态是统一的自然系统，是相互依存、紧密联系的有机整体。《报告》强调，要坚持山水林田湖草沙一体化保护和系统治理，加强生态环境分区管控。组织打好"三北"工程三大标志性战役，推进以国家公园为主体的自然保护地建设。加强重要江河湖库生态保护治理，持续推进长江十年禁渔。实施生物多样性保护重大工程。三要完善生态产品价值实现机制。今年中央财政重点生态功能区转移支付安排1121亿元，较上年增加30亿元。还要出台生态保护补偿条例，充分调动各方面保护和改善生态环境的积极性。

大力发展绿色低碳经济。我国经济社会发展绿色转型成效显著，已建成世界上最大的清洁能源体系，可再生能源发电装机达到14.5亿千瓦，光伏组件和风电关键零部件产量、新能源汽车产销量均居全球第一。但产业结构偏重、能源结构偏煤、能源资源利用效率不高等问题仍较为突出，需要持续推进产业结构、能源结构、交通运输结构、城乡建设发展绿色转型。一要落实全面节约战略。我国主要资源人均占有量远低于世界平均水平，满足经济社会发展对资源的需求，根本出路在于提高资源利用效率，这方面还有很大的潜力。比如，目前我国单位国内生产总值用水量是高收入国家的2倍多，单位国内生产总值能耗约为世界平均水平的1.5倍。今年制定实施节约用水条例，强化水资源节约集约利用。加快重点领域节能节水改造，制定节能降碳行动方案，分行业分领域实施节能降碳专项行动。二要完善支持绿色发展的政策举措和相关市场化机制。加强财税、金融、投资、价格等政策支持，健全资源环境要素市场化配置体系，让经营主体在保护生态环境中获得合理回报。同时，促进节能降碳先进技术研发应用，加快形成绿色低碳供应链。三要推动废弃物循环利用产业发展。我国废弃物资源量和循环利用潜力巨大，如废钢比（即废钢铁使用量与粗钢产量之比）仅约为21%，明显低于世界平均水平。要加快构建废弃物循环利用体系，提高废弃物资源化和再利用水平。

积极稳妥推进碳达峰碳中和。这是党中央经过深思熟虑作出的重大战略决策，是我们对国际社会的庄严承诺，也是实现高质量发展的内在要求。要坚持全国统筹、节约优先、双轮驱动、内外畅通、防范风险的原则，落实好碳达峰碳中和"1+N"政策体系。一要扎实开展"碳达峰十大行动"。准确权威的碳排放数据是推进"双碳"工作的重要基础，要提升碳排放统计核算核查能力，逐步建立健全有关标准计量和碳排放预算管理体系。积极适应一些国家关于进口产品碳足迹检测认证的要求，建立碳足迹管理体系，推进产品碳标识认证制度建设、碳足迹国际衔接互认。碳市场是促进低碳发展的重要手段，要扩大全国碳市场行业覆盖范围，进一步完善碳定价机制，降低全社会降碳成本。二要深入推进能源革命。要控制化石能源消费，加快建设新型能源体系。加强大型风电光伏基地和外送通道建设，推动分布式能源开发利用，提高电网对清洁能源的接纳、配置和调控能力，发展新型储能。我国绿电绿证交易规模稳步扩大，截至去年10月累计达成绿电交易电量878亿千瓦时、核发绿证1.48亿个。要进一步健全绿电绿证制度体系，促进绿电使用和国际互认。**三要确保经济社会发展用能需求。**我国能源资源禀赋呈现"富煤、缺油、少气"特点，以煤为主是我们的基本国情。要立足国情、先立后破，统筹好新能源发展和国家能源安全，加强煤炭清洁高效利用，发挥煤炭、煤电兜底作用，推动新能源高质量发展，为经济社会发展提供安全可靠的能源保障。

（十）要保障和改善民生，加强和创新社会治理。增进民生福祉是发展的根本目的，也是推动发展的强劲动力。要坚持以人民为中心的发展思想，尽力而为、量力而行，在高质量发展中稳步提升民生保障水平。政府要履行好保基本、兜底线职责，采取更多惠民生、暖民心举措。同时支持社会力量增加非基本公共服务供给，满足群众多层次、多样化需求。要注重以发展思维看待保障和改善民生问题，在解决人民群众急难愁盼中培育新的经济增长点，在提高人民生活品质中积聚发展新动能，形成经济发展与民生改善的良性循环。

多措并举稳就业促增收。当前，我国就业不仅面临总量压力，也面临比较突出的结构性矛盾。"就业难"与"招工难"并存，技能人才市场求人倍率长期保持在1.5以上。做好就业工作，要在积极扩大就业总量的同时，着力在解决结构性矛盾上下功夫，而且结构性矛盾缓解了，也有助于减轻就业总量压力。要继续突出就业优先导向，完善和落实各项稳就业政策措施，保持就业总体稳定。**一要加大政策支持力**

度。综合运用宏观政策和专项政策，推动促进就业总量增加和就业结构优化。加强财税、金融等政策对稳就业的支持，营造有利于促进就业的宏观政策环境。加大促就业专项政策力度，落实和完善稳岗返还、专项贷款、就业和社保补贴等政策，加强对就业容量大的行业企业支持。*二要突出抓好重点群体就业工作。*高校毕业生占新成长劳动力的比重接近70%，是国家宝贵的人才资源。要加强政策支持，多渠道拓展岗位，优化就业创业指导服务，同时引导高校毕业生转变择业就业观念，在经济社会发展需要的岗位上建功立业。加大对农民工外出务工和返乡就业创业等支持力度，着力稳定脱贫人口务工规模。还要扎实做好退役军人就业安置工作，加强对残疾人等就业困难人员帮扶。*三要促进就业供需匹配。*导致就业结构性问题比较突出的一个重要原因，是劳动者的知识、技能等与市场和社会需求不匹配。要适应先进制造、现代服务、养老照护等领域人才需求，加强职业技能培训，不断提高劳动者素质，加快培养服务经济社会发展的急需紧缺技能人才。*四要加强就业服务和权益保障。*目前我国灵活就业人员约有2亿人，要分类完善灵活就业服务保障措施，扩大新就业形态就业人员职业伤害保障试点。坚决纠正性别、年龄、学历等就业歧视，保障农民工工资支付，完善劳动关系协商协调机制，维护劳动者合法权益。要研究制定扩大中等收入群体、促进低收入群体增收措施，多渠道增加城乡居民收入，扎实推进共同富裕。

*提高医疗卫生服务能力。*要深化医药卫生体制改革，促

进医保、医疗、医药协同发展和治理。一要完善全民医保制度。将城乡居民医保人均财政补助标准提高30元、达到每人每年670元，提高居民医保保障能力。继续推动基本医疗保险省级统筹，完善国家药品集中采购制度，强化医保基金使用常态化监管。当前我国跨省流动人口超过1.2亿，异地就医需求旺盛，要落实和完善异地就医结算，提高住院费用和门诊慢特病直接结算便捷度。二要改善医疗服务。深化公立医院改革，把以患者为中心贯穿医疗服务各环节。反复检查困扰着不少患者，既浪费医疗资源也加重患者负担，要积极推动检查检验结果在大范围内互认。三要优化医疗资源布局结构。我国基层医疗卫生机构数量超过100万个，但部分机构诊疗能力和服务水平难以满足群众需要。要进一步引导优质医疗资源下沉基层，加强县乡村医疗服务协同联动，扩大基层医疗卫生机构慢性病、常见病用药种类，加强全科医生培养培训，逐步转变群众就医习惯，把小病、慢病、常见病诊疗留在基层，让分级诊疗有序有效。目前，儿科、老年医学、精神卫生、医疗护理等都存在比较明显的服务短板，比如，我国0—14岁人口数量占比超过17%，而儿科医师在医生中占比仅5%。要加强软硬件建设和相关人才培养，加快补齐这些短板。还要促进中医药传承创新，加强中医优势专科建设。四要统筹做好疾病防治。要坚持预防为主，完善疾病预防控制体系。继续做好重点传染病防控，持续抓好高血压、糖尿病等慢性病防治，加强罕见病研究、诊疗服务和用药保障。深入开展健康中国行动和爱国卫生运动，筑牢人民群众健康防线。

加强社会保障和服务。社会保障发挥着人民生活安全网和社会运行调节器的重要作用，要着力健全多层次社会保障体系，为人民群众提供有效保障和稳定预期。**一要发展多层次、多支柱养老保险体系。**我国现有 1.7 亿多老年人领取城乡居民养老保险待遇。这些年基础养老金最低标准虽经多次上调，但保障水平依然偏低。综合考虑群众关切、城乡居民基础养老金实际情况和财力可持续性，今年将城乡居民基础养老金月最低标准提高 20 元，达到每人每月 123 元。这次基础养老金最低标准增长 19.4%，是近年来上调幅度比较大的一次。在全国最低标准基础上，各地还会根据自身财力状况进一步增加数额不等的基础养老金，加上参保人个人账户的部分，老年人实际领取的待遇会更高一些。截至去年年底，全国城乡居民领取的养老保险待遇为人均每月 214 元。同时要继续提高退休人员基本养老金，完善养老保险全国统筹。在全国实施个人养老金制度，积极发展第三支柱养老保险，推进建立长期护理保险制度，不断增厚老年人养老保障。**二要解决好"一老一小"等急难愁盼问题。**2023 年底，我国60 岁及以上老年人口达到 2.97 亿、占总人口的 21.1%，已经进入中度老龄化社会。要实施积极应对人口老龄化国家战略，加强城乡社区养老服务网络建设，加大农村养老服务补短板力度。老年人生活、健康、精神等方面需求的快速增长，蕴含着巨大的消费潜力，要加强老年用品和服务供给，大力发展银发经济。2023 年我国出生人口 902 万、创下历史新低，也是连续第二年出现人口负增长。要抓紧健全生育支持政策，优化生育假期制度，完善经营主体用工成本合理共担机制，多渠道增加托育服务供给，减轻家庭生育、养育、教育负担，努力保持适度生育水平和人口规模。三要健全分层分类的社会救助体系。社会救助是社会保障体系中兜底性、基础性的制度安排。要完善和落实社会救助政策，加强防止返贫和低收入人口帮扶两个政策系统统筹，切实做到应保尽保。还要强化退役军人、军属和其他优抚对象服务保障，做好留守儿童和困境儿童关爱救助，加强残疾预防和康复服务，完善重度残疾人托养照护政策，让各类群体更及时更充分感受到党和政府的温暖。

丰富人民群众精神文化生活。中国式现代化既要物质财富极大丰富，也要精神财富极大丰富、在思想文化上自信自强。要深入学习贯彻习近平文化思想，广泛践行社会主义核心价值观，大力发展文化事业和产业，推动体育改革发展，更好满足人民日益增长的精神文化需求。

维护国家安全和社会稳定。国家安全是民族复兴的根基，社会稳定是国家强盛的前提。要坚定不移贯彻总体国家安全观，加强国家安全体系和能力建设。提高公共安全治理水平，推动治理模式向事前预防转型，做好安全生产和防灾减灾救灾工作，创新和完善社会治理，确保人民安居乐业、社会和谐稳定。

党中央关于今年工作的决策部署已经明确，关键是抓好落实。各级政府及其工作人员要深刻领悟"两个确立"的决定性意义，增强"四个意识"、坚定"四个自信"、做到"两个维护"，自觉在思想上政治上行动上同以习近平同志为核心的党中央保持高度一致，当好贯彻党中央决策部署的执行者、行动派、实干家。要切实转变工作作风，大力提高行政效能，不折不扣抓落实、雷厉风行抓落实、求真务实抓落实、敢作善为抓落实，确保最终效果符合党中央决策意图，顺应人民群众期待。

做好今年经济社会发展工作，意义重大，任务艰巨。我们坚信，在以习近平同志为核心的党中央坚强领导下，在习近平新时代中国特色社会主义思想的科学指引下，全国人民坚定信心、开拓进取，一定能够战胜各种困难挑战，完成全年经济社会发展目标任务，书写以中国式现代化全面推进强国建设、民族复兴伟业新篇章！

—

2024 年经济社会发展
总体要求和政策取向

2024 年是中华人民共和国成立 75 周年，是实现"十四五"规划目标任务的关键一年。习近平总书记在去年中央经济工作会议上发表重要讲话，全面分析国内外经济形势，提出今年经济工作的总体要求、主要目标、政策取向和重点任务。李强总理所作的《政府工作报告》，以习近平新时代中国特色社会主义思想为指导，全面贯彻党的二十大和二十届二中全会精神、中央经济工作会议精神，对今年政府工作要求、目标、任务作出安排。面对复杂多变的国内外形势，我们要把思想和行动统一到党中央决策部署上来，全面贯彻今年政府工作的总体要求，准确把握主要预期目标、政策取向，着力提升宏观政策支持高质量发展的效果，努力实现经济社会发展各项目标任务。

（一）总体要求

做好政府工作，要在以习近平同志为核心的党中央坚强领导下，以习近平新时代中国特色社会主义思想为指导，全面贯彻落实党的二十大和二十届二中全会精神，按照中央经济工作会议部署，坚持稳中求进工作总基调，完整、准确、全面贯彻新发展理念，加快构建新发展格局，着力推动高质量发展，全面深化改革开放，推动高水平科技自立自强，加大宏观调控力度，统筹扩大内需和深化供给侧结构性改革，统筹新型城镇化和乡村全面振兴，统筹高质量发展和高水平安全，切实增强经济活力、防范化解风险、改善社会预期，巩固和增强经济回升向好态势，持续推动经济实现质的有效提升和量的合理增长，增进民生福祉，保持社会稳定，以中国式现代化全面推进强国建设、民族复兴伟业。

1. 坚持稳中求进、以进促稳、先立后破

坚持稳中求进、以进促稳、先立后破，是党中央深入分析研判国内外形势确定的重要原则，充分体现了习近平新时代中国特色社会主义思想的世界观和方法论，为做好经济社会发展工作提供了遵循。

坚持稳中求进，稳是大局和基础。在我国这样一个经济和人口规模巨大的国家，保持经济平稳健康发展和社会大局稳定，始终是至关重要的。当前，我国经济持续回升向好的基础还不稳固，社会预期偏弱，各项政策和工作都要着眼于稳。各地区各部门要多出有利于稳预期、稳增长、稳就业的政策，谨慎出台收缩性抑制性举措，清理和废止有悖于高质量发展的政策规定，积极提振发展信心，确保经济社会发展行稳致远。

坚持以进促稳，进是方向和动力。经济发展犹如逆水行舟、不进则退，只有在转方式、调结构、提质量、增效益上积极进取，才能不断巩固稳中向好的基础。要聚焦经济建设这一中心工作和高质量发展这一首要任务，紧紧抓住有利时机、用好有利条件，坚定不移全面深化改革开放，加快推动高水平科技自立自强，大力推进现代化产业体系建设，因地制宜发展新质生产力，持续增强发展内生动力和活力。

（图片来源：中国新闻漫画网）

坚持先立后破，妥善把握立与破。我国发展正处在新旧动能转换的关键期，必须先立后破，不能未立先破，否则就会影响经济社会发展

大局。该立的要积极主动立起来，该破的要在立的基础上坚决破。加强前瞻性谋划、战略性布局、整体性推进，加快建立健全科学合理的新机制新规则，有序破除不合时宜的政策制度障碍，推动新旧动能接续转换，在固本培元中加快塑造高质量发展新优势。

2. 集中精力推动高质量发展

发展是我们党执政兴国的第一要务，新时代的发展必须是高质量发展。完成 2024 年发展目标任务，必须深入贯彻习近平经济思想，集中精力推动高质量发展。

经过多年持续稳定发展，我国经济体量已经比较大了，稳居世界第二位。我们要重视量的发展，更要重视解决质的问题，推动经济实现质的有效提升和量的合理增长。2024 年要坚持质量第一、效益优先，继续固本培元，增强宏观调控针对性有效性，注重从企业和

（图片来源：新华社）

群众期盼中找准工作着眼点、政策发力点，努力实现全年增长目标。

发展是基础，安全是底线，发展和安全要动态平衡、相得益彰。我国发展进入战略机遇和风险挑战并存、不确定难预料因素增多的时期，更加需要坚持高质量发展和高水平安全良性互动。要在坚守安全底线的前提下，更多为发展想办法、为企业助把力，不断在推动高质量发展中解决矛盾问题、应对风险挑战。

（图片来源：新华社）

发展经济最终是为了改善民生，改善民生也是促进经济发展的重要动力。要坚持在发展中保障和改善民生，尽力而为、量力而行，让人民群众有更多实实在在的获得感。注重以发展思维看待补民生短板问题，在解决人民群众急难愁盼中培育新的经济增长点。

从根本上说，推动高质量发展要靠改革。我们要以更大的决心和力度深化改革开放，促进有效市场和有为政府更好结合，持续激发和增强社会活力，推动高质量发展取得新的更大成效。

（二）2024年发展主要预期目标

设定经济社会发展目标，要科学研判"时"与"势"，辩证把握"稳"与"进"。当今世界百年变局加速演进，外部环境的复杂性、严峻性、不确定性上升。我国发展具有坚实基础和诸多优势，但也面临一些困难和挑战，主要是有效需求不足、部分行业产能过剩、社会预期偏弱、风险隐患仍然较多等。总的看，2024 年我国发展面临的环境仍是战略机遇和风险挑战并存，有利条件强于不利因素。《报告》提出的 2024 年预期目标，综合考虑了国内外形势和各方面因素，兼顾了需要和可能，是一组体现稳中求进、以进促稳、先立后破要求的目标，是一组突出高质量发展导向的目标，也是一组稳妥务实、通过努力能够实现的目标。

3. 国内生产总值增长 5% 左右

国内生产总值增速是反映经济运行状况的综合性基础性指标，也是实施宏观调控的重要依据。《报告》提出 2024 年国内生产总值增长 5% 左右，是立足当前、着眼长远制定的，体现了积极进取、奋发有为的要求。

从当前需要看，无论是稳定和扩大就业，促进居民持续增收，防范化解风险，还是改善社会预期、提振发展信心等，都需要一定的经济增速支撑。

从中长期发展看，5% 左右的经济增速目标与"十四五"规划和基本实现现代化的目标相衔接。根据各方面测算，到 2035 年基本实现社会主义现代化，未来一个时期经济增速需要保持在 5% 左右。

从现实可能看，这一目标考虑了经济增长潜力和支撑条件，与我国潜在经济增长率基本匹配。多数估算认为，我国经济潜在增速在 5% 左右。我国具有制度、需求、供给、人才等多方面优势，支撑经济发展的基本动因在持续增强，积极因素在持续增多，经济回升向好、长期向好的基本趋势没有改变也不会改变。同时，宏观政策仍有较大空间，一些重大政策的效应持续显现，可以为经济平稳运行提供有力支撑。

4. 城镇新增就业 1200 万人以上

城镇新增就业指的是城镇新就业人数减去自然减员人数，主要反映的是促进就业的成效。2024 年把城镇新增就业预期目标设定为"1200 万人以上"，相比 2023 年的"1200 万人左右"，目标要求更高，在政策取向上也更加积极，体现了党和政府进一步加强稳就业工作的力度和决心。确定这一目标，主要有两方面考虑。

一是就业有需求。据有关部门测算，2024 年需要在城镇就业的新成长劳动力规模约 1700 万人，主要包括高校毕业生、中职毕业生、城镇初中和高中毕业后未继续升学的人员、退役军人等群体。此外，我国还有大量的登记失业人员、从农村新转移到城镇的就业人员，也需要留出就业空间。扣除因退休、伤亡等自然减员腾退的岗位后，统算下来，实现 1200 万人以上的城镇新增就业，能够较好满足当年的就业需求。

二是发展有支撑。从这些年经济增长和就业的联动情况看，5%左右的经济增速能够较好支撑 1200 万人以上的城镇新增就业。当前，我国经济回升向好的态势持续巩固增强，对就业的带动能力将进一步提升。从政策支持看，2024 年不仅继续加大专项促就业政策力度，财政、金融等宏观经济政策也会给予有力支持，2024 年国债、专项债、中央预算内投资等政府性投资规模是近年来较高的，实施大规模设备更新和消费品以旧换新、加强技术改造也将创造大量就业机会，经济增长和促就业政策具备较好支撑。

近年来城镇新增就业目标设定及完成情况

年度	预期目标	完成情况
2023	1200 万人左右	1244 万人
2022	1100 万人以上	1206 万人
2021	1100 万人以上	1269 万人
2020	900 万人以上	1186 万人
2019	1100 万人以上	1352 万人
2018	1100 万人以上	1361 万人

5. 居民消费价格涨幅 3% 左右

居民消费价格，一般是指居民消费价格指数，也就是常说的 CPI，反映的是一段时间内老百姓购买生活消费品和服务项目价格变动情况。如果说居民收入表示老百姓手上的钱"多不多"，那么 CPI 涨幅就表示老百姓手上的钱"实不实"。那么是不是 CPI 越低越好呢？也不是。如果 CPI 长期过低甚至是负数，对经济运行也会造成伤害，因为企业销售商品的价格下降，利润会下降，进而影响居民收入，形成"通缩陷阱"的恶性循环。

2024 年《报告》提出发展主要预期目标，CPI 涨幅 3% 左右。这是一个相对温和的物价上涨水平，既不高、也不低。从国际上看，美国、欧洲等发达经济体一般将 CPI 涨幅目标设置为 2% 左右，其经济增速一般为 1%—3% 左右的水平。我国经济仍保持 5% 左右的中高速增长，CPI 涨幅目标设置 3% 左右较为适宜。此外，CPI 涨幅目标设置相对宽松，能够为应对物价季节性波动等不确定因素留有余地，也能为实施更大力度的宏观调控和推进价格改革留出空间。

6. 居民收入增长和经济增长同步

推动居民收入稳步增长，是高质量发展的应有之义，也是释放内需潜力的前提和基础。近年来，城乡居民收入持续稳定增长。2023 年，居民人均可支配收入增长 6.1%，城乡居民收入差距继续缩小。2024 年《报告》提出"居民收入增长和经济增长同步"的新要求。

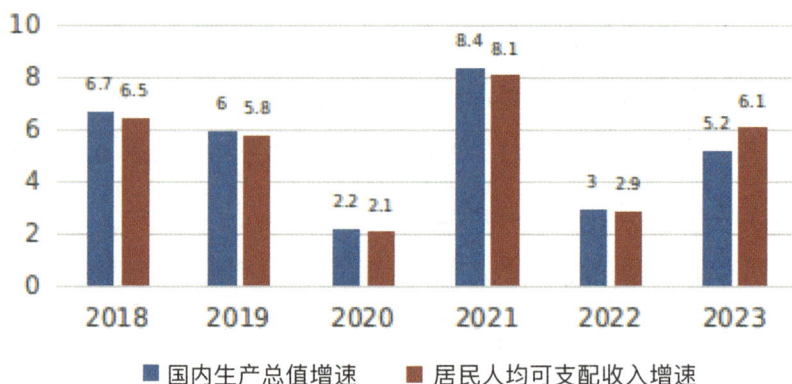

近年居民可支配收入与经济增长情况（单位：%）

（数据来源：根据近年《统计公报》数据整理）

这一预期目标展现了增加居民收入的决心。与 2016 年以来多次使用的"居民收入增长和经济增长基本同步"相比，2024 年收入预期目标删去了"基本"二字。这体现了着力改善人民生活的鲜明导向，有利于提振社会信心、引导消费预期、激发内需潜力。

实现 2024 年收入预期目标，既有支撑条件也需要积极努力。2024 年经济回升向好态势将进一步巩固和增强，会有力带动就业增加和居民收入较快增长。国家出台的加强社会保障的措施，包括提高城乡居民基础养老金月最低标准、继续提高退休人员基本养老金、提高居民医保人均财政补助标准等，也是促增收的措施。要进一步完善政策，拓宽居民收入渠道，支持扩大中等收入群体，促进低收入群体增收。

7. 国际收支保持基本平衡

国际收支是一个国家衡量对外经济平衡的指标，一般通过经常账户差额和国际收支总差额来评价，收大于支就叫顺差，收小于支就叫逆差。国际收支保持基本平衡是宏观经济四大目标之一，对保持经济内外均衡、对外币值稳定以及经济金融安全都具有非常重要的意义。

一般来说，经常账户差额与国内生产总值（GDP）之比在 ±4% 内，就认为处于合理区间。近些年来，尽管外部环境复杂多变，我国国际收支始终保持基本平衡格局，经常账户顺差规模与 GDP 之比一直保持在 2% 左右，2023 年为 1.5%，延续了经常账户和金融账户"一顺一逆，顺大于逆"的基本平衡格局，外汇储备稳定在 3 万亿美元以上。

我国不刻意追求贸易顺差，也不刻意追求外汇储备的过快增长，宏观调控的目标是保持国际收支的基本平衡。2024 年实现这一目标是有条件、有基础的，有关方面要多措并举、共同努力保持国际收支基本平衡。在经常账户方面，落实好已出台的各项稳外贸政策措施，优化外贸结构，完善外贸企业融资和汇率风险管理服务，提升跨境贸易

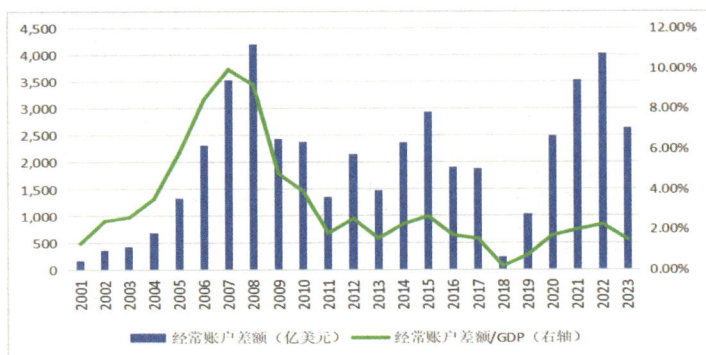

我国经常账户差额变化情况

（数据来源：国家外汇管理局）

和投融资便利化水平，努力将经常账户顺差继续维持在合理水平。在资本和金融账户方面，继续扩大金融高水平双向开放，吸引更多外资来华投资兴业和配置人民币资产，同时加强宏观审慎管理和预期引导，保持外商直接投资和短期资本流动平稳有序，推动金融账户逆差收窄，进而保持国际收支总体基本平衡。

8. 粮食产量 1.3 万亿斤以上

　　民以食为天。《报告》提出粮食产量 1.3 万亿斤以上，是从我国国情实际出发确定的。我国是一个有 14 亿多人口的大国，解决好吃饭问题始终是治国理政的头等大事。手中有粮、心中不慌。经过不懈努力，我国粮食产量连续 9 年保持在 1.3 万亿斤以上，2023 年达到 1.39 万亿斤、再创历史新高，不仅为稳定经济社会大局提供了有力支撑，也为应对外部风险挑战增强了信心和底气。

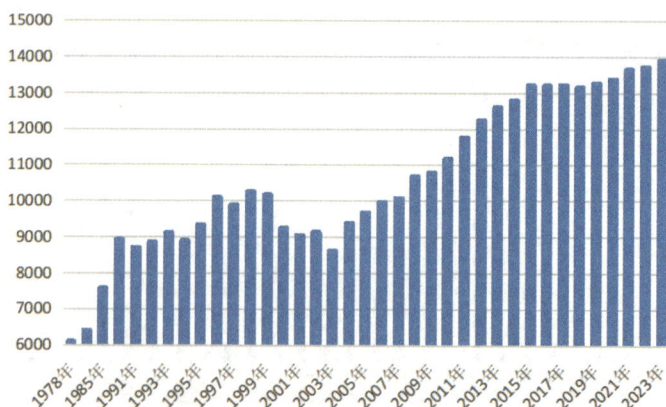

我国粮食产量变化图（1978—2023 年）（单位：亿斤）

（数据来源：国家统计局）

连年丰收是否意味着我们在粮食问题上可以高枕无忧了？显然不能。首先，粮食生产与天气、水旱灾害、病虫害等因素密不可分，面临许多不确定不可控因素，连年丰收并不能保证今年一定丰收。其次，随着城镇化推进和人民生活水平提高，粮食特别是饲料用粮需求仍在刚性增长。粮食不够是否可以从国际市场进口？可以，但数量有限。现在全球每年大米贸易量满打满算也就是 900 亿斤左右，不到我们年消费量的 30%，何况靠买别人的粮食解决吃饭问题是靠不住的。所以，保障粮食安全对我们国家是永恒课题，任何时候都要把饭碗牢牢端在自己手中，饭碗主要装中国粮。近年来我国耕地质量、农业科技和装备水平有了很大提高，农业综合生产能力明显增强，实现粮食产量 1.3 万亿斤以上，有基础、有条件。2024 年将进一步压实各方责任、调动各方力量，着力稳面积、提单产、抗灾害，促进粮食稳产增产，牢牢把握保障粮食安全主动权。

9. 单位国内生产总值能耗降低 2.5% 左右

降低单位国内生产总值能耗，是推进碳达峰碳中和、加强生态文明建设的重要抓手。2024 年《报告》指出，单位国内生产总值能耗降低 2.5% 左右。设定这个目标，综合考虑了经济发展用能、可再生能源替代和绿色低碳转型需要，展示了我国坚定走绿色、低碳、可持续发展道路的态度和决心。

目前，我国在降低单位国内生产总值能耗方面，仍有不少潜力可挖。近年来，我国坚持不懈推进能源节约集约利用，成为全球能耗强度降低最快的国家之一。同时也要看到，我国能源粗放利用问题仍较为突出，单位国内生产总值能耗约为世界平均水平的 1.5 倍、经合组织成员国平均水平的 3 倍。想方设法把节能潜力释放出来，有利于促进减污降碳协同增效，具有良好的经济效益和生态环境效益。

将单位国内生产总值能耗降幅设为 2.5% 左右，是具有较好支撑条件的，也要从多方面加大工作力度。2024 年我国经济持续回升向好，新型工业化和城镇化稳步推进，服务业回归正常发展态势，制造业加快转型升级，产业结构逐步优化调整。这些都有利于推动单位国内生产总值能耗下降。实现这一目标，需要坚持节约优先，综合运用法律、行政、价格等手段，引导用能主体自觉减少能源浪费。

10. 生态环境质量持续改善

2024 年《报告》提出生态环境质量持续改善的目标要求，既体现了对已有生态环境改善成果的巩固拓展，也体现了与全面推进美丽中国建设目标的有效衔接。

过去几年，我国持续深入开展污染防治攻坚战，生态环境状况发生重大变化，人民群众普遍感受到天更蓝了、水更清了、地更绿了。2023 年，全国地级及以上城市细颗粒物平均浓度为 30 微克/立方米，全国地表水水质优良断面比例为 89.4%、提升 1.5 个百分点，土壤重金属污染防治取得积极成效，生态环境质量稳中改善。在此基础上，2024 年将着力推动生态环境质量持续改善，进一步提升人民群众生态环境获得感、幸福感、安全感。

面向未来，党中央、国务院对全面推进美丽中国建设提出明确目标、作出系统部署。2023 年 12 月印发的《中共中央 国务院关于全面推进美丽中国建设的意见》，聚焦 2027 年、2035 年和 21 世纪中

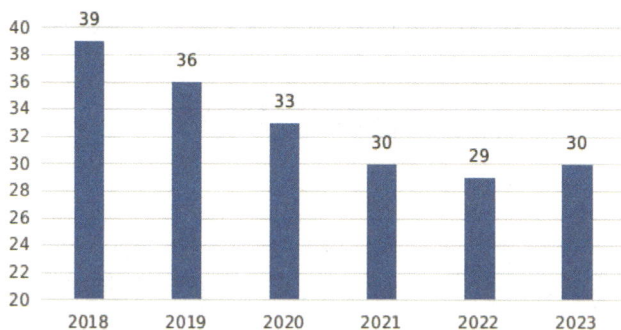

近年全国地级及以上城市细颗粒物平均浓度（单位：微克／立方米）

（根据生态环境部发布数据整理）

叶三个时间节点，提出了全面推进美丽中国建设的目标。其中明确，到 2027 年，绿色低碳发展深入推进，主要污染物排放总量持续减少，生态环境质量持续提升。实现美丽中国建设目标，需要久久为功抓好落实。

2024 年将继续坚持以往有效做法和成功经验，推动生态环境综合治理，持续深入打好蓝天、碧水、净土保卫战，着力提升生态系统多样性、稳定性、持续性，大力发展绿色低碳经济，厚植高质量发展的绿色底色。

（图片来源：新华社）

（三）积极的财政政策要适度加力、提质增效

　　《报告》提出，积极的财政政策要适度加力、提质增效。"适度加力"，主要是加强财政资源统筹，通过赤字、专项债、超长期特别国债等多种工具的有机组合来适度扩大财政支出规模。"提质增效"，主要是提高财政资金的使用效益。优化财政支出结构，强化国家重大战略任务和基本民生财力保障。中央财政加大对地方均衡性转移支付力度、适当向困难地区倾斜，省级政府要下沉财力，兜牢基层"三保"底线。落实过紧日子的要求，严肃财经纪律,严控一般性支出,坚决防止大手大脚花钱、铺张浪费。

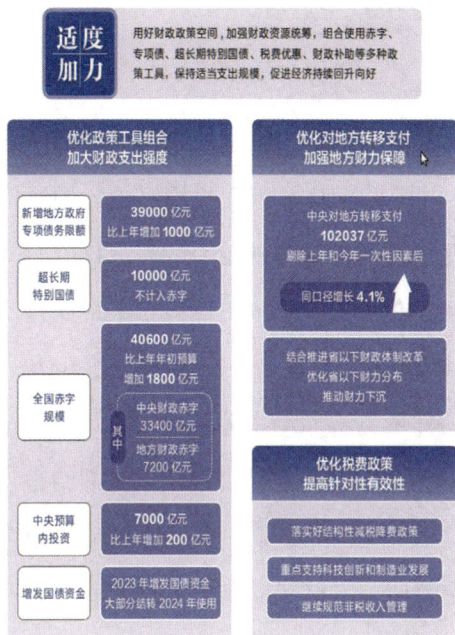

适度加力　　　　　　　　（图片来源：财政部）

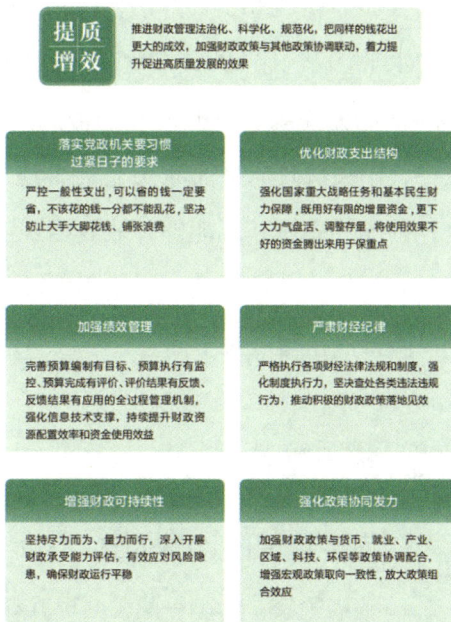

提质增效　　　　　　　　（图片来源：财政部）

11. 赤字率按 3% 安排

赤字率即为财政赤字占名义国内生产总值的比重。我国财政赤字口径主要聚焦于一般公共预算收支差额，反映了年度可用财力。国际上通常将 3% 作为赤字率的警戒线，但不少国家突破了 3%。我国政府从控制财政风险、实现财政可持续等角度考虑，一直将赤字率保持在合理适度的水平。2015—2019 年赤字率都在 3% 以内。2020 年和 2021 年，为应对新冠疫情的严重冲击，预算将赤字率分别按 3.6% 以上、3.2% 左右安排，实际执行下来分别为 3.7%、3.1%，2022 年就下调至 2.8% 左右。2023 年年初预算将赤字率按 3% 安排，相应的赤字规模为 3.88 万亿元；之后在四季度增发国债 1 万亿元，用于支持地方灾后恢复重建和提升防灾减灾救灾能力，预算调整后赤字率为 3.8% 左右、赤字规模为 4.88 万亿元。

《报告》提出 2024 年的赤字率拟按 3% 安排，是这些年来比较高的水平，仅仅比 2020、2021 年的年初预算安排要低一些。从规模看，2024 年的赤字规模为 4.06 万亿元，比 2023 年年初预算增加 1800 亿元；其中，中央财政赤字 3.34 万亿元，地方财政赤字 7200 亿元。总的看，这样的赤字安排，既能够释放我国经济持续回升向好的积极信号，也能够有效控制政府负债率、增强财政可持续性，为应对将来可能出现的风险挑战预留政策空间。

◎ 热点链接

赤字规模的计算公式

赤字规模 = 全国一般公共预算支出与收入差额 + （补充预算稳

定调节基金 – 调入预算稳定调节基金和其他预算资金）+（结转下
年支出的资金 – 动用结转结余资金）。

2016—2024 年赤字率及赤字规模

年份	2016	2017	2018	2019	2020
赤字率（%）	2.9	2.9	2.6	2.8	3.7
赤字规模（亿元）	21800	23800	23800	27600	37600

年份	2021	2022	2023（年初预算）	2023（调整后预算）	2024（预算）
赤字率（%）	3.1	2.8	3	3.8 左右	3
赤字规模（亿元）	35700	33700	38800	48800	40600

（数据来源：财政部）

12. 安排地方政府专项债券 3.9 万亿元

我国《预算法》明确发行地方债是地方政府唯一合法的举债方式。
其中，地方政府专项债券用于有一定收益的公益性项目，以对应的政
府性基金或专项收入偿还，不计入赤字。作为积极财政政策的重要工
具，地方政府专项债券这些年来在扩大有效投资、稳定宏观经济方面
发挥了重要作用。2023 年安排地方政府专项债券 3.8 万亿元，把城中
村改造、5G 融合设施等纳入投向领域，将供热、供气等纳入用作项
目资本金范围。《报告》提出，2024 年拟安排地方政府专项债券 3.9
万亿元，比 2023 年增加 1000 亿元，另外还有 2023 年未使用的一部

分限额结转，实际用于项目建设的专项债资金规模明显增加，对投资将发挥重要拉动作用。

从使用范围看，2024 年要合理扩大专项债券投向领域和用作项目资本金范围，特别是保障在建项目后续融资，额度分配向项目准备充分、投资效率较高的地区倾斜。还要围绕重点投向领域做好项目储备工作，进一步加强投向领域负面清单管理，强化对项目实施情况的穿透式监测，确保不出风险。

2015—2024 年新增地方政府专项债券规模

年份	2015	2016	2017	2018	2019	2020	2021	2022	2023	2024 预算
新增规模（万亿元）	0.1	0.4	0.8	1.35	2.15	3.75	3.65	3.65	3.8	3.9

（数据来源：财政部）

13. 发行超长期特别国债

特别国债指的是中央政府为特定用途而发行的国债，旨在支持国家重大战略和关键领域的发展。我国曾三次发行过特别国债，不列财政赤字，纳入国债余额限额管理，发行期限依目标任务而定。其中，1998 年发行特别国债 2700 亿元，主要用于补充四大银行资本金，期限为 30 年。2007 年发行特别国债 1.55 万亿元，作为中投公司资本金，期限分别为 10 年、15 年（到期后又进行了续发）。2020 年发行 1 万亿元抗疫特别国债，期限分别为 5 年、7 年、10 年，全部转给地方主要用于公共卫生等基础设施建设和抗疫相关支出。

在债券市场上，一般认为发行期限在 10 年以上的债券为超长期债券。与普通国债相比，超长期债券能够缓解中短期偿债压力，以时间换空间。按照党中央决策部署，为系统解决强国建设、民族复兴进程中一些重大项目建设的资金问题，从 2024 年开始拟连续几年发行超长期特别国债，专项用于国家重大战略实施和重点领域安全能力建设，2024 年先发行 1 万亿元。目前我国在科技创新、新型城镇化、乡村振兴等重大战略实施中还有薄弱环节，在粮食、能源、产业链供应链等领域安全能力建设方面也有短板制约。这些领域潜在建设需求巨大，但投入周期长、回报率较低，现有资金难以有效保障。超长期特别国债是一种很好的工具，既可以拉动当前的投资和消费，又能为高质量发展打下基础。下一步，要制定实施好具体行动方案，按照问题导向、精准突破、系统集成、协同高效的原则，运用改革方法和市场化举措，组织开展项目谋划储备、前期工作和建设实施，支持一批高质量项目建设。

14. 强化国家重大战略任务财力保障

国家重大战略任务事关我国发展全局，是财政资金必须强化保障的重点。2024 年财政从以下方面支持国家重大战略任务实施。

一是现代化产业体系建设方面。发挥中央财政产业基础再造和制造业高质量发展专项资金作用，支持加快突破基础产品、核心技术等短板。加强制造业领域重点研发计划、重大专项等保障。**二是科教兴国方面。**2024 年中央本级教育支出安排 1649 亿元、增长 5%。强化义务教育经费保障。中央财政安排相关转移支付 404 亿元，支持地方高校特别是中西部地区高校改革发展。中央本级科技支出安排 3708 亿元、增长 10%。中央本级基础研究支出安排 980 亿元、增长

13.1%。**三是扩大内需方面。**围绕居民消费升级方向，推动消费品以旧换新，培育壮大文旅、教育、健康等领域新的消费增长点。政府投资重点支持科技创新、新型基础设施、节能减排降碳，推动各类生产设备、服务设备更新和技术改造。增加中央预算内投资规模。**四是乡村全面振兴方面。**适当提高小麦最低收购价，加大产粮大县支持力度。扩大完全成本保险和种植收入保险政策实施范围，增加农业保险保费补贴规模。中央财政衔接推进乡村振兴补助资金规模增加到1770亿元。**五是城乡融合、区域协调发展方面。**中央财政农业转移人口市民化奖励资金安排400亿元。支持实施城市更新行动。推动区域重大战略、区域协调发展战略落地实施。**六是支持加强生态文明建设。**大气、水、土壤污染防治资金分别安排340亿元、267亿元、44亿元。中央财政设立专项补助资金并安排120亿元，全力支持打好"三北"工程攻坚战。

15. 强化基本民生财力保障

提供公共服务和保障民生，是公共财政最基本的功能。2024年的财政资金将强化对民生领域的支持，坚持尽力而为、量力而行，加强基础性、普惠性、兜底性民生建设。

一是支持实施好就业优先政策。稳定中央财政就业补助资金安排规模，支持地方提高公共就业服务能力。统筹运用贷款贴息、税费减免、创业补贴等政策，多渠道支持企业稳岗扩岗、个人创业就业。**二是推动提升医疗卫生服务能力。**提高城乡居民基本医疗保险人均财政补助标准以及基本公共卫生服务经费人均财政补助标准。推动深化以公益性为导向的公立医院改革，促进优质医疗资源扩容下沉和区域均衡布局，强化基层医疗卫生能力建设和卫生健康人才培养。支持加强中医药骨干人才培养、中医优势专科建设等，促进中医药传承创新发展。**三是健全多层次社会保障体系。**深入实施企业职工基本养老保险全国统筹，继续提高退休人员基本养老金标准，城乡居民基础养老金月最低标准提高 20 元。中央财政相关转移支付增长 10.6%，落实地方支出责任，保障养老金按时足额发放。按照低收入人口困难程度和困难类型，加强分层分类社会救助保障。**四是支持完善现代公共文化服务体系。**推进城乡公共文化服务体系一体建设，提高基本公共文化服务覆盖面和适用性。推动创新实施文化惠民工程，提高公共文化场馆免费开放服务水平。推动群众体育和竞技体育全面发展。

16. 兜牢基层"三保"底线

近年来，一些基层财政收支运行趋紧，"三保"（即保基本民生、保工资、保运转）压力有所加大。《报告》对兜牢基层"三保"底线作出安排部署。

第一，积极推动财力下沉。2024 年中央对地方转移支付安排 10.2 万亿元，剔除一次性因素后同口径增长 4.1%。其中，安排均衡性转移支付 2.6 万亿元、增长 8.8%，适当向困难地区和欠发达地区倾斜；安排县级基本财力保障机制奖补资金 4462 亿元、增长 8.6%。省级政府也要加强资源统筹、推动财力下沉，确保基层"三保"不出问题。

第二，压实各级"三保"责任。要始终将"三保"摆在财政工作的优先位置，按照县级为主、市级帮扶、省级兜底、中央激励原则，扎实做好"三保"工作。地方要统筹上级转移支付和自有财力，优先使用稳定可靠的经常性财力安排"三保"支出。依托预算管理一体化系统，动态掌握"三保"支出需求，推动"三保"全过程信息化管理。加强"三保"运行动态监测、分级预警，及时提醒提示风险，依法依规妥善处置，严肃追责问责。重点关注财政收支矛盾突出、暂付款规模大的县区，加强库款调度，有效保障"三保"方面的资金需求，确保基层"三保"不出风险。

第三，加快建立长效机制。 "三保"工作不仅要保眼前，还要谋长远。要在落实分级负责制度、多措并举强化资金来源的同时，还要推动建立管长远、固根本、见长效的县级财力保障长效机制，特别是推进省以下财政体制改革，合理配置各级政府权责，规范省以下收入划分，促进基层财政运行更加稳健、更可持续。

17. 落实好结构性减税降费政策

根据《报告》安排，2024 年将统筹宏观调控、财政可持续和优化税制的需要，在实施好 2023 年延续和优化的税费优惠政策基础上，落实好结构性减税降费政策，重点支持科技创新和制造业发展。结构性减税降费主要针对特定群体或领域、特定税种来减轻税费负担，提高政策的精准性、针对性、有效性。科技创新是推动高质量发展的重要支撑，制造业是发展实体经济的关键力量。尽管近年来取得了长足进步，但还面临不少挑战。以科技创新塑造发展新动能新优势，推动制造业轻装上阵和高质量发展，需要税费优惠政策的有力支撑和保障。

从科技创新看，我国已经初步形成了一套覆盖面广、优惠力度大、涵盖企业创新全流程各环节的税费支持体系。比如，2023 年 3 月，将符合条件的企业研发费用税前加计扣除比例由 75% 提高至 100%，并明确作为一项制度性安排长期实施。在此基础上，进一步对集成电路和工业母机行业符合条件企业的研发费用税前加计扣除比例再提高至120%。此外，还实施了鼓励创业投资、支持研发设备更新等方面的税费优惠。下一步，要加大支持科技研发税费政策的落实力度，畅通"政策红利引导—研发投入增加—产品质量提升—企业效益增加"的链条，有效激发企业科技创新主体的积极性、主动性，助力加快实现高水平科技自立自强。

从制造业看，现行税费优惠政策中，相当一部分与制造业密切相关。此外，我国还推出了下调制造业增值税税率、加大制造业增值税留抵退税力度等专门针对制造业的优惠政策，增强了制造业发展动能。税收大数据显示，2023 年全国制造业及与之相关的批发零售业企业累计新增减税降费及退税缓费 9495.3 亿元，占比 42.6%，受益最为明显。下一步，要更好发挥税费优惠政策的重要作用，精准有效抓好政策落实落地，优化"政策找人"工作机制，加强宣传辅导，持续为制造业企业纾困解难、提振信心，助力实体经济健康发展。

18. 各级政府要习惯过紧日子

艰苦奋斗、勤俭节约是中华民族的传统美德，也是我们党的政治本色和优良传统。《报告》指出，各级政府要习惯过紧日子。贯彻落实这一部署，要进一步完善过紧日子制度机制，将过紧日子的要求贯穿预算管理全过程，强化预算绩效管理，在合理保障部门履职支出的基础上，严格控制一般性支出，持续从严控制"三公"经费管理，继续压缩论坛、展会等活动，从紧安排非刚性、非重点项目支出，可以省的钱一定要省，不该花的钱一分都不能乱花。加强政府采购预算管理，节约政府采购成本。严格新增资产配置，积极盘活存量资产，推

（图片来源：新华社）

进资产共享共用，防止资产闲置浪费。同时，要严肃财经纪律，加强财会监督，严格执行各项财经法律法规和制度，严肃查处各类违法违规行为，坚决防止财政资金"跑冒滴漏"。近日，有关部门印发通知，对中央部门和地方财政落实习惯过紧日子提出明确要求。当然，政府过紧日子不是捂紧钱包不花钱，而是集中财力办大事。

（四）稳健的货币政策要灵活适度、精准有效

综合研判国内外经济形势，2024 年我国货币政策的总体考虑是，继续实施稳健的货币政策，保持货币政策的连续性、稳定性，强化逆周期和跨周期调节，为经济持续回升向好、推动高质量发展创造良好的货币金融环境。《报告》提出稳健的货币政策要灵活适度、精准有效。"灵活适度"主要是总量上保持流动性合理充裕，社会融资规模、货币供应量同经济增长和价格水平预期目标相匹配，有效支持促消费、稳投资、扩内需，保持物价在合理水平。"精准有效"主要是发挥货币信贷政策导向作用，聚焦重点、合理适度、有进有退，引导更多金融资源加大对普惠小微、制造业、绿色发展、科技创新等重点领域和薄弱环节的支持。

19. 社会融资规模、货币供应量同经济增长和价格水平预期目标相匹配

社会融资规模和货币供应量是反映金融与实体经济关系的主要指标。2024 年《报告》强调"社会融资规模、货币供应量同经济增长和价格水平预期目标相匹配"，明确地体现了加大逆周期跨周期调节、保持流动性合理充裕、保持物价在合理水平的政策导向。

在实际操作中，社会融资规模和货币供应量增速可以按照经济增长预期目标加物价涨幅控制目标、再适当加点的方式把握。由于我国信贷存在较明显的季节特征，是否匹配要从全年整体情况看，个别月份或季度数据不一致是正常的。

在具体政策举措上，关键是要合理把握货币、信贷、债券、股票市场的关系，保持社会融资规模和货币信贷总量合理增长、均衡投放。

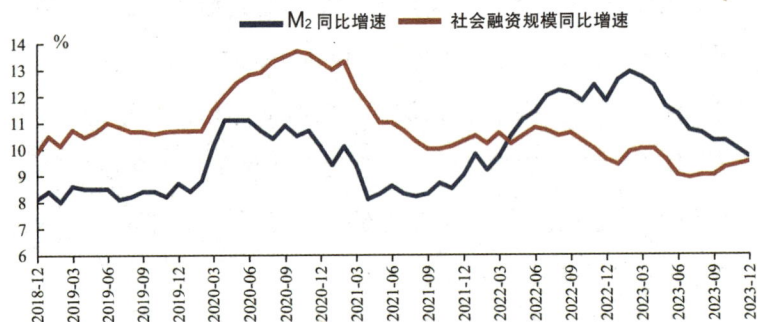

社会融资规模和广义货币供应量 M₂ 同比增速

（数据来源：中国人民银行）

灵活有效开展公开市场操作，搭配运用多种货币政策工具，保持银行体系流动性合理充裕和货币市场利率平稳运行。准确把握货币信贷供需规律和新特点，充分发挥各类政策工具导向作用，支持金融机构积极挖掘信贷需求和项目储备。继续发展公司信用类债券市场，更好满

足企业特别是民营企业发债融资需求。更好发挥股权融资与科技创新等新动能领域更为适配的优势，支持突破"卡脖子"技术的企业开展多元化股权融资。

20. 促进社会综合融资成本稳中有降

近几年在各方共同努力下，实体经济融资成本持续下行。据统计，2023 年底企业贷款加权平均利率为 3.75%，同比下降 0.22 个百分点，处于历史较低水平。但仍有部分经营主体特别是民营中小企业反映，实际融资感受与数据统计存在一定"温差"。《报告》对促进社会融资成本稳中有降进一步作出明确部署。2024 年重点需要从以下四个方面入手。

一是从源头上增加低成本资金。目前存款准备金率约为 7%，还有一定下调空间，下一步可根据宏观调控需要，进一步适度下调存款准备金率。此外，存款是银行资金的重要来源，还可考虑适时适度降低存款利率，优化存款结构，稳定银行负债成本和净息差。

二是进一步完善利率形成和传导机制。前几年贷款市场报价利率改革发挥了一定作用，但仍存在利率传导不畅的问题，下一步需要继续完善央行政策利率体系，畅通"政策利率—市场利率—贷款利率"的传导链条，推动实际贷款利率进一步下行。

三是继续减费让利。大力规范相关收费行为，严格禁止不合理的收费项目，适当降低或减免企业续贷、过桥、融资担保等方面的费用。

四是引导企业特别是中小微企业提高信用评级。企业信用水平是影响融资可获得性和成本高低的重要因素，要引导中小微企业强化内部管理，着力在建立规范的财务制度、注重财务数据积累等方面下功夫，维护好自身信用记录，努力提高信用贷款和其它低成本贷款可获性。

21. 畅通货币政策传导机制

货币政策传导简单讲就是从运用货币政策工具到实现货币政策目标的过程。从市场反应的情况看，当前货币政策传导不畅的一个突出表现就是"资金沉淀空转"。一些企业从大银行贷款，又存到利率更高的小银行或购买理财等赚取利差，或者借新还旧、还息，部分资金"转一圈"又回到银行。从数据上看，信贷增长和存款增长都很快，但没有完全体现在实体部门投资或消费上。

畅通货币政策传导机制，特别是治理"资金沉淀空转"，关键是疏通资金进入实体经济渠道。长远看，要通过深化改革不断增强高质量发展动力，激发实体经济内生融资需求，让金融资源有好的去向可投。短期看，要着力做好三方面的工作。

一是加强信贷投放窗口指导或监管指引。督促银行准确把握货币信贷供需规律和新特点，加强信贷投放管理，通过多种方式了解企业真实贷款需求，使资金流向真正需要的企业。控制贷款投放节奏，整顿贷款市场竞争秩序，杜绝虚假贷款套利活动，特别是对优惠利率的虚假套利行为。

二是盘活被低效占用的金融资源。通过债务重组、不良贷款核销、部分贷款到期回收后转投更高效率的经营主体、推动必要的市场化出清、优化新增贷款投向等方式，着力提升信贷资金使用效率。

三是深入推进利率市场化改革。理顺贷款利率与货币市场利率、债券收益率等利率的关系，落实存款利率市场化调整机制，增强贷款利率与政策利率、市场利率和存款利率调整的协同性，压缩资金在多个金融市场之间空转套利的空间。

22. 增强资本市场内在稳定性

资本市场一头连着企业融资，一头连着广大投资者。一个具有内在稳定性的资本市场，对促进科技创新、扩大投资和消费具有至关重要的作用。针对 2023 年以来资本市场波动加大的情况，《报告》提出要增强资本市场内在稳定性，也就是主要靠市场内生的价格和供需调节机制，促进市场稳定运行。那么如何增强资本市场内在稳定性呢？就是要夯实"一个基石"和"五个支柱"。

"一个基石"，即高质量的上市公司。要多措并举，大力提升上市公司质量和投资价值。改善公司治理，建立对上市公司实际控制人等"关键少数"更加严密有效的监管制度。支持上市公司通过市场化并购重组等方式做优做强。完善上市公司质量评价标准，督促和引导上市公司强化回报投资者的意识，更加积极开展回购注销、现金分红。

"五个支柱"，第一个是更合理的资金结构。针对当前市场中长期资金不足的情况，大力推进投资端改革，完善投资机构长周期考核，健全有利于中长期资金入市的政策环境，引导更多长期资金、耐心资本进入市场，坚持价值投资、理性投资、长期投资的理念。

第二个是更完善的基础制度。通过不断深化改革，增强制度的适应性、稳定性、可预期性。当前重点是完善发行定价、量化交易、融券、大股东减持等监管规则。

第三个是更有效的市场调节机制。应合理把握新股发行节奏，加强一、二级市场的衔接，促进投融资动态平衡，充分发挥市场供求关系和价格的市场自发调节、自我平衡功能。

第四个是更优质的专业服务。督促证券公司、基金公司、期货公司、投资管理机构、会计师律师事务所、评估评级机构等回归本源，勤勉尽责，不断提高专业服务水准，为市场把好关，提供更高质量的服务。

第五个是更严格的监管执法。加强资本市场监管，对违法违规行为"零容忍"，大幅提高违法成本，切实保护投资者特别是中小投资者合法权益，持续优化资本市场生态。

23. 保持人民币汇率在合理均衡水平上的基本稳定

近年来，我国坚持市场在汇率形成中起决定性作用，人民币对国际主要货币汇率有升有贬、双向浮动。针对 2023 年年中人民币汇率外部压力较大的情况，我们综合采取措施，加强预期管理。2023 年末人民币对美元、欧元、英镑、日元汇率中间价分别较 6 月末升值 2%、0.2%、1.1% 和贬值 0.2%，保持了基本稳定。

展望未来，国内经济持续回升向好，发达经济体加息周期有望结束，保持人民币汇率基本稳定的基础更加稳固。下一步，保持人民币汇率在合理均衡水平上的基本稳定需要综合施策、稳定预期。2024 年重点要做好三方面工作。

一是稳步深化汇率市场化改革。完善以市场供求为基础、参考一篮子货币进行调节、有管理的浮动汇率制度，增强汇率弹性，发挥汇率双向浮动对宏观经济和国际收支的自动稳定器功能。

二是加强预期管理。做好跨境资金流动的监测分析，健全本外币一体化的跨境资金流动管理框架，对市场顺周期行为进行纠偏，坚决对扰乱市场秩序行为进行处置，坚决防范资金无序流出和汇率超调风险，防止形成单边一致性预期并自我强化。

三是加强外汇市场管理。引导企业和金融机构树立"风险中性"理念，指导金融机构基于实需原则和风险中性原则积极为中小微企业提供汇率避险服务，维护外汇市场平稳健康发展。

24. 做好金融五篇大文章

大力发展科技金融、绿色金融、普惠金融、养老金融、数字金融，关键是要围绕这"五篇大文章"的重点任务，持续完善政策框架和工具箱，推动金融与科技创新、绿色发展、普惠、养老和数字经济真正实现"双向奔赴"。

抓好"五篇大文章"各自重点任务，筑强项、补短板。优化科技金融服务体系，落实好《加大力度支持科技型企业融资行动方案》，为科创企业提供长周期、低成本、多元化、接力式的全链条、全生命周期金融服务。提升绿色金融服务能力，加强和引领绿色金融标准建设，丰富绿色金融产品体系。构建普惠金融长效机制，落实好金融支持民营经济 25 条举措，继续发挥普惠小微贷款支持工具等的长效机制作用。加快养老金融发展步伐，推动发展养老保险第三支柱，丰富养老保险产品和服务体系。推动数字金融健康发展，加快推动中小金融机构数字化转型，积极探索数字金融服务新形态、新领域，加强数

（图片来源：中国新闻网）

33

字金融基础设施建设，完善金融科技监管，提高数字金融包容性，弥补"数字鸿沟"。

抓好具有共性的基础制度和体制机制建设，立规则、建平台。在激励机制方面，加快完善支持政策和考核评价体系。在标准体系方面，加快建立健全各领域的评估、认定、核算、统计等方面标准规范，如科技属性认定标准、碳减排核算统计标准等。在配套机制方面，加快建立健全知识产权、绿色资产等评估交易平台等。同时，深入开展科技、绿色、中小微企业等金融服务能力提升工程，坚持发展与规范并重，始终保持相关领域创新在法治、安全、规范的轨道上健康发展。

25. 更好满足中小微企业融资需求

近年来，我国下大力气缓解中小微企业融资难融资贵问题，连续多年提出普惠小微贷款增长目标，出台一系列政策举措，取得积极成效。但从市场反应看，由于中小微企业在信用信息、抵押担保等方面存在天然缺陷，加之外部激励约束机制不健全，一些金融机构惧贷、惜贷倾向仍然存在。

为解决这些问题，2024 年《报告》专门作出部署，要求优化融资增信、风险分担和信息共享等配套措施，更好满足中小企业融资需求。2024 年应在这些方面有实质性突破。

在完善融资增信和贷款风险分担补偿机制方面，重点是要进一步深化政府性融资担保改革，明确其准公共产品的市场化定位，统一管理体制，提高放大倍数，降低担保费率，取消反担保等要求，有效发挥风险分担作用。

在进一步推进涉企信用信息共享方面，重点是要加大融资信用服务平台统筹力度，健全、优化共享机制，推进企业用电、用气、纳税等替代性涉企信息共享，提升信用贷款在小微企业贷款中比重，助力解决其融资难题。

除完善这些配套措施外，还需要健全容错安排和风险缓释机制，强化正向激励和评估考核，做好资金保障，包括继续发挥支农支小再贷款、再贴现、普惠小微贷款支持工具等的支持引导作用，对中小微企业贷款投放多的地方中小金融机构给予适当资金激励，构建长效机制，增强金融机构更好满足中小微企业融资的积极性和可持续性。

多方助力中小微企业融资需求

（五）增强宏观政策取向一致性

习近平总书记在 2023 年底召开的中央经济工作会议上强调，要增强宏观政策取向一致性，强调把非经济性政策纳入宏观政策取向一致性评估。《报告》对此作了具体安排。增强宏观政策取向一致性，是新形势下宏观经济治理的重要要求，对巩固和增强经济回升向好态势、改善社会预期和提振发展信心，都具有十分重要的意义。要按照系统观念、围绕实现发展目标来制定和实施宏观政策，把握好时、度、效，加强统筹衔接、协调联动，放大政策组合效应。

26. 加强政策协调配合

当前，经济运行的复杂性明显上升。经济工作需要综合考虑经济增长、结构调整、风险化解、民生改善、环境保护等多方面的因素，在多重目标中掌握平衡。在错综复杂的形势下，制定宏观政策，实施宏观调控，必须坚持系统观念，加强前瞻性思考、全局性谋划、战略性布局、整体性推进。各地区各部门制定和实施政策，要从整个政策体系出发来系统谋划，把握好全局和局部、当前和长远、宏观和微观、主要矛盾和次要矛盾、特殊和一般的关系，加强财政、货币、就业、产业、区域、科技、环保等政策协调配合，确保同向发力、形成合力。只有这样，才能对经济社会发展中各种复杂的矛盾问题和风险挑战，进行体系化应对，赢得工作主动。

2024 年要强化宏观政策逆周期和跨周期调节，继续实施积极的财政政策和稳健的货币政策，加强政策工具创新和协调配合。比如，为精准对冲财政发债因素的短期影响，人民银行及时加大公开市场逆回购等政策工具的操作力度，维护流动性和市场利率平稳运行。在化债进度、补充银行资本、政府债券发行等方面，财政政策和货币政策也将加强配合。其他政策配合也很重要。比如，积极财政政策与扩大普惠养老供给、建立健全生育支持政策体系的配合，结构性货币政策与科技创新、绿色转型的配合，都有利于形成共促高质量发展的合力。

27. 实施宏观政策取向一致性评估

增强宏观政策取向一致性，有助于优化政策资源配置和组合，形成"1+1>2"的效应，更好为推动经济持续回升向好助力护航。

（图片来源：《21世纪经济报道》）

增强宏观政策取向一致性，**首先要注重"围绕发展大局"**。各地区各部门抓工作，都要从中国式现代化建设出发，把坚持高质量发展作为新时代的硬道理，聚焦经济建设这一中心工作和高质量发展这一首要任务，深化细化制定和实施各项政策，推动党中央决策部署更好地落地见效。

增强宏观政策取向一致性，**必须全面加强各项政策工具的协同联动**。财政、货币、就业、产业、区域、科技、环保等政策，都有其特定政策目标，需要搭配起来统筹使用。针对经济运行的不同场景和突出特点，着眼经济增长、充分就业、物价稳定、国际收支平衡等多重政策目标，着眼推动转方式、调结构、提质量、增效益，优化政策组合，创新政策工具，努力实现最好效果。

增强宏观政策取向一致性，**需要把非经济性政策纳入评估**。经济运行是一个复杂的系统，除了经济政策以外，许多非经济性政策也会对社会预期、经济运行产生直接或者间接的影响。按照党中央要求，下一步要把非经济性政策纳入宏观政策取向一致性评估，在政策出台之前，进行综合性全局性的评估，充分考虑是否有利于稳增长和高质量发展大局。

增强宏观政策取向一致性，**要建立健全有效的统筹机制，发挥好评估、把关、协调作用**。重点抓好两个层面的统筹，一个层面是国务院各个部门出台政策前，要做好综合性、全局性评估。在此基础上另一个层面是，国家发展改革委牵头的政策文件评估机制进行再评估，进一步强化政策协调和工作协同。各部门出台的文件和政策都要经过机制作出评估后，确定对宏观经济稳定和市场预期稳定不会带来明显的抑制效应才能实施。

28. 完善政策制定、实施、储备、效果评价机制

政策制定实施是一个完整的链条，需要把宏观政策取向一致性的要求贯穿到这个链条的全过程各环节。

一是政策研究和制定。坚持开门问策、集思广益，认真听取和吸纳各方面意见，最大限度减少片面性、主观随意性。涉企政策要注重与市场沟通、回应企业关切，民生政策要考虑群众接受度和满意度，做到科学决策、民主决策、依法决策。2023 年有关方面建立了政企常态化沟通交流机制，受到了企业欢迎，2024 年这个机制要进一步坚持和完善。同时，对一些重大政策调整要把握政策出台的窗口期，合理

设置政策调整的过渡期，确保各项工作充分衔接、平稳有序推进。

二是政策实施。强化协同联动、放大组合效应，防止顾此失彼、相互掣肘甚至对冲政策效果。对政策实施过程中的潜在风险要加强分析研判，防止局部合理政策叠加起来造成负面效应，出现"合成谬误"，防止政策执行"一刀切"或者层层加码。

三是政策储备。增强前瞻性、丰富工具箱，确保一旦需要就能及时推出、有效发挥作用。特别要注重增强底线思维、极限思维，对于一些难预料的超预期冲击，也要做好政策储备和工作预案，保证足够的政策空间和综合力度，宁可备而不用，不可用而无备。

四是政策效果评价。政策好不好、有用没用，企业和群众最有发言权。要加强对政策执行情况的跟踪评估，以企业和群众满意度为重要标尺，及时调整完善。对实践证明不当的政策要及时叫停，对政策执行中存在的偏差要及时纠正。

五是政策宣传解读。积极主动发声，及时精准做好政策解读和权威解答，营造稳定透明可预期的政策环境，使各方面对政策的理解符合政策本身意图，凝聚各个方面共同推进经济社会发展的强大合力。

29. 增强宏观调控针对性有效性

当前，外部环境的复杂性、严峻性、不确定性上升，我国经济持续回升向好的基础还不稳固。完成 2024 年发展目标任务，需要增强宏观调控针对性有效性。

2024 年全球经济增长动能不足仍将持续，发达经济体货币政策开始出现转向迹象，地缘冲突、全球"超级大选年"等外溢因素也会带来很多不确定性。要密切关注国际形势变化，及时研判发达经济体政策变化对我国的外溢效应，特别是对我国外贸出口、产业链供应链稳定、人民币汇率等方面的影响。

国内来讲，当前我国经济运行具备基本面良好稳固，新产业、新模式、新动能加快成长壮大等有利条件。但同时，还有有效需求不足、社会预期偏弱、风险隐患仍然较多等问题。这些周期性、结构性、体制性因素以及突发性因素，都有可能引起甚至放大经济波动，必须高度重视并在宏观调控上予以有效应对。

基于对当前国内外形势和经济运行态势的分析判断，《报告》有针对性地提出了2024年的宏观政策举措，要结合经济运行的具体情况创造性地抓好贯彻落实。但同时也要坚持底线思维，丰富工具箱，留出冗余度，一旦国际环境发生超预期变化、我国经济遭遇超预期冲击，就要及时采取新的政策措施，防止经济增长出现大的起伏。

（图片来源：《浦东时报》）

二

大力推进现代化产业体系建设
加快发展新质生产力

现代化产业体系是现代化国家的物质技术基础。加快建设以实体经济为支撑的现代化产业体系，既有短期紧迫性，也是长期战略需要，其中实现新型工业化是关键任务。新质生产力是创新起主导作用，摆脱传统经济增长方式、生产力发展路径，具有高科技、高效能、高质量特征，符合新发展理念的先进生产力质态。发展新质生产力是推动高质量发展的内在要求和重要着力点。《报告》贯彻落实习近平总书记重要指示精神，从推动产业链供应链优化升级、积极培育新兴产业和未来产业、深入推进数字经济创新发展三个方面作出了部署安排。

（一）推动产业链供应链优化升级

30. 保持工业经济平稳运行

工业在国民经济中比重超过30%，是经济平稳运行的"压舱石"。要加强工业经济运行监测预警，落实和完善政策举措，不断巩固和增强工业经济回升向好态势。

一是稳住重点行业。钢铁、机械、汽车、电子等十个行业增加值在规模以上工业增加值中占比七成左右。要深入实施十大行业稳增长工作方案，加快推进"十四五"规划确定的产业领域重大工程项目，支持企业开展设备更新和技术改造，稳定和扩大工业产品出口，做好大宗原材料保供稳价，促进工业提质降本扩量。

二是稳住重点地区。江苏、广东等十个省份工业增加值占全国工业增加值的比重合计超过六成，同时各地都有一批工业重点城市、重点产业集群。要鼓励重点地区继续"挑大梁"，为保持工业经济平稳运行多作贡献。支持各地发展特色产业和集群，积极稳订单稳生产。对外贸占比高的地区要加强进出口信贷和出口信保支持，做好制造业重点外资项目服务保障。

三是稳住工业企业。经历三年新冠疫情，不少工业企业尤其是中小企业仍处于恢复发展中。要持续做好助企纾困帮扶，落实好结构性减税降费政策，推动降低融资、物流等成本，健全防范和化解拖欠中小企业账款长效机制，同时加强政策宣传解读，引导广大企业增强信心、提振预期、创新发展。

31. 增强产业链供应链韧性和竞争力

我国是世界唯一拥有联合国产业分类中全部工业门类的国家，制造业规模连续 14 年位居全球第一，但"大而不强"、"全而不精"问题还很突出，产业链供应链存在一些薄弱环节。2023 年围绕制造业重点产业链，按照"一链一策"原则启动实施了高质量发展行动，已取得积极进展。要坚定不移向纵深推进，着力补齐短板、拉长长板、锻造新板，增强产业链供应链韧性和竞争力。

第一，强化攻关突破。统筹实施关键核心技术攻关工程、产业基础再造工程和重大技术装备攻关工程，发挥用户企业和链主企业双牵头作用，坚持一体化部署、全链条推进，促进产学研用各环节、产业链上下游各企业协同创新，力争尽快取得更多成果。

第二，突出应用牵引。依托重大工程项目，实施一批创新成果应用示范工程。强化制造业中试能力建设，加速创新成果转化。完善首台（套）重大技术装备、首批次重点新材料、首版次软件应用政策，推动创新产品推广应用和迭代升级。

第三，加大政策支持。落实支持制造业重点产业链高质量发展的财

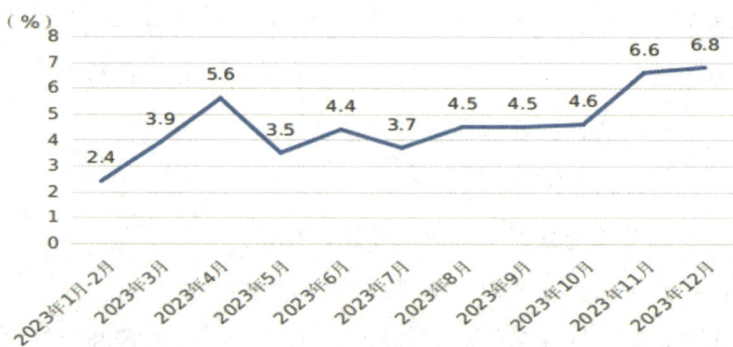

（％）

规模以上工业增加值同比增长速度

（数据来源：国家统计局）

税优惠政策，推动增加制造业中长期贷款，实施科技产业金融一体化专项试点，用好国家产融合作平台，推动各类要素资源向重点产业链集聚。

第四，深化国际合作。抓好制造业扩大开放举措落地，积极支持外资企业在华设立研发中心。引导和帮助国内企业优化全球研发生产服务布局，深度融入全球产业链供应链。

32. 实施制造业技术改造升级工程

实施制造业技术改造升级工程，是顺应新一轮科技革命和产业变革趋势，提高制造业发展质量、效益和竞争力的重要举措，同时也能够扩大有效投资，可以说既利当前、也利长远。要推动制造业广泛应用数智技术、绿色技术，加快迈向全球价值链中高端。

一是设备更新。与实施大规模设备更新和消费品以旧换新行动结合起来，聚焦钢铁、有色、石化、化工、建材、电力、机械、航空、船舶、轻纺、电子等重点行业，大力推动生产设备、用能设备、发输配电设备等更新和技术改造，加快淘汰落后产品设备。

二是工艺升级。推广应用无损检测、增材制造、柔性加工等技术工艺，提升制造加工水平。加快发展绿色、高效、清洁、低碳、循环等专用基础工艺，提升先进产能比重。

三是管理创新。大力发展数字化管理、平台化设计、个性化定制、网络化协同、服务化延伸等新模式，推动制造业企业组织管理变革。

四是数字赋能。实施制造业数字化转型行动，引导企业树立数字化思维、提升数字化能力，加快"上云用数赋智"，发展智能装备和智能工厂，促进数字技术应用不断向核心环节拓展。

推进制造业技术改造升级，要在坚持以企业为主体的同时，落实技改投资税收优惠和专项再贷款政策，加大资金支持，同时完善企业技术改造标准，加强相关法规制度建设，推动企业加快改造升级步伐。

33. 培育壮大先进制造业集群

先进制造业集群是产业创新"集聚地"和区域发展"新引擎"。不少发达国家先后制定实施"区域创新集群计划"、"尖端集群竞争计划"、"竞争力集群计划"等战略。我国高度重视先进制造业集群发展，先后出台一系列支持政策，目前已建成45个国家级集群。2023年5月，国务院常务会议审议通过《关于加快发展先进制造业集群的意见》，要求深入实施先进制造业集群发展专项行动，着力提质量、优布局。

工业和信息化部公布45个国家先进制造业集群名单			
江苏省	无锡市物联网集群	湖南省	长沙市新一代自主安全计算系统集群
	南京市新型电力（智能电网）装备集群		株洲市轨道交通装备集群
	徐州市工程机械集群		长沙市工程机械集群
	南通市、泰州市、扬州市海工装备和高技术船舶集群		株洲市中小航空发动机集群
	苏州市纳米新材料集群	上海市	上海市集成电路集群
	常州市新型碳材料集群		上海市张江生物医药集群
	苏州市生物医药及高端医疗器械集群		上海市新能源汽车集群
	泰州市、连云港市、无锡市生物医药集群	山东省	青岛市智能家电集群
	南京市软件和信息服务集群		青岛市轨道交通装备集群
	苏州市、无锡市、南通市高端纺织集群		潍坊市动力装备集群
广东省	深圳市新一代信息通信集群	四川省	成都市软件和信息服务集群
	广州市、佛山市、惠州市超高清视频和智能家电集群		成都市、德阳市高端能源装备集群
	东莞市智能移动终端集群		成渝地区电子信息先进制造集群
	广州市、深圳市、佛山市、东莞市智能装备集群	安徽省	合肥市智能语音集群
	深圳市先进电池材料集群	陕西省	西安市航空集群
	深圳市、广州市高端医疗器械集群	河北省	保定市电力及新能源高端装备集群
	佛山市、东莞市泛家居集群	辽宁省	沈阳市机器人及智能制造集群
浙江省	宁波市磁性材料集群	吉林省	长春市汽车集群
	宁波市绿色石化集群	福建省	宁德市动力电池集群
	温州市乐清电气集群	江西省	赣州市稀土新材料及应用集群
	杭州市数字安防集群	京津冀	京津冀生命健康集群
湖北省	武汉市光电子信息集群	内蒙古	呼和浩特市乳制品集群
	武汉市、襄阳市、十堰市、随州市汽车集群		

45个国家先进制造业集群名单

（名单来源：工业和信息化部网站）

提质量，就是要围绕强化技术创新和转化应用，发挥国家级集群集聚创新资源优势，加强一流创新基础设施和各类创新平台建设，增强集群创新力、竞争力和带动力，推动国家级集群向世界级提升。支持一批在全国处于领先水平的先进制造业集群巩固优势产业领先地位，引领重点行业和领域创新发展，成为推动重点产业链高质量发展和构建新发展格局的重要支点。

优布局，就是要坚持全国一盘棋，聚焦新一代信息技术、高端装备、新材料、新能源、家电、纺织服装、食品、生物医药及高端医疗装备等战略性全局性领域和优势长板领域，完善国家级集群重点行业和重点区域布局。引导各地发挥比较优势，自主培育和发展一批先进制造业集群，实现专业化、差异化、特色化发展，与国家级集群形成结构合理、优势互补的先进制造业集群体系。

34. 创建国家新型工业化示范区

鼓励各地积极探索创新，形成一批可复制可推广的典型经验和示范标杆，是推进新型工业化的有效抓手。2024年要依托有条件的城市和重点城市群，紧紧围绕产业科技创新、产业结构优化升级、数字化绿色化发展、产业治理等，创建一批能发挥引领带动作用的国家新型工业化示范区。

第一，突出重点。聚焦推进新型工业化的重大任务、重要政策、重点难点问题，探索推动产业发展质量变革、效率变革、动力变革的新机制，形成一批重大引领示范成果。

第二，央地联动。加强统筹谋划，加强对示范区创建工作的指导和创建、实施、评估、经验推广的全流程管理。充分发挥地方主体作用，推动示范区落实示范任务，建立推进机制，加强政策和要素保障。

第三，差异探索。 充分考虑不同发展阶段、不同产业基础、不同资源禀赋等因素，做到科学合理布局。支持示范区因地制宜开展多样化路径探索，强化精准施策和改革创新，形成特色鲜明、各具亮点的典型经验。

35. 推动传统产业高端化、智能化、绿色化转型

我国有庞大的传统产业，是经济发展和满足人民生活需要所必需的，在国际上也有很强竞争力，不能当成"低端产业"简单退出。要积极运用先进技术进行改造升级，使传统产业"老树发新芽"。

一是推动高端化转型。 深入实施制造业核心竞争力提升行动计划，加强先进适用技术推广应用，不断提升产品质量和附加值。支持传统产业加强技术研发创新，促进强链延链补链，在转型中不断孵化新技术、开拓新赛道、培育新产业。

二是推动智能化转型。 把握新一轮科技革命和产业变革浪潮，支持生产设备数字化改造，推广应用新型传感、先进控制等智能部件，加快智能装备和软件更新替代，以场景化方式推进数字化车间和智能化工厂建设，促进新一代信息技术与制造业全过程全要素深度融合。

三是推动绿色化转型。 落实工业领域和有色、建材等重点行业碳达峰实施方案，完善工业节能管理制度，

（图片来源：《人民日报》）

推进节能降碳技术改造。完善绿色制造和服务体系，大力推行绿色设计，开发推广绿色产品，建设绿色工厂、绿色工业园区和绿色供应链，推动资源高效循环利用。

随着新技术新业态新模式不断涌现，产业边界正变得越来越模糊。推动传统产业转型，要把握融合化趋势，促进各产业门类、不同区域、大中小企业、上下游环节高度协同耦合，实现产业体系整体效能大幅提升。

36. 加快发展现代生产性服务业

从经济发展规律看，随着产业结构优化升级，生产性服务业在经济中占比将越来越大。目前，发达国家生产性服务业增加值占国内生产总值的比重多在40%-50%，而我国只有18%左右。推动制造业高质量发展，必须加快发展现代生产性服务业，促进现代服务业与先进制造业深度融合，这也有利于释放内需潜力、带动扩大就业。要重点提升专业化、融合化、国际化水平。

一是提升专业化水平。以服务制造业高质量发展为导向，推动生产性服务业向专业化和价值链高端延伸，加快发展研发设计、工业设计、信息数据、检验检测认证、人力资源、运营管理等现代服务业，创建一批国家级工业设计中心、工业设计研究院和行业性、专业性创意设计园区。

二是提升融合化水平。深入实施先进制造业与现代服务业融合试点，大力发展服务型制造，培育推广个性化定制、共享制造等新模式新场景在传统制造业领域的应用深化，带动科技、金融、信息、商务等生产性服务业发展。建设现代物流体系，降低物流成本，提升工业物流网络覆盖度、通达度和服务效率。

三是提升国际化水平。放宽电信等服务业市场准入，深化现代生产性服务业高水平对外开放，培育壮大一批服务型制造龙头企业和领军品牌，进一步拓展国际合作空间。

国务院文件要求加快发展的生产性服务业重点领域

（图片来源：中国政府网）

37. 促进中小企业专精特新发展

在现代化产业体系中，既要有龙头企业，也要有中小企业。发达国家不少中小企业依靠专注主业精耕细作，成为"百年老店"和"隐形冠军"，对产业链供应链有着很大影响。这些年我国中小企业数量快速增长，目前已培育专精特新中小企业10.3万多家、"小巨人"企业1.2万家。要以更大力度促进中小企业专精特新发展，支持中小企业聚焦细分领域，以专注铸专长、以配套强产业、以创新赢市场。

第一，加强精准服务。研究制定促进专精特新中小企业高质量发展的若干措施，加大财税、金融、人才、知识产权、数据等支持力度，帮助中小企业解决实际难题，引导中小企业强化创新导向、加大研发投入、增创竞争优势。加快建设全国中小企业服务"一张网"，发展一批中小企业特色产业集群。

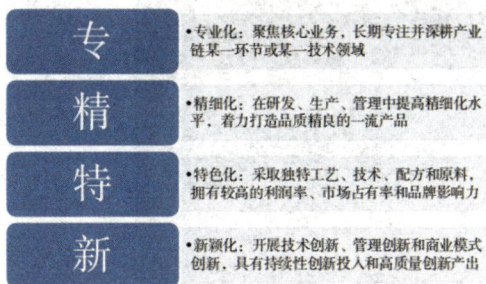

专	• 专业化：聚焦核心业务，长期专注并深耕产业链某一环节或某一技术领域
精	• 精细化：在研发、生产、管理中提高精细化水平，着力打造品质精良的一流产品
特	• 特色化：采取独特工艺、技术、配方和原料，拥有较高的利润率、市场占有率和品牌影响力
新	• 新颖化：开展技术创新、管理创新和商业模式创新，具有持续性创新投入和高质量创新产出

专精特新的具体内容

（图片来源：工业和信息化部）

第二，提升培育质量。优化专精特新中小企业评价指标体系，完善专精特新企业认定培育机制，严格审核把关，强化动态管理，建立退出机制，切实擦亮专精特新金色招牌，激发涌现更多专精特新企业。

第三，深化"以大带小"。实施促进大中小企业融通创新"携手行动"，持续开展"百场万企"大中小企业融通对接等活动，引导大企业向中小企业开放各类创新资源要素，支持中小企业积极参与大企业供应链建设。

38. 加强标准引领和质量支撑

标准在经济社会发展中具有基础性、引领性作用。标准决定质量，只有高标准，才有高质量。这些年我国标准体系不断完善、水平持续提高，但也存在标准缺失或老化等问题。特别是当前国际标准之争日趋激烈，谁掌握了标准，谁就掌握了产业竞争主导权。要深入实施以标准升级促进经济高质量发展工作方案，大力开展标准提升行动，围绕新兴技术融合应用、企业技术改造、商品和服务质量提升等重要行业领域需求，选取关键核心标准，对标国际先进水平，加快推进急需

质量强国

（图片来源：央视网）

标准的制修订。抓好标准宣贯实施，强化监督检查，完善配套政策，确保各项标准落实落地。

质量是产业竞争力的重要标志。从大国重器到生活用品，近年来"中国制造"质量水平显著提升，制造业产品质量合格率保持在 93% 以上。要持续实施制造业卓越质量工程，深入开展增品种、提品质、创品牌行动，加快构建更高水平质量基础设施，严格质量安全监管，创新质量激励政策，推动企业树牢质量第一意识，健全完善先进质量管理体系，提高质量管理能力，全面提升产品质量。大力弘扬工匠精神，加快企业品牌、产业品牌、区域品牌建设，打造更多有国际影响力的"中国制造"品牌。

（二）积极培育新兴产业和未来产业

39. 实施产业创新工程

创新是产业发展的不竭动力。这些年我国战略性新兴产业蓬勃发展，一批产业发展水平世界领先，与创新能力不断增强、创新活动高度活跃密不可分。面向未来，要实施产业创新工程，坚持以科技创新推动产业创新，完善产业生态，拓展应用场景，促进战略性新兴产业融合集群发展。

产业创新

（图片来源：新华社）

一是着力健全产业创新体系。围绕重大工程项目建设、战略性产品开发、应用场景拓展等实际需求，一体化配置项目、基地、人才、资金等创新资源。强化国家战略科技力量，统筹布局国家工程研究中心、国家企业技术创新中心、国家制造业创新中心等产业创新平台，壮大科技型领军企业、高新技术企业、创新型中小企业等各类创新主体。

二是着力优化产业创新服务。围绕产业创新全链条，组织实施关键核心技术攻关、中试验证能力建设、自主创新产品应用示范。特别是要重视创新成果转化和产业化，加快建设一批重大中试项目和区域中试中心，推动及时将科技创新成果应用到具体产业和产业链上，形成现实生产力。

三是着力打造产业创新高地。深入实施国家战略性新兴产业集群发展工程，加强产业集群核心承载区和公共服务体等建设，强化东中西部产业集群协同联动。依托科教资源丰富、先进制造业集聚的重点地区，发挥国家高新技术开发区、国家自主创新示范区等作用，打造一批世界领先科技园区和产业创新高地，增强辐射带动效应。

40. 巩固扩大智能网联新能源汽车等产业领先优势

经过多年发展，我国在新能源汽车、光伏、动力电池、信息通信、轨道交通装备、船舶与海洋工程装备等领域已经形成了领先优势。这些优势来之不易，要加强颠覆性和前沿技术跟踪研究和前瞻布局，不断扩大规模优势、增强技术优势，持续提升全产业链竞争力。

以智能网联新能源汽车为例，它实际上是车联网、智能车和新能源的有机结合，新能源解决的是动力系统问题，智能网联是未来的发展方向。我国新能源汽车产销量已连续9年位居全球第一，占全球比重超过 60%，6 家中国品牌进入全球销量前十，智能网联技术与国际先进水平处于并跑态势。今后要从技术、市场和生态三方面发力，推动新能源汽车企业做优做强，巩固扩大产业领先优势。

一是加强技术创新。加大对车规级芯片、激光雷达等硬件和车载操作系统、智能座舱等软件系统研发投入，超前布局大容量全固态电池等新技术赛道，开展新一代动力电池技术创新示范应用，防止被"弯道超车"。

二是加快场景化应用。提升包括封闭场地、模拟仿真、实际道路等在内的自动驾驶测试评价能力，积极稳妥开展智能网联汽车准入试点，推进高级别自动驾驶量产应用，组织实施城市级"车路云一体化"示范应用，推动路测感知、边缘计算等基础设施建设。

三是构建产业生态。加强新型车用能源体系、车用操作系统等生态培育，推进汽车与基础设施、信息通信等领域标准协同，完善道路安全等相关法律法规，促进新能源汽车与智慧能源、智能交通、智慧城市融合发展，构建车、能、路、云融合发展新生态。

政策传真

L3/L4 自动驾驶获批上路试点

2023 年 11 月 17 日，工业和信息化部等四部门联合发布《关于开展智能网联汽车准入和上路通行试点工作的通知》，对取得准入的 L3/L4 级别的自动驾驶汽车，在限定区域内开展上路通行试点。

41. 加快前沿新兴氢能、新材料、创新药等产业发展

氢能、新材料、创新药等前沿新兴领域创新创业活跃，发展潜力巨大，是推进新旧动能转换、推动高质量发展的重要支撑，也是发展新质生产力的重要方向。要坚持技术突破驱动、市场需求牵引和政策引导支持相结合，促进其加快成长壮大。

加快前沿新兴领域创新发展

（图片来源：新华社）

氢能被视为 21 世纪最具发展潜力的清洁能源之一。我国已是全球最大的氢气产销国，2023 年制氢量超过 4000 万吨。要持续加强绿氢先进制备、高压气态和低温液态储运、氢燃料电池等关键核心技术攻关，统筹布局制氢设施、储运体系、加氢网络等基础设施建设，推动降低制备储运成本、提高安全水平，积极拓展氢能在交通、工业等领域的应用。

新材料是战略性、基础性产业，正进入蓬勃发展加速期，纳米材料、石墨烯、新型金属材料等新材料应用需求旺盛。要制定新材料创

新发展行动方案，加快短板关键材料攻关，发展高纯稀土金属、高性能稀土永磁、高性能抛光等高端稀土功能材料，推进生产应用示范平台建设，完善重点新材料首批次应用保险补偿机制，增强高端产品供给能力。

创新药具有高投入、高风险、高回报、长周期等特点。近年来，我国在细胞治疗药物等前沿领域取得了很大突破。今后要全链条支持创新药发展，鼓励社会资本投入药品早期研发，进一步缩短创新药上市审批周期，完善药品采购等相关政策，加快高端医疗器械研制及示范应用，为创新药产业发展营造更好环境。

42. 积极打造生物制造、商业航天、低空经济等新增长引擎

经过多年探索蓄势，生物制造、商业航天、低空经济等产业发展逐步进入规模化和商业化阶段，展现出巨大的潜在市场规模。要进一步支持技术研发，优化管理机制，完善基础设施，使其加快成长为新支柱产业。

生物制造是利用微生物、细胞、酶等生命体的代谢转化或催化功能，实现产品规模化生产加工的先进制造方式。据估算，目前我国使用生物制造作为生产方式的行业总规模已超过1万亿元。要加强生物制造产业发展规划部署，积极开展工业菌种、关键酶制剂创新研发，大力推动示范应用和规模化发展。

我国商业航天已初步形成火箭总装总测、卫星研产、卫星数据应用为一体的产业链，2023年我国火箭发射次数占全球的30%。今后要重点围绕可重复使用运载火箭、高性价比商业卫星等关键技术开展攻关，加快商业航天发射场等基础设施建设，推进北斗规模应用和卫

星互联网建设应用，扩大在通信、大众消费等领域的应用规模。

建设中的海南国际商业航天发射中心

（图片来源：新华社）

低空经济是以低空空域为依托、有人或无人驾驶航空器为载体、低空飞行活动为牵引的经济形态。这些年我国低空经济快速发展，无人机航拍等已经屡见不鲜。要开展低空经济试点，完善低空空域管理制度，统筹推进低空飞行器制造、低空应用、飞行保障和综合服务，鼓励发展平台经济、低空经济、无人驾驶等结合的物流新模式。

43. 开辟量子技术、生命科学等新赛道

未来产业是用"明天的技术"锻造"后天的产业"。近年来，我国在量子技术、生命科学等前沿领域取得了一批重大原创性突破。同时，我国具有产业配套能力强、应用场景丰富等综合优势，为未来产业发展提供了丰厚的土壤。要抓住机遇、发挥优势，积极开辟新赛道，抢占发展制高点。

第一，做好前瞻布局。把握全球科技创新和产业发展趋势，以国家战略需求为导向，加快制定未来产业发展规划，重点推进未来制造、未来信息、未来材料、未来能源、未来空间和未来健康六大方向产业发展。依托科教资源优势突出、产业基础雄厚的地区创建未来产业先导区。

第二，加强基础研究。面向未来产业发展方向，把握未来产业多处科技和产业发展"无人区"、技术演进不确定性大等特点，实施国家科技重大项目和重大科技攻关工程，推动基础研究和应用研究同步发展，加强前沿技术多路径探索、交叉融合和颠覆性技术源头供给。

第三，促进转化孵化。根据技术生命周期和产业发展规律，组织实施未来产业孵化与加速计划，打造量子计算机、人形机器人、脑机接口等标志性产品，加强早期应用场景与市场拓展，加速成果产业化落地，建好常态化培育机制。

第四，优化产业生态。坚持以企业为主体确定领域方向、选择技术路线、配置要素资源，加强契合未来产业特点的科技、金融等服务。培育高水平企业梯队，打造特色产业链。坚持和完善包容审慎监管，为未来产业发展留足空间。

政策传真

2024 年 1 月，工业和信息化部等七部门联合印发《关于推动未来产业创新发展的实施意见》，明确了发展未来产业的指导思想、基本原则、发展目标、重点任务和保障措施。

44.鼓励发展创业投资、股权投资

新兴产业和未来产业技术迭代更新快，具有一定投资风险。同时，初创企业往往缺乏抵押物，难以获得银行贷款。从国际看，创业投资

（通常也称风险投资）、股权投资（通常也称私募股权投资）是重要融资途径。从国内看，据行业协会统计，目前创业投资和股权投资基金规模已经超过 14 万亿元。要进一步完善"募投管退"各环节制度，鼓励和支持创业投资、股权投资健康发展，为新兴产业和未来产业提供更多长期稳定资金支持。

一是在募资端，针对缺乏充足长期资金来源的问题，支持保险资金、理财资金等长期资本投入，吸引更多耐心资本。

二是在投资端，针对一些基金不愿承担风险、投资阶段后移的问题，完善激励容错机制，引导其向早期项目布局，投早投小投硬科技。

三是在管理端，针对一些基金管理不规范、专业化和市场化程度不高的问题，加强募资渠道、投资决策、风险防控等监管，提高基金管理规范化、专业化和市场化水平。

四是在退出端，针对当前私募股权基金交易市场不够活跃等问题，拓展投资退出渠道，健全私募股权份额转让等机制，完善相关税收优惠政策，调动各类基金开展投资活动的积极性。

📋 政策传真

创业投资选择按单一投资基金核算的，其合伙人从该基金应分得的股权转让所得和股息红利所得，按照 20% 税率计算缴纳个人所得税。创投企业选择按年度所得整体核算的，其个人合伙人应从创投企业取得所得，按照"经营所得"项目、5%—35% 的超额累进税率计算缴纳个人所得税。

（资料来源：《关于延续实施创业投资企业个人合伙所得税政策的公告》[财政部、税务总局、国家发展改革委、中国证监会公告 2023 年第 24 号]）

45. 优化产业投资基金功能

产业投资基金一般是指政府出资并吸引社会各类资本参与，支持相关产业和领域发展的资金，有时也称作产业投资引导基金等。据市场研究机构不完全统计，截至 2023 年底，各级政府累计设立的产业投资基金超过 1300 支，在服务国家战略、撬动社会资本、促进产业转型升级等方面发挥了重要作用。同时，产业投资基金发展在快速发展中也存在一些基金规模偏小、投向同质化、运作管理不规范、资金使用效率低等问题。要加强政策引导和规范管理，进一步优化产业投资基金功能，提高资金使用效益。

一是在基金定位上，引导其突出服务国家发展战略目标，更多投向需要政府更好发挥作用的行业领域，特别是加大对科技创新、产业升级等的支持，防止对民间投资形成挤出效应。

二是在基金布局上，推动同一行业领域内重复设立的基金，在尊重出资人意愿的基础上，以市场化法治化方式进行优化整合，促进基金布局适度集中。

三是在基金管理上，坚持市场化方式运营，优化考核评价和激励约束机制，完善投资管理和风险控制机制，加强基金管理人才队伍建设，及时纠治不合规的招商引资和基金募资等行为。

（三）深入推进数字经济创新发展

46. 制定支持数字经济高质量发展政策

近年来，我国数字经济蓬勃发展，规模连续多年位居世界第二，对经济社会高质量发展的引领支撑作用日益凸显。当前，大数据、云计算、人工智能等数字技术加速迭代更新，世界主要国家纷纷出台国家战略，意图抢占数字经济发展制高点。面对新形势新挑战，要制定支持数字经济高质量发展政策，加快补上关键核心技术、产业基础能力等短板，促进我国数字经济不断做强做优做大。

一是夯实技术底座。聚焦集成电路、操作系统、工业软件、人工智能核心算法与框架等重点领域和薄弱环节，加快推动数字技术创新突破，提高数字技术自主可控能力。

二是促进融合发展。充分发挥海量数据和丰富应用场景等优势，立足不同产业特点和差异化需求，利用数字技术进行全方位全链条改造，促进数字技术和实体经济深度融合，赋能传统产业转型升级，催生新产业新业态新模式。

三是筑牢基础支撑。完善

（图片来源：新华社）

62

网络、算力等基础设施建设，激发数据要素价值潜力，壮大数字经济人才队伍，健全数字经济治理体系，积极参与数字经济国际规则制定。

47. 积极推进数字产业化、产业数字化

数字产业化和产业数字化是数字经济的重要组成。数字产业化为产业数字化提供数字技术、产品、服务、基础设施和解决方案，产业数字化为数字产业化提供市场需求、落地场景、数据资源等支撑，要加强整体谋划和系统布局，推动数字产业化和产业数字化互促共进、协同发展。

数字产业化是数字经济发展的强大动力。比如 2023 年我国信息传输、软件和信息技术服务业增加值比上年增长 11.9%，增速是整体服务业的两倍。要加大数字技术创新力度，促进互联网和相关服务、软件和信息技术服务等核心产业平稳发展，积极发展大数据、云计算、人工智能等新兴产业。大力培育数字产业集群，引导优质要素资源向集群高效集聚，构建科技创新、金融服务、数字人才等高度融合的集群发展生态。

产业数字化是数字经济发展的"主战场"。近年来我国制造业数字化转型提档升级，服务业数字化转型深入推进，农业数字化转型逐步向全链条延伸。要着眼拓展转型广度深度，加大政策

（图片来源：新华社）

支持，完善标准体系，纵深推进产业数字化转型，促进数字经济赋能千行百业，发挥数字技术对经济发展的放大、叠加、倍增作用，促进提高全要素生产率。

48. 开展"人工智能+"行动

2022 年末 ChatGPT 的发布，掀起了全球新一轮人工智能发展热潮。人工智能已经成为各国发展数字经济的必争之地。我国人工智能发展水平总体处于全球第一梯队，专利申请量、论文发表量均居世界首位，一批企业成长为国际领先企业。要深入开展"人工智能+"行动，以国内大市场为依托，发挥好应用场景丰富、数据资源海量、大系统集成能力强等独特优势，推动人工智能技术与经济社会各领域深度融合，支撑各行业应用创新，形成"应用带产业、产业促技术"的良性循环。

人工智能

（图片来源：《人民日报》）

一是推进人工智能技术攻关和产品研发。加强算力、数据、算法等"根技术"创新突破和迭代升级，多路径布局类脑智能、具身智能、脑机接口等前沿技术。统筹布局通用大模型和垂直大模型产品，既要支持打造具有全球竞争力的基础大模型，也要引导更多企业开发垂直领域人工智能产品。

二是打造人工智能重大应用场景。鼓励更多行业领域开放应用场景，支持人工智能企业和行业企业联合攻关，形成可复制可推广的"人工智能＋"解决方案。围绕科学、制造、能源资源、交通等行业领域开展试点示范，树立一批标杆，探索各具特色的人工智能与产业发展深度融合的路径和模式。

三是加大服务保障力度。落实财税、金融等优惠政策，支持人工智能企业发展。推动人工智能学科专业建设，加强海外高端人才交流引进。完善人工智能监管制度规则，在守住安全底线的前提下，给予新技术足够的创新空间和必要的试错空间。

49. 实施制造业数字化转型行动

加快制造业数字化转型，是推动制造业高质量发展、建设现代化产业体系的必然要求。目前我国规模以上工业企业关键工序数控化率已超过 60%，数字化研发设计工具普及率已超过 78%，建成了万余家数字化车间和智能工厂。同时也要看到，制造业数字化转型面临应用场景复杂、工业设备多样等难题，很多行业还存在不少"哑设备"。要以实施制造业数字化转型行动为抓手，进一步加大转型推进力度。

第一，分行业制定转型路线图。充分考虑不同行业特点和发展阶段，以智能制造为主攻方向，在全面开展评估诊断的基础上，找准问题、凝练场景、明确数字化转型路径。加快工业软件和工业操作系统攻关应用，推进开源体系建设，打造一批可部署、能落地的数字化转型解决方案，加快新一代信息技术在制造业全行业全链条普及应用。

第二，**开展重点地区、集群和企业转型示范**。选择一批主导产业突出、转型潜力较大的地区以及先进制造业集群和产业园区，促进资源在线化、生产柔性化、产业链协同化。推进制造业企业"智改数转网联"试点示范，打造一批转型标杆。

制造业数字化转型行动

（图片来源：新华社）

第三，**充分发挥各类政策的集成效能**。把实施制造业数字化转型行动与实施制造业技术改造升级工程、推进大规模设备更新等结合起来，统筹用好财税、金融等各项支持政策，引导制造业企业主动开展数字化转型。

50. 加快工业互联网规模化应用

工业互联网是数字经济和实体经济深度融合的关键底座。当前信息技术、通信技术、控制技术、数字技术加速融合，5G、边缘计算、虚拟显示、人工智能等新技术广泛应用，工业互联网正在进入规模化发展新阶段。要深入实施工业互联网创新发展工程，更大力度推动工业互联网技术创新和规模化应用，让工业互联网发展跑出"加速度"。

一是夯实网络基础。 着力打造自主可控的标识解析体系，开展工业互联网标识解析体系"贯通"行动，加快解决工控协议复杂多样、设备接口标准不一等问题，打通数据畅通的"大动脉"。

工业互联网加速发展

（图片来源：《人民日报》）

二是完善平台体系。 深化工业互联网与重点产业链"链网协同"，健全综合型、特色型、专业型等多层次平台体系，提升工业互联网平台服务供给水平，持续推进工业互联网平台进园区、进基地、进集群，遴选一批高水平国家级"5G+工业互联网"融合应用先导区。

三是强化安全保障。 加强工业互联网安全分级分类管理，强化网络安全保障体系和能力，健全工业数据全流程合规与监管规则体系，完善防护制度、丰富技术手段，守牢网络和数据安全底线。

51. 推进服务业数字化

近年来，我国服务业发展线上线下融合、行业跨界融合的特征十分明显，电子商务、网约车、远程办公、在线教育等新兴服务业市场规模不断扩大，共享经济、平台经济、直播经济等新业态蓬勃发展。比如 2023 年我国电子商务交易额达 46.8 万亿元，网上零售额达 15.4 万亿元，在全球位居前列。要继续深入推进服务业数字化，助力服务业高质量发展。

一是强化服务业数字化基础支撑。加快培育专业数据服务商，全面激活数据要素价值。鼓励新型数字服务基础平台发展，优化服务业数字化转型生态，加强对服务业中小企业数字化转型支持力度。完善时空信息服务基础设施，提升服务设施数字化水平。

二是着力推进生产性服务业数字化转型。聚焦产业转型升级需要，推动研发设计、金融服务、交通运输、供应链管理、节能环保等数字化转型，促进生产性服务业向专业化和价值链高端延伸。建设一批数字生产服务集群，推动扩大生产性服务优质供给。

三是持续推进生活性服务业数字化转型。围绕满足多样化、高品质生活需求，丰富商贸、文化、旅游、健康、托育、家政、体育等生活性服务业数字化应用场景，支持各地培育一批生活性服务业数字化品牌和标杆。

政策传真

经国务院批准，商务部等 12 部门于 2023 年 12 月 19 日联合印发《关于加快生活服务数字化赋能的指导意见》，从 5 个方面提出 19 条具体任务举措，指导推进生活服务业数字化转型升级。

52.建设智慧城市、数字乡村

（图片来源：新华社）

智慧城市是协同推进新型城镇化与信息化的重要结合点，也是提升城市治理科学化精准化水平的重要途径。目前，全国一体化政务服务平台基本建成，90%以上政务服务实现网上可办，交通、能源、教育、医疗、社会保障等领域数字惠民便民水平不断提高。要继续推进智慧城市建设，提高5G、千兆光网等新型信息基础设施覆盖范围，因地制宜建设"城市大脑"，增强城市运行管理、决策辅助和应急支撑能力。推行城市数据一网通用和行业部门间数据共享，推进市政公共基础设施及建筑等物联网应用、智能化改造，推行市政服务一网通办，打造智慧共享的新型数字生活。

近年来，农村互联网普及率和网络质量不断提高，智慧农业加快发展，"互联网＋政务服务"进一步向基层延伸，数字乡村发展取得明显成效。要继续推动数字乡村建设，缩小城乡"数字鸿沟"，深入实施数字乡村发展行动计划，开展第二批国家数字乡村试点，进一步做好数字乡村建设整体规划设计。加快城市智能设施向乡村延伸覆盖，完善乡村数字基础设施。构建乡村综合信息服务体系，丰富涉农信息服务内容，提升信息惠农服务水平，发展乡村数字经济。推动涉农服务事项线上线下一体化办理，持续提高乡村数字化治理效能，给农业农村发展插上数字经济的翅膀。

53. 深入开展中小企业数字化赋能专项行动

量大面广的中小企业是数字化转型的重点和难点。与大企业相比，中小企业受资金、技术、人才等制约，数字化转型进度明显滞后。据有关调查，我国约八成中小企业仍处在数字化转型的初级阶段。要深入开展中小企业数字化赋能专项行动，着力解决中小企业数字化转型面临的投入大、见效慢、缺人才等困难，让中小企业真正"愿转、敢转、会转"。

一是加大资金支持。 按照"企业出一点、服务商让一点、政府补一点"原则，中央财政已明确 2023 年—2025 年连续 3 年支持 4 万多家中小企业实施数字化改造。鼓励各地结合实际增加资金投入，推动专精特新企业率先开展数字化转型。

二是创新服务供给。 健全中小企业数字化转型公共服务体系，推行普惠性"上云用数赋智"服务。瞄准小型化、快速化、轻量化、精准化方向，支持开发推广符合中小企业需求、高性价比的数字化产品、服务和解决方案。推动大企业帮助和带动中小企业转型提升，加快优秀数字化转型方案落地推广。

三是加强试点示范。 持续开展中小企业数字化转型城市试点，鼓励各地探索转型方法路径、市场机制和典型模式。遴选一批中小企业数字化转型案例标杆，探索产业集群内和产业链上下游中小企业协同转型模式。

（图片来源：新华社）

54.支持平台企业在促进创新、增加就业、国际竞争中大显身手

随着互联网和数字技术加快普及应用，这些年一批有影响力的平台企业迅速成长壮大，涉及电商、出行、就业、社交、工业等诸多领域，为扩大需求提供了新空间，为创新发展提供了新引擎，为就业创业提供了新渠道，为公共服务提供了新支撑。在平台经济快速发展过程中，也出现了一些企业垄断经营、无序扩张等问题，经过专项整治已经得到改观。要坚持鼓励创新和监管规范并举，促进平台经济持续健康发展。

一是加大政策支持。鼓励平台企业联合产业链上下游企业，围绕平台经济底层技术开展创新攻关，推进商业模式、应用场景和标准体系创新。对符合条件的平台企业落实稳岗支持政策，加强平台经济新就业群体权益保障。持续发布平台企业投资典型案例，支持平台企业开展多元化海外布局。

（图片来源：《北京日报》）

二是完善常态化监管。建立健全与平台企业的常态化沟通机制，及时解决平台企业遇到的实际困难。完善投资准入、新技术新业务安全评估等政策，健全透明、可预期的常态化监管制度，着力营造公平竞争的市场环境，促进平台企业合规经营。

55. 健全数据基础制度

在数字时代，数据不仅是新型生产要素，也是基础性战略性资源。和土地等生产要素有所不同，数据具有非竞争性、无限供给、易复制、边际成本低等特点，带来了数据产权界定难、交易定价难、安全监管难等一系列问题，进而制约了数据要素价值潜力的释放。2022年党中央、国务院出台了《关于构建数据基础制度更好发挥数据要素

国家数据局正式挂牌

（图片来源：央视网）

作用的意见》，初步构建了我国数据基础制度的"四梁八柱"。截至目前，各项制度建设已经取得积极进展。要持续完善相关具体规则，打造安全可信、包容创新、公平开放、监管有效的数据要素市场环境。

一是在数据产权制度上，推进公共数据、企业数据、个人数据分类分级确权授权使用，建立数据资源持有权、数据加工使用权、数据产品经营权等分置的产权运行机制，健全数据要素权益保护制度。

二是在流通交易制度上，建立数据流通准入标准规则，开展数据质量标准化体系建设，探索多样化、符合数据要素特性的定价模式和价格形成机制。优化数据交易场所布局，构建场内场外相结合的交易制度体系，培育数据要素全国统一大市场。

三是在收益分配制度上，完善数据要素市场化配置机制，扩大数据要素市场化配置范围和按价值贡献参与分配渠道。完善数据要素收益的再分配调节机制，推动建立保障公平的数据要素收益分配体制机制。

四是在安全治理制度上，明确安全底线红线，建立数据要素生产

流通使用全过程的合规公证、安全审查、算法审查、监测预警等制度，构建政府、企业、社会多方参与的治理模式。

56. 大力推动数据开发开放和流通使用

随着数字经济快速发展，我国积累了海量的原始数据。据有关研究机构测算，我国数据总量约占全球的10.5%。把这些海量数据资源转化为数字经济发展优势，要进一步推动数据开放共享、开发利用和合规高效流通，解决公共数据开放不够、企业数据高度分散、数据流通交易机制不畅、数据合规成本较高、高质量数据供给不足等问题，促进数据"放得开"、"供得出"、"流得动"、"用得好"。

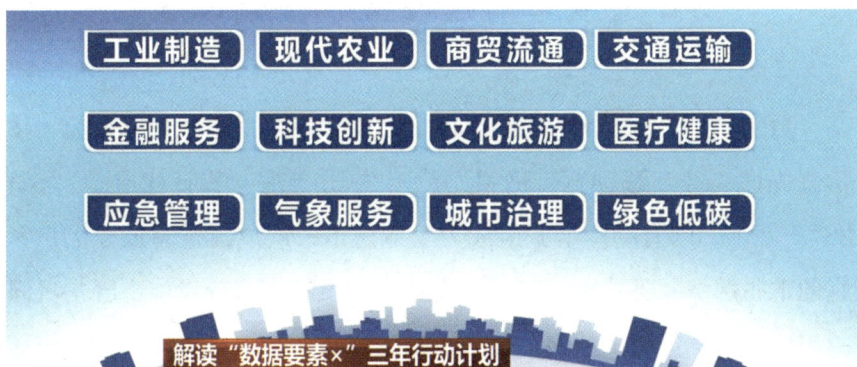

12个领域的数据开发及应用场景

（图片来源：央视网）

推动数据开发开放，重点要聚焦公共数据、行业数据、企业数据三个层面。一是推动公共数据资源开放共享，推进公共数据资源管理和运营机制改革，加快公共数据授权运营试点和应用示范，深化政务数据跨层级跨地域跨部门有序共享。**二是**促进行业数据有效供给和流通使用，深入实施"数据要素×"行动，建设行业共性数据资源库。三是鼓励企业探索数据授权使用新模式，引导国有企业、行业龙头企业、互联网平台企业发挥带动作用，促进与中小微企业之间双向公平授权，共同合理使用数据。

推动数据流通使用，重点是深化要素市场化配置。一是构建集约高效的数据流通基础设施，积极发展数据要素市场，健全数据资产评估、登记结算、交易撮合、争议仲裁等市场运营体系。二是完善数据采集、管理等标准，促进数据整合互通和互操作，建立可信流通体系。三是培育一批技术型、服务型、应用型数据商和提供数据集成等服务的第三方专业服务机构，提升数据流通和交易全流程服务能力。此外，还要推进数据跨境流动试点，积极参与制定国际数字治理规则。

57. 适度超前建设数字基础设施

数字基础设施是数字经济的基石。我国已建成全球规模最大、技术领先的光纤和移动宽带网络。截至 2023 年底，累计建成 5G 基站 337.7 万个，已有 207 个城市成为千兆城市，形成覆盖超过 5 亿户家庭的千兆网络服务能力。坚持适度超前建设数字基础设施，既是巩固我国数字经济优势的战略举措，也是当前扩大有效投资、稳定经济增长的现实需要。

一是完善信息通信等网络设施。有序推进骨干网扩容，加快 5G、千兆光网、移动物联网、互联网协议第 6 版等规模部署，前瞻布局第六代移动通信技术，构建高速泛在、天地一体、云网融合、智能敏捷、绿色低碳、安全可控的智能化综合基础设施。

二是加快空间信息基础设施建设。系统推进北斗产业化，推进构建民商统筹、集约高效的卫星遥感系统，加强民用遥感卫星应用，推动卫星互联网加快发展。

三是推进基础设施数字化智能化改造。建设可靠、灵活、安全的工业互联网基础设施，推动车联网部署应用，推动能源、交通运输、农业、水利、物流、环保等领域基础设施数字化改造升级，提升市政公用设施和建筑智能化水平。

数字基础设施

（图片来源：新华社）

58. 加快形成全国一体化算力体系

2022 年，我国启动实施"东数西算"工程，在 8 个地区建设国家算力枢纽节点，并规划了 10 个国家数据中心集群。截至 2023 年底，我国算力总规模超过 230EFLOPS（每秒百亿亿次浮点运算次数），位居世界第二。随着大模型等人工智能产业迅速兴起，国内算力需求愈发旺盛，且人工智能所需的训练算力、推理算力与通用算力、超算算力等存在较大差异。要加强顶层设计与统筹规划，满足日益增长的各类算力需求。重点是在"算、网、调"上下功夫。

"算"，就是构建高质量算力供给体系。优化数据中心建设布局和供给结构，提升国家枢纽节点各类算力资源综合供给水平，促进通用计算、智能计算、超级计算等多元算力资源协同发展，培育算力产业生态。

"网"，就是打造高水平算力传输网络体系。鼓励和支持发展新型算力网络，推进低时延、大带宽、高可靠的新兴网络技术应用，加快建设跨区域、多层次算力高速直连网络，打通分散的算力集群，推动算网深度融合。

"调"，就是探索高效率算力调度体系。鼓励西部算力枢纽节点积极承接东部地区中高时延业务，建设跨区域算力一体化供需对接平台，探索异属异构异地算力资源并网调度技术方案和商业模式，健全算力服务标准规范，形成全国算力发展"一盘棋"。

名词解释

算力

是集信息计算力、网络运载力、数据存储力于一体的新型生产力。算力是每秒可处理的信息数据量，常用的计量单位是每秒执行的浮点数运算次数（FLOPS，1 EFLOPS=10^18 Flops）。算力实现的核心是 CPU、GPU、FPGA、ASIC 等各类计算芯片，由计算机、服务器、高性能计算集群和各类智能终端等承载。

三

深入实施科教兴国战略
强化高质量发展的基础支撑

　　教育、科技、人才是全面建设社会主义现代化国家的基础性、战略性支撑。党的二十大报告把教育科技人才单独成章进行布局，要求深入实施科教兴国战略、人才强国战略、创新驱动发展战略，吹响了加快建设教育强国、科技强国、人才强国的号角。《报告》强调要坚持教育强国、科技强国、人才强国建设一体统筹推进，创新链产业链资金链人才链一体部署实施，深化教育科技人才综合改革，对做好2024年的教育、科技、人才工作提出明确要求。我们要深刻学习领会党中央决策部署和《报告》要求，切实抓好贯彻落实，为现代化建设提供强大动力。

（一）加强高质量教育体系建设

59. 制定实施《教育强国建设规划纲要》

教育兴则国家兴，教育强则国家强。党的二十大提出到 2035 年建成教育强国，比全面建成社会主义现代化强国提前 15 年，凸显了教育强国建设的战略先导和支撑引领作用。2023 年 5 月，习近平总书记在中央政治局第五次集体学习时发表重要讲话，深刻阐述了我国建设什么样的教育强国、怎样建设教育强国这一重大课题。教育部制定《教育强国建设规划纲要》（以下简称《纲要》），要深入贯彻落实习近平总书记重要论述精神，以为党育人、为国育才为根本目标，明确教育改革发展的总体任务，在立德树人、基础教育、高等教育、职业教育、终身学习等方面提出战略举措和政策安排。

培养什么人、怎样培养人、为谁培养人是教育的根本问题。《纲要》要落实立德树人根本任务，对坚持不懈用党的创新理论铸魂育人提出明确要求。服务高质量发展是建设教育强国的重要任务，支撑引领中国式现代化是教育强国的核心功能。要找准建设教育强国、科技强国、人才强国的内在一致性和相互支撑性，对三者有机结合、一体统筹推进作出安排部署。教育关乎千家万户。《纲要》要把促进教育公平作为重要原则，聚焦群众急难愁盼问题集中发力，不断缩小教育的城乡、区域、校际、群体差距。激发教育发展活力离不开改革创新。要统筹推进育人方式、办学模式、管理体制、保障机制改革，坚决破除一切制约教育高质量发展的思想观念束缚和体制机制弊端。编制《纲要》的过程，也是凝聚社会共识的过程。要广泛听取社会各界特别是一线教育工作者、学生和家长的意见建议，确保《纲要》符合国情实际、得到群众认可。

名词解释

教育强国指数

中国教育科学研究院研究编制教育强国指数，包括四个维度：机会公平、质量水平、服务能力与可持续发展潜力，表现为四个方面内在要求：

1. 全过程的教育公平，人人有机会公平地接受各级教育，受教育权益得到充分保障。

2. 高质量的教育水平，儿童少年青年不仅有机会进入学校，还能够接受高质量的教育，为个人发展奠定坚实基础。

3. 适应性的服务能力，教育通过人才培养、科技创新为经济社会发展提供高水平的人才基础和智力支撑。

4. 可持续的发展潜力，教育系统要获得充足的经费和师资保障其发展的可持续性。

据中国教育科学研究院测算，我国目前的教育强国指数居全球第 23 位，比 2012 年上升 26 位，是进步最快的国家。

60. 开展基础教育扩优提质行动

建设教育强国，基点在基础教育。我国举办着世界上规模最大的基础教育，各学段普及程度已达到或超过中高收入国家平均水平，成效十分显著。但要看到，基础教育与教育强国建设目标、人民群众期盼相比还有一定差距。开展基础教育扩优提质行动，就是要更好满足群众对"上好学"的需要，也为教育强国建设夯实根基。

基础教育在校生人数（单位：万人）

（数据来源：《教育事业发展统计公报》，教育部新闻发布会）

"扩优"，即把优质教育资源的"蛋糕"做得更大。适应人口变化和新型城镇化进程，合理配置教育资源，不断改善农村寄宿制学校和城镇薄弱学校的办学条件，办好必要的乡村小规模学校。努力增加优质学位供给，支持各地通过加大优秀校长和骨干教师交流轮岗力度、集团化办学等形式，促进新优质学校成长，提升薄弱学校办学质量。

"提质"，即把基础教育的整体质量提得更高。关键要深入落实"五育并举"，完善德智体美劳全面培养的教育体系，采取务实管用的措施解决"小眼镜"、"小胖墩"和心理健康问题，促进学生全面发展、身心健康。提高基础教育质量离不开高素质专业化教师队伍。要加强教师培养培训，持续提高教师政治地位、社会地位、职业地位，吸引优秀人才长期从教。基础教育发展需要全社会共同努力。要加强家校社协同育人。树立科学的教育观、成才观，推动更多优质的社会育人资源向学生开放，营造良好的家庭环境和社会氛围。

61. 改善农村寄宿制学校办学条件

作为农村义务教育的重要组成部分，寄宿制学校在巩固提高义务教育普及水平、促进教育资源合理配置、推动义务教育均衡发展等方面发挥了重要作用。现在，全国义务教育阶段寄宿制学校有 6.5 万所、占义务教育学校总数的 33.4%，寄宿学生有 3154 万人、占义务教育学生总数的 19.6%，其中不少是留守儿童。但总的来看，农村寄宿制学校发展仍然滞后，迫切需要进一步加强。重点做好三个"改善"。

寄宿制学校工作人员给学生打菜

（图片来源：新华社）

一是改善住宿环境。配齐配好床铺、食堂、饮用水、厕所、浴室等基本生活设施。同时，根据教学、管理实际需要，统筹现有编制资源，配备好宿管、食堂、安保等工勤服务人员及卫生人员，加强安全和服务保障。

二是改善办学条件。落实校舍建设、装备配备、信息化、安全防范等基本办学标准，配齐并及时更新教学设施设备，设置开展共青团、少先队活动及文体活动场地。

三是改善教师待遇。在巩固义务教育教师平均工资收入水平不低于当地公务员平均工资收入水平的基础上，落实好乡村教师生活补助政策，加强乡村教师住房保障，吸引更多优秀人才扎根农村教育。

62. 推动学前教育普惠发展

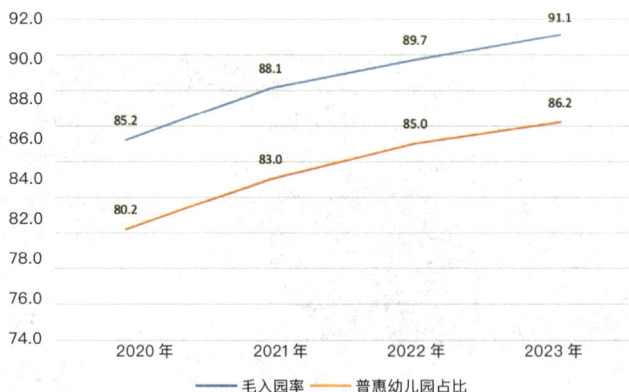

学前教育发展情况（单位：%）

（数据来源：《教育事业发展统计公报》，教育部新闻发布会）

人生百年，立于幼学，学前教育关系亿万儿童健康成长。2023 年，我国学前教育毛入园率 91.1%，比上年提高 1.4 个百分点，提前完成"十四五"规划目标，广覆盖、保基本、有质量的学前教育公共服务体系不断完善。2024 年要继续围绕群众反映强烈的突出问题，深入实施"十四五"学前教育发展提升行动计划，推进学前教育普及普惠安全优质发展。重点抓好三项工作。

一是优化学前教育资源布局与结构。 在城镇新增人口集中地区新建、改扩建一批公办园，积极扶持民办园提供普惠性服务，依托乡镇公办中心园办好村园，实施镇村一体化管理。

二是健全财政补助机制。 2024年年底前各地公办园生均公用经费标准原则上应达到每人每年600元，有条件的地方可进一步提高，合理确定公办园收费标准，落实普惠性民办园补助标准。同时，要建立健全幼儿资助制度，通过减免保教费等方式，切实保障家庭经济困难幼儿接受普惠性学前教育。

三是抓好规范管理和保育教育质量提升。 加强对幼儿园教师资质与配备、保育教育、安全防护、招生宣传、财务、收费等方面的动态监管，规范卫生保健工作。深化幼儿园教育改革，改进保育教育实践，促进高质量师幼互动，严禁提前教授小学课程，建立薄弱园帮扶机制，加快缩小办园差距。

63. 加强县域普通高中建设

县域普通高中（以下简称"县中"）在推进教育高质量发展和乡村振兴战略中承担着重要使命。近些年，国家实施高中阶段教育普及攻坚计划，有力促进了县中办学水平提高，但也有部分县中特别是中西部地区存在基础薄弱、教师和生源流失较严重等问题。2024年要继续实施"十四五"县域普通高中发展提升行动计划，适应高考综合改革和普通高中育人方式改革，突出问题导向，推动县中办学水平不断提升。

第一，针对县中基础薄弱的问题，要加快补齐办学条件短板。 坚持高中教育资源配置向县中倾斜，加大财政支持力度，加强县中标准化建设，推进实验设备与信息化教学条件建设，改善食宿卫生等生活条件，有效化解大班额和控制大规模学校。2024年中央财政补助资金安排120亿元，支持改善县中基本办学条件。

第二，**针对生源流失的问题，要加强普通高中招生管理。**全面落实公民办普通高中同步招生和属地招生政策，坚决杜绝违规跨区域掐尖招生，加大违规招生行为查处力度，维护良好教育生态。

第三，**针对教师总量不足和结构性缺员问题，要加强教师队伍建设。**加大县中教师补充力度，严禁发达地区、城区学校到薄弱地区县中抢挖优秀校长和教师。加大县中校长和教师培训力度，保障教师待遇。

高三学生在操场上参加趣味减压活动

（图片来源：新华社）

64. 减轻中小学教师非教学负担

切实减轻中小学教师负担，让教师潜心教书、静心育人，是教师队伍建设的一项重要任务。近年来，各地各部门积极为中小学教师减负，取得显著成效。但由于一些历史的和体制机制方面的原因，教师非教学负担过重的问题仍然比较普遍，需要围绕突出问题，标本兼治、综合施策，务求取得实效。重点实施三项措施。

一是优化升级全国教师管理信息系统。指导各地健全省级大数据平台，加强数据信息资源共享，整合职称评审、评优评先、项目申报等工作，改进方式方法，避免多头报送，减轻数据采集负担。

二是规范社会事务进校园。对于各级党委和政府统一部署的维护稳定、扫黑除恶、防灾减灾、消防安全等专项工作，以及文明、卫生、绿色、宜居、旅游等城市创优评先活动，确需中小学教师参与的，由教育部门严格按要求依程序统筹安排，不得将与教育教学无关的活动和工作强制摊派给中小学校。

三是强化督导检查和整治。指导各地对教师负担问题开展自查整改，瞄准重点难点问题开展专项治理。同时紧盯"线下转线上"的数字化、指尖负担等新情况新问题，保持对突出问题的整治力度不减。

((ɔ)) 热点链接

两会代表委员为教师减负建言

全国政协委员、民进重庆市委会主委陈贵云建议：健全监督机制，设立非教学事务进校园举报电话并向全社会公布，开展学校非教学任务问题专项整治。

全国人大代表、河北省沧州市第十六中学校长唐景丽建议，在开展相关进校园活动时，要尊重教学规律，主动听取学校意见，不人为增加学校与教师负担。

全国政协委员、知名编剧蒋胜男建议，促进行政事业单位报表高效处理和数据信息共享，采用"数据网上走"、"报数不报表"等方式减轻教师填表报信息等负担。

（资料来源：《中国教师报》）

65. 办好特殊教育、继续教育

办好特殊教育，是建设高质量教育体系的重要内容，是衡量社会文明进步的重要标志。党的十八大以来，国家组织实施了两次特殊教育提升计划，特殊教育普及水平、保障条件和教育质量得到显著提升，但仍是教育领域的薄弱环节。2024年要深入实施"十四五"特殊教育发展提升行动计划，鼓励20万人口以上的县（市、区、旗）办好一所达标的特殊教育学校，加大学前教育和高中阶段特殊教育学位供给。要遵循特殊教育规律，以适宜融合为目标，加强普通教育和特殊教育融合，推动特殊教育学校和普通学校结对帮扶共建、集团化融合办学，探索适应残疾儿童和普通儿童共同成长的融合教育模式。

继续教育是构建服务全民终身学习教育体系的重要内容，为促进经济社会发展和人的全面发展提供了有力支撑。要办好高等学历继续教育，健全专业和校外教学点设置机制，鼓励围绕制造业重点产业链、民生重点领域设置专业，开展产业工人继续教育支持服务项目，探索实行办学质量评价。加强非学历教育和社会成人培训管理。要以数字化赋能学习型社会建设，探索建设终身学习数字档案，构建数字背景下的学分互认机制，支持国家开放大学探索建设数字化大学，打造更加适合终身学习的良好环境。

名词解释

融合教育

是20世纪90年代兴起的一种教育理念，强调普通学校要接纳所有学生共同参与学习，尽可能为残疾儿童创造正常的学习和生活环境。过去，残疾儿童只能去特殊教育学校，融合教育要求普通学校通过课程教学调整、无障碍环境建设等，更好支持残疾儿童就学，保障残疾儿童平等享受基本公共教育服务，获得更好发展。对普通儿童来说，融合教育能让他们了解生命的多样性，有助于他们爱心和责任心的养成。2023 年，全国共有特殊教育在校生91.2 万人，其中在普通学校就读的有 57.1 万人，占比 62.6%。

66. 大力提高职业教育质量

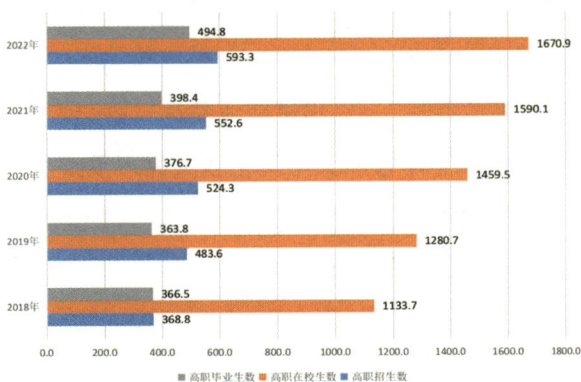

高等职业教育发展情况（单位：万人）

（数据来源：《教育事业发展统计公报》，教育部新闻发布会）

职业教育是培养高素质技能型人才的基础性工程。改革开放以来，职业教育为各行各业累计培养输送了 2 亿多高素质劳动者，现代制造业、战略性新兴产业和现代服务业 70% 以上的一线新增从业人员来自职业院校。当前，现代产业体系建设和现代服务业发展需要大批高技能人才。必须把推动现代职业教育高质量发展摆在更加突出的位置，充分调动各级政府、行业企业、社会等各方面的积极性、主动性，推进职普融通、产教融合、科教融汇，增强职业教育吸引力，推动形成多元育人良好格局。重点做到"三个强化"。

第一，**强化类型教育，既要纵向贯通、自成体系，也要和普通教育横向融通、协调发展。**要建立健全多形式衔接、多通道成长、可持续发展的梯度职业教育和培训体系，构建央地互动、区域联动，政府、行业、企业、学校协同的发展机制，不断提升职业教育与地方经济结合的紧密度、与行业发展需求的适配度。

第二，**强化实践教育，把产教融合作为基本办学模式。**完善职业教育产教融合政策支持体系，培育建设一批产教融合型企业，落实"金融＋财政＋土地＋信用"组合式激励政策，对企业举办的职业院校按规定给予支持。2024年现代职业教育质量提升计划资金安排313亿元，支持职业教育增强适应性。

第三，**强化开放办学，系统推进职业教育专业、课程、教材、教师、实训改革，支持高水平学校和大中型企业共建"双师型"教师培养培训基地、企业实践基地。**培育和传承好工匠精神，营造全社会充分了解、积极支持、主动参与职业教育的良好氛围。

67. 实施高等教育综合改革试点

建设教育强国，龙头是高等教育。目前，我国各种形式的高等教育在学总规模4763.2万人，高校毕业生连续超过1100万人。2023年，高等教育综合改革试点正式启动，重点是紧紧围绕提高高等教育人才自主培养质量和科技创新能力开展先行先试。2024年的改革重点任务主要有四项。

高等教育发展情况

（数据来源：《教育事业发展统计公报》，教育部新闻发布会）

一是完善拔尖创新人才培养机制。 瞄准全球科技发展趋势和经济社会发展需要，优化学科专业设置，积极探索符合国情的人才培养模式，更加注重复合型人才的培养，优化人才评价机制，不断激发人才创新创造潜能。

二是推动高校分类特色发展。 促进高等教育资源布局优化调整，建强行业特色大学和应用型本科高校，推动文科优势高校特色发展，支持新型理工科大学建设，支持部省合建高校建设发展，深入推进新时代中西部高等教育振兴，全面提升高等教育服务高质量发展的能力。

三是积极开展有组织科研。 支持自由探索，集中力量在战略必争领域实施一批目标导向的重大科技攻关任务，产学研协同开展关键核心技术攻关，强化科教融汇，以高水平科研支撑高质量人才培养。

四是推进高等教育高水平对外开放。 统筹做好"引进来"和"走出去"两篇大文章，统筹官方民间合作、双边多边互动，与世界各国开展多种形式的教育交流合作，增强我国教育的国际影响力。

68. 加快建设中国特色、世界一流的大学和优势学科

放眼全球，任何一个教育强国都是高等教育强国。要突出培养一流人才、服务国家战略需求、争创世界一流的导向，深化体制机制改革，加快建设中国特色、世界一流的大学和优势学科。

要守好中国特色这个根本。坚持社会主义办学方向，坚持用习近平新时代中国特色社会主义思想铸魂育人，突出思想引领和政治导向，扎根中国大地办大学，着力培育具有时代精神的中国特色大学文化。中国特色的高水平大学要以服务国家需求为己任，要加大国家急需高层次人才培养力度，积极开展有组织科研，努力突破更多"卡脖子"技术。

要瞄准世界一流这个目标。面向世界科学前沿和关键技术领域优化学科布局，调整升级现有学科体系，加强基础学科、新兴学科、交叉学科建设，启动优势学科群体打造行动，建设具有国际比较优势的学科群体，引导高校在不同领域和方向争创一流。探索与世界高水平大学双向交流的留学支持新机制。要建立健全中央、地方、企业、社会协同投入长效机制，支持高校建设创新平台，完善反映内涵发展和特色发展的多元成效评价体系。

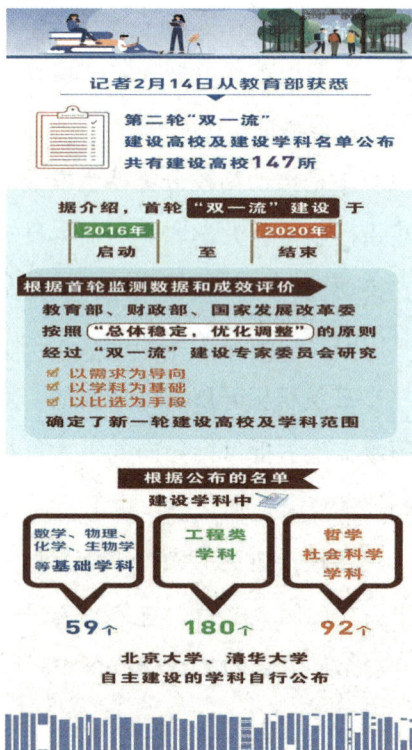

记者2月14日从教育部获悉

第二轮"双一流"建设高校及建设学科名单公布
共有建设高校147所

据介绍，首轮"双一流"建设于
2016年 启动 至 2020年 结束

根据首轮监测数据和成效评价

教育部、财政部、国家发展改革委
按照"总体稳定，优化调整"的原则
经过"双一流"建设专家委员会研究
☑ 以需求为导向
☑ 以学科为基础
☑ 以比选为手段
确定了新一轮建设高校及学科范围

根据公布的名单

建设学科中

数学、物理、化学、生物学等基础学科 59个
工程类学科 180个
哲学社会科学学科 92个

北京大学、清华大学自主建设的学科自行公布

第二轮"双一流"建设高质量建设学科名单

（图片来源：新华社）

69. 建强应用型本科高校

应用型本科高校主要从事服务经济社会发展的应用型人才培养，并从事社会发展与科技应用等方面的研究，是我国高等教育的重要组成部分。从国际情况看，各主要国家高等教育体系的主体都是应用型高校。要增强高等教育服务国家和区域经济社会发展能力，培养更多应用型和技术技能型人才，就必须办好建强应用型本科高校，重点抓好两项工作。

支持地方普通本科高校向应用型转变。 新增高等教育招生计划向应用型、技术技能型人才培养倾斜，建立健全应用型本科评价标准，突出培养相应专业能力和实践应用能力，造就大批高素质应用型、复合型、创新型人才。

完善产教融合的培养模式。 引导高校紧密对接区域和行业发展实际，制定人才培养方案和评价标准，从治理结构、专业体系、课程内容、教材体系、教学方式、师资结构等方面加大改革力度，提升学生解决实际问题和复杂问题的能力。发挥企业重要办学主体作用，推进人才培养规格与行业标准、教学实践与生产实际、教师队伍与行业企业人才队伍相融合，提升人才培养与产业发展的适配性。

◎ 热点链接

专家学者建言建强应用型本科高校

中国教育科学研究院原副院长马陆亭建议，增设更多专业学位，吸引专业硕士就读，更好应对社会的职业变动与发展。

常熟理工学院应用型院校研究中心主任顾永安认为，应用型、地方性、开放性是应用型本科高校的核心定位与办学特质，高校应积极探索个性化培育与多样化发展模式，同时还要加强产教融合型师资队伍建设。

全国人大代表、成都工业学院副校长张祖涛建议，因地制宜开展应用导向的科学研究，深化现代产业学院建设，从特色产业需求出发，确保相关专业课程与产业需求高度契合。

（资料来源：《中国教育报》）

70. 增强中西部地区高校办学实力

目前，中西部地区高校 1465 所、占全国的 53%，在校生数量 1334 万人、占全国的 57%，中西部高等教育已占我国高等教育的"半壁江山"。办好中西部地区高校，既是推进区域高等教育均衡发展的迫切需要，也有利于帮助中西部地区吸引和留住优质生源，服务支持地方经济社会高质量发展。要着力做好"主动造血"和"精准输血"两篇大文章。

主动造血。就是要提升中西部高校人才培养和科学研究能力。着眼解决高水平大学缺乏、优秀人才发展平台缺乏等难题，在中西部高校布局建设高等研究院，打造集人才培养、科技创新、产教融合为一体的创新平台，推动中西部高校集群发展。实施中西部人才培育行动计划，以新工科、新医科、新农科、新文科建设为引领，加快培养相关领域卓越人才。

精准输血。就是要加大帮扶支持力度。完善教育部、地方政府、合建高校、对口合作高校四方联动的部省合建机制，新增高等教育资源继续向人口大省、中西部地区、民族地区倾斜，精准实施对口支援西部地区高等学校计划。2024 年中央财政安排相关转移支付 404 亿元，支持地方高校特别是中西部地区高校改革发展。进一步优化中西部地区人才政策，加大各类人才计划对中西部地区高校的倾斜力度，鼓励和引导优秀人才向西部流动。

>>> **典型案例**

"数"说中西部高等教育发展

中西部高校博士、硕士学位授予点从 2012 年的 7000 个增长到 2022 年的 8100 个，增长了 15%；新一轮"双一流"建设中，中西部地区共有 48 所建设高校、123 个建设学科入选。

中西部普通本科高校教育经费总投入从 2012 年的 3188 亿元增长到 2022 年的 5280 亿元，增长了 65.6%；科技经费从 2012 年的 370 亿元增长到 2022 年的 1133 亿元，增长了 206%。

中西部普通本科高校占地面积从 2012 年的 6.1 亿平方米增长到 2022 年的 8 亿平方米，增长了 31%。

71. 加强学生心理健康教育

当前，我国心理健康问题已逐渐从成人、职业群体扩展延伸至大中小学生群体，并呈现"低龄化"发展趋势，引发社会关注。加强学生心理健康教育已成为全社会的广泛共识。2024 年两会期间，不少代表委员就加强学生心理健康教育提出了建议。做好这项工作需要教育引导和健康干预双管齐下。

第一，践行五育并举。以德育心、以智慧心、以体强心、以美润心、以劳健心，大力推进学生体质强健计划、美育浸润行动、劳动习惯养成计划、青少年读书行动，把学生心理健康教育贯穿德育思政工作全过程，融入教育教学、管理服务和学生成长各环节。

第二，**加强心理健康监测和干预**。要坚持预防为主，做到早发现、早干预。建立全国学生心理健康监测预警系统，监测学生心理健康状况、影响因素和发展趋势。规范心理咨询辅导服务，推进心理健康高危学生发现与应急处置机制和转介就医、复学机制建设，畅通医校协同救治途径。

第三，**建立家校协同机制**。做好中小学生心理健康工作，离不开政府、社会、学校、家庭的共同努力，特别是要引导家长树立科学教育观念，多渠道帮助家长掌握必要的心理健康教育知识，大中小学也要配齐配强心理健康教师，深化家校沟通、家校协同，形成共同关心支持青少年心理健康的合力。

政策传真

加强心理健康教育的政策要求

2023 年，教育部等 17 部门联合印发《全面加强和改进新时代学生心理健康工作专项行动计划（2023 年—2025 年）》，对加强心理健康教育提出要求。

一是开设心理健康相关课程。中小学要结合相关课程开展心理健康教育。普通高校要开设心理健康必修课，原则上要设置 2 个学分。

二是发挥课堂教学作用。关注学生个体差异，帮助学生掌握心理健康知识和技能，树立自助、求助意识，学会理性面对困难和挫折，增强心理健康素质。

三是全方位开展心理健康教育。组织编写大中小学生心理健康读本，向家长、校长、班主任和辅导员等提供学生常见心理问题操作指南等"服务包"，多渠道、多形式开展心理健康教育。

72. 大力发展数字教育

习近平总书记指出，教育数字化是我国开辟教育发展新赛道和塑造教育发展新优势的重要突破口。我国互联网上网人数超过 10 亿人，推进教育数字化对扩大优质教育资源覆盖面和教育现代化都具有重要意义。要深入推进教育数字化战略，形成新的发展空间，引领教育变革创新。

发展数字教育

（图片来源：央广网）

一要强化集成应用。 把数字化多场景应用作为重要举措，将优质教育资源向欠发达地区、乡村学校、薄弱学校持续输送，提升教师教学能力，激发学生学习兴趣，提高课堂教学效率，为每个孩子提供更加公平和优质的教育。

二要建好基础设施。 完善国家智慧教育公共服务平台体系，建立资源开发汇聚、激励评价、更新迭代机制，围绕内容审核、入库出库、数据治理等方面，制修订一批教育标准规范，探索建设一批未来学习中心等新型教学组织和学习空间。

三要赋能教育治理。提升教育系统网络安全能力，强化内容安全、技术安全、数据安全、供应链安全和算法安全，实施教育公共服务"一网通办"专项行动，推动"教育入学一件事"高效办理。

四要促进国际合作。把数字教育作为共建"一带一路"教育合作的重要内容，努力提供世界性的数字教育工具、数字教育生态、数字教育大模型，实现对国际教育数字化发展的引领。

73. 建设高素质专业化教师队伍

2023 年教师节前夕，习近平总书记致信全国优秀教师代表，从理想信念、道德情操、育人智慧、躬耕态度、仁爱之心、弘道追求六个方面深刻阐述了中国特有的教育家精神的丰富内涵和实践要求，为新时代加强和改进教师队伍建设指明了方向。目前，我国有专任教师

张桂梅老师

（图片来源：新华社）

1891.8万人。要大力弘扬教育家精神，造就一支师德高尚、业务精湛、结构合理、充满活力的高素质专业化教师队伍。

培养好教师，健全中国特色教师教育体系。推动更多高水平大学开展教师培养，加强师范院校和师范专业建设，健全教师在职培训和学历提升支持服务体系，不断提高教师的专业素养和教学能力。

激励好教师，加强教师结构优化和待遇保障。加大教职工统筹配置和跨区域调整力度，深化"县管校聘"管理改革，推进职称制度改革，保障义务教育教师工资待遇。要持续为教师松绑减负，还教师们一个潜心教书、静心育人的环境。

坚持师德师风第一标准。引导广大教师模范遵守新时代教师职业行为准则，严肃查处群众反映强烈、社会影响恶劣的严重师德违规行为，涵养高尚师德师风。

（二）加快推动高水平科技自立自强

74.充分发挥新型举国体制优势

举国体制是我国科技自主创新、自立自强的法宝。过去，在举国体制推动下，我们自力更生、艰苦奋斗，取得了"两弹一星"等重大科技成就。现在，面对更趋复杂严峻的外部环境，要突破关键核心技术"卡脖子"问题，加快实现高水平科技自立自强，必须充分发挥新型举国体制优势。健全社会主义市场经济条件下新型举国体制，要面向国家重大战略需求，瞄准事关我国产业、经济和国家安全的重大任务和关键技术，把有效市场和有为政府结合起来，充分发挥市场在资源配置中的决定性作用，更好发挥中国特色社会主义制度集中力量办大事的显著优势，大幅提升科技攻关体系化能力，在若干重要领域形成竞争优势、赢得战略主动。

加强党中央集中统一领导，建立权威统一高效的决策指挥体系，构建协同攻关的组织运行机制，高效配置科技力量和创新资源，强化跨领域、跨学科协同攻关，形成关键核心技术攻关强大合力。发挥市场机制在激励创新创造、促进成果转化应用等方面的巨大作用。强化企业科技创新主体地位，广泛吸纳各类创新主体参与重大科技攻关，用好我国超大规模市场的需求优势和产业体系配套完善的供给优势，推进自主攻关产品迭代应用，加快形成现实生产力。

75. 增强原始创新能力

长期以来，我国科技发展在集成创新和引进消化吸收再创新方面具有优势，但原始创新能力不足，根源在于基础研究水平不高、底层技术不扎实。增强原始创新能力，必须强化基础研究，重点抓好三个方面。

第一，强化基础研究系统布局。根据学科发展趋势和我国创新发展需求，加大数学、物理学、化学等基础学科支持力度。开展跨学科交叉研究，提升"从0到1"原始创新能力。坚持目标导向和自由探索"两条腿走路"，既鼓励科学家自由畅想、大胆假设、认真求证，又注重解决重大应用研究中凝练出的关键科学问题，提出更多新理论、新方法。

第二，强化稳定高效的资金支持。我国基础研究经费占全社会研发经费比重与发达国家相比较低。应健全政府投入为主、社会多渠道投入基础研究的支持机制。2024年中央本级基础研究支出安排980亿元、增长13.1%。同时，对投入基础研究的企业，在财政、金融、税收等方面继续给予支持。鼓励社会力量设立科学基金、科学捐赠等多元投入。创新投入方式，长期稳定支持一批基础研究创新基地、优势团队和重点方向。

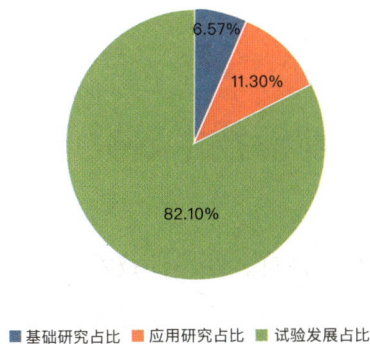

第三，强化基础研究人才队伍建设。完善基础研究人才培养和发展机制，实施基础研究人才专项，按照教育、科技、人才一体化部署要求，建立健全贯穿科研人员整个职业生涯的成体系、全链条的人才队伍支持机制，促进出成果与出人才并重。建立基础学科长周期评价机制，引导科研人员摒弃浮夸、祛除浮躁，坐住坐稳"冷板凳"。

6.57%
11.30%
82.10%

■ 基础研究占比　■ 应用研究占比　■ 试验发展占比

2022年全国科技经费使用占比

（数据来源：《2022年全国科技经费投入统计公报》）

76. 部署实施一批重大科技项目

重大科技项目是加快实现高水平科技自立自强、抢占国际科技竞争和未来发展制高点的战略抓手。党的二十大要求，加快实施一批具有战略性全局性前瞻性的国家重大科技项目，增强自主创新能力。2023 年，人工智能、量子信息、脑科学、农业生物育种等领域"科技创新 2030—重大项目"加快实施。2024 年，重点做好两项工作。

继续实施好"科技创新 2030—重大项目"。 "科技创新 2030—重大项目"涵盖了应用基础研究、技术攻关、成果转化等环节。要加大攻坚力度，力争尽快取得突破。项目产出不能只做样品，更要做出产品、形成产业。要以市场需求牵引创新供给，促进成果转化应用和产品迭代升级。

再凝练一批具有战略性全局性前瞻性的国家重大科技项目。 按照"四个面向"要求，瞄准事关我国产业、经济和国家安全的若干重点领域及重大任务，明确主攻方向，凝练制约发展和安全的重大科技问题。支持有关地方、机构和企业结合国家区域发展战略布局和产业发展优势，从区域、领域、产业的现实紧迫需求和长远发展需要出发，凝练科技问题。

77. 加强颠覆性技术和前沿技术研究

当前，新一轮科技革命和产业变革加速演进，颠覆性技术和前沿技术不断涌现，不仅推动了产业转型升级和社会生产力跃升，也成为国际竞争的战略必争之地。要在科技竞争中赢得主动，必须超前布局颠覆性技术和前沿技术。重点抓好三个"完善"。

一是完善有利于颠覆性技术和前沿技术研发的创新生态。加强基础研究，支持自由探索，激励原始创新。非共识性创新是许多颠覆性技术的前期特征，要增强包容度，重视对非共识项目的价值判断与培育支持，探索非常规评审和管理机制。

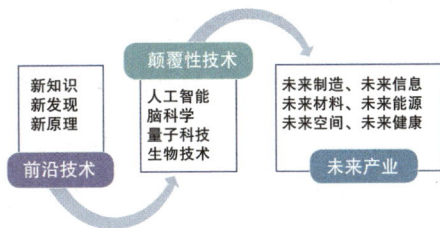

颠覆性技术与前沿技术

二是完善颠覆性技术和前沿技术研发布局。加快实施人工智能、脑科学、量子科技、生物技术等领域重大科技项目，以重大应用场景为导向实施一批颠覆性技术创新项目，力争在基础研究到产业化全链条上取得战略突破。鼓励青年科技人才跨学科、跨领域组建团队，承担颠覆性技术创新任务。

三是完善成果转化和未来产业培育机制。积极为前沿技术应用推广开拓应用场景和商业模式，培育成果评价和转移转化机构。利用人工智能、先进计算等技术精准识别和培育高潜能未来产业，推进未来制造、未来信息、未来材料、未来能源、未来空间和未来健康六大方向产业发展，发挥前沿技术增量器作用，加快传统产业转型升级。

78. 完善国家实验室运行管理机制

2015 年，我国决定在一些重大创新领域组建一批国家实验室，目标是打造聚集国内外一流人才高地，组织具有重大引领作用的协同攻关，形成代表国家水平、国际同行认可、在国际上拥有话语权的科技创新实力，成为抢占国际科技制高点的重要战略创新力量。近些年，国家实验室建设有力推进，取得了显著成绩，但管理体制和运行机制尚未理顺，亟待加以完善。

一是健全重大项目凝练机制。研究建立一套科学、规范的遴选机制，明确标准和流程，确保攻关项目服务国家战略、突出重大急需。同时，完善国家实验室科研任务动态调整机制，根据国家战略需求和科技发展形势变化，适时对科研任务作出调整。

二是强化协同攻关机制。充分发挥国家实验室"总平台、总链长"功能，协同好国家科研机构、高水平研究型大学、科技领军企业等战略科技力量，开展重大科技攻关。

三是实施灵活多样的用人机制。允许多种形式的探索，根据实际需要采取人才单聘和双聘方式，尽快建立一支相当规模、高水平、跨学科的科研队伍。创新人才评价机制，支持建立与承担国家战略任务相适应的薪酬激励机制，调动科研人员积极性。

四是健全科学的绩效评估机制。遵循科技创新规律和国家实验室特点，研究建立国家实验室考核体系，组织专家定期进行评估，促进实验室规范运行和健康发展。

🔗 他山之石

美国能源部国家实验室建设做法

美国能源部建有 17 个国家实验室，员工总数约 12 万人，是全美最大的国家实验室体系。其主要做法如下。

一是强化对战略任务宏观指导，明确实验室战略方向，制定实验室"年度规划指南"，确保实验室科研任务符合国家战略需求。

二是建立严密的组织管理架构，实验室分别由三个副部长负责管理，设立政策委员会和运营委员会，负责改善实验室管理和绩效。

三是采取管运分开的运行模式，具体的科研组织运行要么依托大学，要么依托拥有大型研发机构的企业。

四是以大科学装置群建设为重要支撑，建立 30 多个大科学设施，这些设施都是开放共享的，发挥共性技术平台支撑作用。

五是给予长期稳定高强度的科研经费支持，95% 以上科研经费来自联邦政府，每个实验室通过竞争方式获取资助，实际经费体量差别很大。

六是实施灵活多样的用人机制，每个实验室都拥有相当规模、高水平、跨学科的科研队伍，人员岗位分为固定岗位和流动岗位两类。

七是建立科学的绩效评估机制，每年都对国家实验室进行评估，建立运营绩效指标体系，评估结果直接影响委托方的合同期限和资助金额。

79. 发挥国际和区域科技创新中心辐射带动作用

近年来，北京、上海、粤港澳大湾区国际科技创新中心建设取得巨大成绩，连续多年位居全球创新集群排名前列。区域科技创新中心建设不断向前迈进，成渝、武汉、西安区域科技创新中心进入全球科技创新中心 100 强。下一步，要优化区域创新发展格局，全面提升国际和区域科技创新中心发展水平，进一步发挥好辐射带动作用。

一是优化完善布局。遵循科技创新区域集聚规律，优化科技创新空间布局，落实好国际和区域科技创新中心定位，强化策源功能和引领功能。同时，引导地方探索差异化创新发展路径，建设各具特色的区域创新高地。

二是促进资源集聚。优先布局建设重大科技基础设施和国家技术创新中心等重大科技创新平台，推动高端创新要素高效集聚和优化配置，提升国际和区域科技创新中心建设水平。

三是深化综合改革。支持国际和区域科技创新中心在科技体制改革、创新能力建设、科技成果转化等方面先行先试，试点实施一批制度性开放举措，助推区域创新体系完善与创新效能提升。

四是促进创新合作。加大对跨区域联合攻关、基地平台共建的支持力度，加强创新链产业链资金链人才链跨区域供需对接，完善东西合作、南北互动机制，以科技创新支撑解决发展不平衡不充分问题。

2023 年全球科技集群前十

排名	城市	国家	所属洲	排名	城市	国家	所属洲
1	东京—横滨	日本	亚洲	6	圣何塞—旧金山	美国	美洲
2	深圳—香港—广州	中国	亚洲	7	大阪—神户—京都	日本	亚洲
3	首尔	韩国	亚洲	8	波士顿剑桥城	美国	美洲
4	北京	中国	亚洲	9	圣迭戈	美国	美洲
5	上海—苏州	中国	亚洲	10	纽约	美国	美洲

（数据来源：世界知识产权组织《全球创新指数 2023 年》报告）

80. 推进共性技术平台、中试验证平台建设

共性技术平台是面向产业技术需求、提供共性技术研发及应用服务的功能型载体，是重要的产业技术创新基础设施。中试验证平台是把处在试制阶段的新产品转化到生产过程的过渡性试验平台，是科技成果产业化的关键环节支撑。

共性技术平台建设要坚持政府引导与市场运作相结合，广泛吸引各类创新主体参与，重点抓好"三个支持"：**一是**支持行业龙头企业联合高等院校、科研院所和行业上下游企业共建各类创新基地，解决

跨行业、跨领域关键共性技术问题。**二是支持转制科研院所联合企业组建行业研究院，强化行业基础共性技术研发与服务功能。三是支持**有条件的地方依托产业集群，创办混合所有制产业技术研究院等新型研发机构，服务区域关键共性技术研发。

中试验证平台建设重点任务有三项：**一是布局现代化中试能力。**注重远近结合、分类实施、软硬协同，按产业门类建设相适应的中试能力，按产业集群布局中试服务，推动中试线建设与产业链深度融合，推进中试数字化、网络化、智能化发展。**二是构建中试服务平台体系。**推动龙头企业建设产业链中试平台，提供跨行业、跨领域的高水平中试服务，布局建设特色鲜明、优势突出的专业化中试公共服务机构，不断提高中试验证效率。**三是完善中试产业发展生态。**强化标准支撑引领，加强计量服务保障，建设懂产品、懂制造、懂试验、懂设备、懂安全的复合型人才队伍。

81. 强化企业科技创新主体地位

目前，我国有高新技术企业 46.5 万家，科技型中小企业 50 万家。推动高水平科技自立自强，必须切实发挥好科技领军企业作为科技创新"出题人"、"答题人"、"阅卷人"作用，不断提升企业科技创新活力能力。

一是支持企业参与国家科技创新决策。鼓励企业在更大范围更深程度参与国家科技创新决策，特别是在重大技术创新方向确定和应用类国家科技项目遴选中发挥企业的主导作用。

二是支持企业加大研发投入力度。落实研发费用税前加计扣除等税收优惠政策，加大国家融资担保基金对科技型中小企业风险分担和补偿力度，引导金融机构为高新技术企业提供低成本信贷支持。推动企业与国家、地方自然科学基金设立联合基金，支持应用基础研究。

三是支持企业发挥科研组织功能。改革立项机制，支持科技领军企业牵头梳理攻关任务清单、凝练提出基础研究问题。支持有实力的企业牵头重大攻关任务，建设多元化创新联合体，注重发挥企业在科技项目评价中的作用。

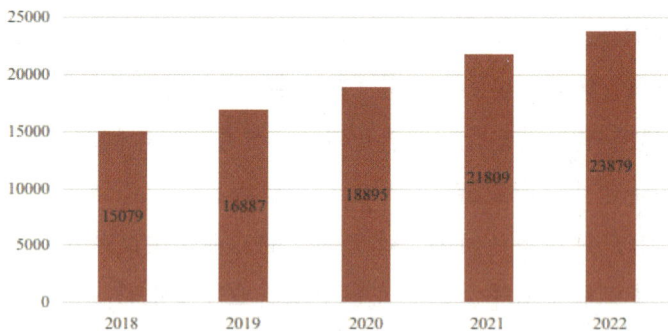

企业研发经费支出（单位：亿元）

（数据来源：《中国统计年鉴 2023》）

四是支持企业深度参与科技成果转化。落实科技成果转化税收减免政策，深化产学研用结合，支持企业主动与高校、科研院所加强对接，增强科研成果与市场需求的适配性。

五是支持企业形成专注创新发展的稳定预期。全面落实公平竞争审查制度，增强创新政策的系统性、协同性、一致性、稳定性，形成企业专注创新发展的稳定预期。

82. 加强健康、养老、助残等民生科技研发应用

这些年，我国民生科技领域取得显著成效，有效提升了人民群众的生活品质，但与人民日益增长的美好生活需要相比，仍有一定差距。

要瞄准民生热点难点，集中力量开展科技攻关，促进科技惠民。重点抓好以下工作。

一是加强民生科技资源投入。在人口健康、养老助残、生态环境、防灾减灾等领域实施一批重大民生科技项目和工程，推动创新链产业链围绕民生需求发力，促进科技创新增进民生福祉。

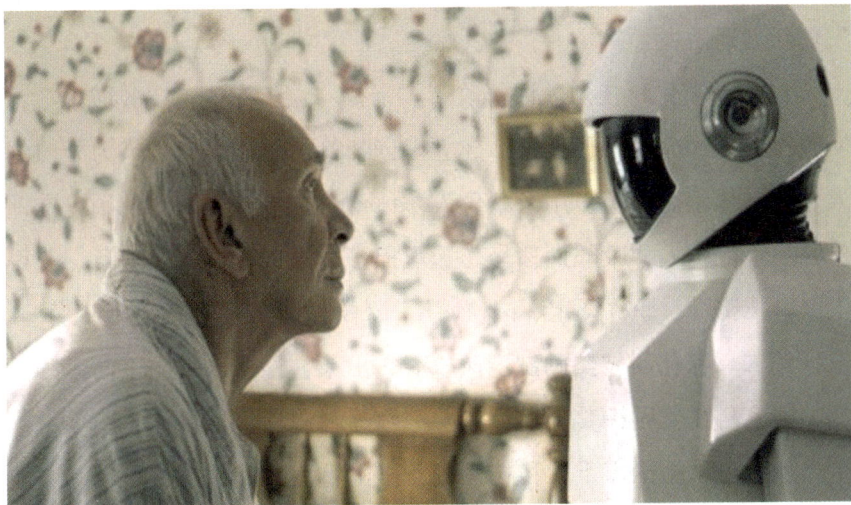

养老科技应用

（图片来源：网易新闻）

二是加强民生科技发展能力建设。通过民生科技重大需求和任务的牵引带动，锻炼培养一流人才和创新团队，加强全国重点实验室、国家制造业创新中心、国家技术创新中心等在民生科技领域的布局，鼓励高校、科研院所、大型企业开放科技资源，服务民生科技。

三是加强民生科技成果转化扶持。民生科技投入具有公益属性，回报周期通常比较长，风险较大，在成果转化方面要给予特殊的帮扶。要健全民生科技成果转移转化机制，加大政策扶持力度，提供更加便利化的专业化服务，让老百姓尽快享受到民生科技"红利"。

83. 深化科技评价、科技奖励、科研项目和经费管理制度改革

党的十八大以来，科技体制改革持续深化，破解了不少制约科技发展的障碍和堵点，但改革仍然在路上。下一步要围绕创新要干什么、谁来组织创新、如何支持激励保护创新，加大改革攻坚力度，不断激发创新创造活力。

第一，深化科技人才评价改革。坚持"立新标"、"破四唯"，实施科技人才分类评价标准，建立以创新价值、能力、贡献为导向的人才评价体系。要保障用人单位人才评价自主权，实行"谁用人谁评价"。不能把人才荣誉性称号作为承担各类国家科技计划项目、获得国家科技奖励、职称评定、岗位聘用、薪酬待遇确定的限制性条件。

第二，深化科技奖励制度改革。突出荣誉性质，强化正向激励。调整国家科技奖励评奖周期，完善奖励提名制，优化科技奖励项目，重点加大对承担国家重大科技任务、作出重大贡献的一线人员和团队的激励力度。

第三，深化科研项目和经费管理制度改革。坚持让经费为人的创造性活动服务的理念，持续推进项目经费管理制度改革，实现从重过程向重结果转变。健全勤勉尽责、宽容失败的科研管理和评价机制，保障科研人员潜心研究。

第四，深化学风作风建设。倡导严肃认真的学术讨论和评论，反对浮夸浮躁、"圈子"文化，严守科研诚信底线，引导科研人员自觉践行、大力弘扬科学家精神，在科技攻关实践中强化担当作为。

👤 **政策传真**

深化科研项目和经费管理制度改革情况

2018 年：科技部等 4 部门出台《贯彻落实习近平总书记在两院院士大会上重要讲话精神开展减轻科研人员负担专项行动方案》，开展了减表、解决报销繁、精简牌子、清理"四唯"、检查瘦身、信息共享、众筹科改等 7 项具体行动。

2020 年：科技部等 4 部门出台《关于持续开展减轻科研人员负担、激发创新活力专项行动的通知》，推进成果转化尽责担当、科研人员保障激励、新型研发机构服务和政策宣传 4 项新行动。

2022 年：科技部等 5 部门出台《关于开展减轻青年科研人员负担专项行动的通知》，聚焦青年科研人员，部署了挑大梁、增机会、减考核、保时间、强身心等 5 方面任务。

84. 健全"揭榜挂帅"机制

"揭榜挂帅"机制打破体制、地域、身份等的限制，让愿创新、能创新者都有机会一展身手，形成需求牵引、择优激励的鲜明导向，受到科学家的普遍欢迎。下一步要以落实企业科技创新主体地位为重点，健全"揭榜挂帅"机制。

充分发挥企业"出题者"的作用。围绕重要产业链供应链安全稳定需求，由科技领军企业牵头梳理"卡点"、"堵点"难题，提出攻关任务。围绕全球前沿技术创新和未来产业发展方向，由科技型骨干企业联合上下游、产学研力量，研究提出前沿性、颠覆性问题清单。围绕制约产业创新发展和"卡脖子"技术瓶颈背后的科学原理，支持有条件的企业联合高校、科研院所，凝练基础研究问题。

更多地支持企业牵头攻关重大任务。绝大多数"揭榜挂帅"的任务，都需要产学研协同攻关，要支持企业牵头建设多元化创新联合体，联合高校和科研院所、带动中小微企业，积聚力量承担攻关任务。要改革项目验收机制，坚持应用导向、实践检验，技术开发类项目成果评估和考核验收要发挥企业和用户单位主导作用，应用研究类项目要充分听取企业意见，强化成果跟踪管理，以市场应用成效推动科研项目迭代升级。

（图片来源：新华社）

85. 加强知识产权保护、促进科技成果转化应用

近年来，我国在知识产权保护、促进科技成果转化方面都取得了积极进展，但也面临不少新情况、新问题。要标本兼治、综合施策，推进知识产权保护、促进科技成果转化应用工作迈上新台阶。

知识产权保护要抓好三项工作：一是加强知识产权法治保障，深入实施新修改的《中华人民共和国专利法实施细则》和《专利审查指南》，持续提升知识产权审查质量和审查效率。**二是**健全新领域新业态知识产权保护制度，完善大数据、人工智能、基因技术等领域专利审查标准，支持战略性新兴产业发展。**三是**完善知识产权保护体系，高标准建设国家知识产权保护示范区，聚焦重点领域从严打击侵权假冒行为，不断优化营商环境。

比例 /%

专利权人遭遇专利侵权比例

（数据来源：国家知识产权局《2022 年中国专利调查报告》）

促进科技成果转化应用要采取三项措施：一是进一步增强科研成果与市场需求的适配性，激活高校和科研院所的存量专利资源，支持主动对接企业需求，组织开展科研活动。**二是**进一步完善科技成果转化服务体系，支持有条件的高校和科研院所设立专门的技术转移机构，建立专业化多层次的技术转移人才队伍。**三是**进一步健全科技成果转化激励机制，充分赋予高校和科研院所科技成果处置自主权，推进赋予科研人员职务科技成果所有权或长期使用权改革，建立相关参与方共同获益的收益分配机制。

86. 广泛开展科学普及

科学普及有助于提升公民的科学素质，培育社会的科学文化和创新文化，为创新发展提供有力支撑。中国科协开展的第十二次中国公民科学素质抽样调查结果显示，2022 年我国公民具备科学素质比例为 12.9%，低于发达国家 20%—30% 的水平。要把科学普及放在与科技创新同等重要的位置，加强科普工作，厚植科技创新的社会基础。

一是加强国家科普能力建设。 发挥重大科技基础设施、综合观测台站等在科普中的重要作用，推动科技馆免费开放，鼓励高校、科研院所、企业及各类创新平台定期向公众开放，加强科普人才规划和培养，在国家和地方科技计划项目实施中明确科普任务。

二是加强全民科学素质提升。 要把青少年科普作为科普工作的重中之重，在教育"双减"中做好科学教育加法，开发高质量科学教育教材和课程，引导和培养青少年增强科学兴趣、掌握科学方法、心怀科学梦想、树立创新志向。

三是加强社会化科普推动力度。 健全多元化科普经费投入机制，鼓励社会资金投入科普事业。发挥两院院士等高层次科学家带头作用，支持更多科技工作者开展科普工作，大力加强科普志愿者队伍建设，扩大加强优质科普产品供给。

全国科普日图标

（图片来源：中国科协）

（三）全方位培养用好人才

87. 推进高水平人才高地和吸引集聚人才平台建设

国家发展靠人才，民族振兴靠人才。建设高水平人才高地和吸引集聚人才平台，是全方位培养、引进、用好人才的重大举措，要统筹抓好贯彻落实。

一要在北京、上海、粤港澳大湾区建设高水平人才高地。围绕服务国家重大战略，进一步把准定位、发挥优势、突出特色，做好人才培养引进工作，开展人才发展体制机制综合改革试点，优化人才创新创造环境，努力打造创新人才高地示范区。

二要逐步有序布局建设若干吸引和集聚人才平台。坚持突出重点、梯次推进，因地制宜、量力而行，围绕国家科技创新总体布局和区域协调发展战略、区域重大战略实施，在一些高层次人才集中的中心城市，布局建设高水平人才平台，推动人才平台差异化、错位化、特色化发展。

三要强化资源统筹和政策集成。把人才高地和人才平台建设与国际科技创新中心、区域科技创新中心、国家高新区和自主创新示范区建设结合起来，同"双一流"高校建设、国家实验室建设、科技领军企业培育统筹起来，推动教育科技人才一体布局、产学研深度融合，加快形成人才发展的战略支点和雁阵格局。

▶▶▶ 典型案例

建设高水平人才高地的地方实践

北京市充分发挥国家战略科技力量集中和人才密度大、层次高、门类全优势，努力在科研主战场培养锻造人才，设立"青年科技领军人才培养资助"专项，长周期支持 100 位优秀青年科学家。面向全球引进高层次人才，近年来共引进 87 位顶尖人才和 362 位核心团队成员。发挥中关村先行先试作用，出台 95 条新政，破除制约人才发展的体制机制障碍。

上海市着力建设世界一流的基础科研平台、产业创新平台、科技服务平台和"海聚英才"赛会平台，形成引才聚才的强磁场。坚持放权松绑，持续深化人才发现、推荐、评价等体制机制改革，激发人才创新创造活力。精准对接人才在落户、安居、出入境等方面的需求，优化完善全球人才优享服务、人才全周期服务"一件事"等改革举措。

88. 促进人才区域合理布局和协调发展

人才是推动区域协调发展的关键因素。2023 年，我国劳动年龄人口超过 8.6 亿，劳动年龄人口平均受教育年限达 11.05 年，具有大学文化程度人口超过 2.5 亿人，人才资源总量、科技人力资源、研发人员总量均居全球首位。但也要看到，我国人才主要聚集在经济发达的东部沿海地区，人才流动"孔雀东南飞"现象比较普遍。要坚持系统观念、注重统筹兼顾，促进人才区域合理布局和协调发展。重点采取三项措施。

一是支持西部地区和东北地区引才育才。继续加大对西部地区、东北地区的人才政策倾斜支持力度，完善引进高层次人才及团队的柔

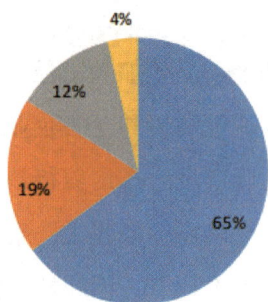

2021年各地区研发人员全国数量占比

（数据来源：《2022中国科技统计年鉴》）

性机制。建立东西部省份人才对口帮扶机制，扎实做好向重点帮扶县组团式选派医疗、教育人才和科技特派员工作，实施"博士服务团"、"西部之光"访问学者计划、专家服务基层行动。

二是促进人才合理流动。探索建立同区域协调发展战略相适应的人才交流机制，优化人才评价"指挥棒"作用，制定鼓励和引导人才向艰苦边远地区和基层一线流动的政策措施，提高艰苦边远地区和基层一线人才保障水平。同时，落实地方人才计划和引才政策备案审核制，坚决纠正地方、用人单位在国内靠比拼财力抢挖人才问题，引导人才合理有序流动。

三是加快推进乡村人才振兴。研究制定乡村振兴人才支持政策，深入实施"神农英才"计划、乡村产业振兴带头人培育"头雁"项目、乡村文化和旅游带头人支持项目、大学生村医专项计划。加强农村实用人才培养培训。

89. 打造卓越工程师和高技能人才队伍

卓越工程师和高技能人才是国家战略人才力量的重要组成部分。目前，我国技能劳动者超过2亿人，其中高技能人才超过6000万人。但依然存在总量不足、结构不尽合理、顶尖人才缺口大等问题。要充分发挥高校和企业两个积极性，推动实现产学研深度融合，进一步加大工程技术人才自主培养力度。具体措施如下。

一是提高卓越工程师培养水平。指导和推动高校加大工程类学生培养力度，推动"双一流"建设大学、行业特色高校和龙头企业协同打造一批高端校企合作基地。深化卓越工程师产教融合培养行动，抓好国家卓越工程师学院、卓越工程师创新研究院高标准建设，聚焦招生、标准、体系、课程、入企培养和评价等关键环节，创新校企深度融合机制。

二是完善高技能人才培养体系。加快构建以行业企业为主体、职业学校（含技工院校）为基础、政府推动与社会支持相结合的高技能人才培养体系。支持、鼓励和引导企业把培养环节前移，采取订单式培养、校企共建联合培养平台等方式，着力解决技能人才培养与生产实践脱节问题。

三是完善激励机制。对纳入产教融合型企业建设培育范围的企业兴办职业教育符合条件的投资，可依据有关规定按投资额的30%抵免当年应缴教育费附加和地方教育附加。建立卓越工程师和高技能人才表彰激励机制，为其施展才华创造条件、厚植沃土。

政策传真

重构卓越工程师培养体系

支持清华大学、北京航空航天大学、北京理工大学等24所高校和航天科工、中国船舶、中石油等8家中央企业建设32个国家卓越工程师学院，打破人才培养"学科化、院系制"的传统模式，汇聚企业专家、科研平台等优势资源，构建校企共同招生、共同培养、共同选题、共享成果和师资互通、课程打通、平台融通、政策畅通的"四共"、"四通"机制。

支持北京、上海、粤港澳大湾区建设4个国家卓越工程师创新研究院，聚焦关键领域，依托高水平大学、领军企业、"专精特新"

中小企业、国家实验室等，调动地方资源，打造政府主导、实体运行、需求导向、产业牵引、高校支撑、多主体参与的人才培养和科技产业创新特区。

90. 加大对青年科技人才支持力度

北京航天飞行控制中心青年科技人才群体庆祝我国首次火星探测任务
着陆火星成功

（图片来源：新华社）

青年阶段是科技创新的"黄金时期"。我国国家重点研发计划参研人员中，青年科技人才占比很大，成为科技创新的主力。但要看到，青年科技人才担纲机会少、成长通道窄、生活压力大等问题依然比较突出，必须采取有力措施加以解决。

支持在国家重大科技任务中"挑大梁"、"当主角"。对于国家重大科技任务、关键核心技术攻关和应急科技攻关项目，40岁以下青年科技人才担任负责人和骨干的比例原则上不低于50%。国家自然科学基金对青年科技人才的资助项目数占比要保持在45%以上。国家重

117

点研发计划重点专项要进一步扩大青年科学家项目比例，负责人申报年龄可放宽到 40 岁，并不设职称、学历限制。鼓励各类国家科技创新基地面向青年科技人才自主设立科研项目，由 40 岁以下青年科技人才领衔承担的比例原则上不低于 60%。

全方位为青年人才减负担和做好服务保障。持续推进青年科技人才减负行动，减少科研业务之外的事务性工作，保证科研岗位青年科技人才参与非学术事务性活动每周不超过 1 天、每周 80% 以上的工作时间用于科研学术活动。加强对青年科技人才的关怀爱护，支持科研机构采取适当方式提高职业早期青年科技人才薪酬待遇，保障青年科技人才休息休假，定期组织医疗体检、心理咨询活动，创造条件帮助解决子女入托入学、住房等方面困难。

91. 加快建立以创新价值、能力、贡献为导向的人才评价体系

评价体系对人才成长和发展具有十分重要的"指挥棒"作用。近年来，我国在分类推进人才评价机制改革上出台了一系列措施，取得了积极成效，但仍存在评价标准单一、评价手段趋同、评价名目繁多等问题，需要进一步深化改革，加快形成有利于科技人才潜心研究和创新的评价制度。

一是完善评价机制。改进和创新人才评价方式，科学设置评价周期，适当减少考核频次，推动形成导向明确、精准科学、规范有序、竞争择优的科学化、社会化、市场化人才评价机制，全面准确反映人才的创新水平、转化应用绩效和对经济社会发展的实际贡献。深化重点领域人才评价改革。完善人才评价管理服务制度，保障和落实用人

单位自主权，提升科研单位人才自主评价能力，健全市场化、社会化的管理服务体系。

二是强化分类评价。分类健全人才评价标准，基础前沿研究要突出原创导向，社会公益性研究要突出需求导向，应用技术开发和成果转化评价要突出市场导向。切实解决简单以人才"帽子"对标薪酬待遇和科研资源分配问题，推动人才称号回归学术性、荣誉性本质。

三是持续松绑减负。遵循人才成长规律和科研活动规律，尽量减少"管"的手段，多出台服务、支持、激励等方面措施。选好用好领军人才和拔尖人才，赋予更大技术路线决定权、更大经费支配权、更大资源调度权，同时建立健全责任制和"军令状"制度，确保科研项目取得成效。

》》》 典型案例

部分高校积极推进人才评价改革做法

1.强化人才称号荣誉性学术性内涵。如北京大学聚焦基础研究，深化基础学科人才评价，优化学科建设经费、招生指标等资源倾斜配置，加强基础研究的国际国内同行评价；清华大学深入推进教师职称评价制度、聘用制度和薪酬制度改革，激发各系列教师的干事创业热情。

2.坚决纠正"唯帽子"顽瘴痼疾。如上海交通大学推行代表作制度，鼓励学院结合自身特点自主设置一些高水平代表作成果清单；四川大学建设代表性成果同行评议专家库，建立权威、公平、公正的同行评议制度。

3.推动评价改革走深走实。如中国农业大学建立以成果质量和贡献为导向校院两级分级分类激励体系，摒弃单纯以成果数量和SCI论文相关指标评价的奖励方式。

（资料来源：《光明日报》）

四

着力扩大国内需求
推动经济实现良性循环

　　大国经济的特征都是内需为主导、内部可循环。近年来，国内需求对我国经济增长的贡献率平均在90%以上。随着新冠疫情防控平稳转段，2023年国内需求较快恢复，有力促进了经济总体回升向好。但也要看到，当前居民扩大消费的能力和意愿还不强，民间投资信心仍需提振，制约了国内需求持续增长。要围绕加快构建新发展格局、着力推动高质量发展，把扩大国内需求放在重要位置，把实施扩大内需战略同深化供给侧结构性改革有机结合起来，更好统筹消费和投资，激发有潜能的消费，扩大有效益的投资，形成消费和投资相互促进的良性循环，增强对经济增长的拉动作用。

（一）促进消费稳定增长

92. 激发消费潜能

我国有 14 亿多人口，人均国内生产总值达 1.2 万美元，中等收入群体超过 5 亿人，居民消费结构不断优化升级，拥有全球最具成长性的大市场。促进消费稳定增长，关键要把蕴藏的消费潜能激发出来。2024 年将从增加收入、优化供给、减少限制性措施等方面综合施策。

提升供给质量和水平。 着力突破供给约束堵点，提供更多优质优价的商品和服务。强化企业质量意识，严格落实企业质量主体责任，健全质量管理体系。实施标准提升行动，着力以标准提升来推动商品和服务质量不断提高，更好满足人民群众改善生活需要。

减少不合理限制措施。 当前，在一些领域仍存在限制购买、使用等措施。比如，一些地区对汽车新车实施限购，部分城市限制皮卡进城。又如，一些城市严控开展促销活动、举办文娱演出等。对这些限制措施要分类处置。确有必要保留的，进一步完善优化；缺乏合理性的，尽快予以清理取消，为消费持续恢复创造条件。

93. 促进数字消费、绿色消费、健康消费

近年来，各种新型消费快速兴起，正在深刻重塑消费格局。《报告》

指出，要培育壮大新型消费。其中很重要的内容，就是促进数字消费、绿色消费、健康消费，更好地把人们对美好生活的向往与消费扩大有机结合起来。

促进数字消费。加快传统消费数字化转型，推动新一代信息技术与更多消费领域融合应用，鼓励实体企业更多开发数字化产品和服务。引导数字技术企业搭建面向生活服务的数字化平台，打造数字化消费业态、智能化沉浸式服务体验。激发农村市场数字消费潜力。

数字消费已成为日常生活方式

推广绿色消费。培育绿色消费理念，加快形成简约适度、绿色低碳的生活方式和消费模式。促进重点领域消费绿色转型，大力推广绿色有机食品、绿色衣着、绿色居住、绿色交通、绿色用品等。扩大绿色低碳供给，推行绿色设计和绿色制造，加强绿色低碳产品质量和品牌建设。

提升健康消费。引导全社会树立大健康理念，提高人民群众健康水平和生活质量。大力发展医药医疗等产业，扩大保健食品、健康产品、功能性日用品等的供给，加快发展高质量的中医、养生保健、康复等健康服务业，有序发展"互联网＋医疗健康"。

94. 鼓励和推动消费品以旧换新

我国居民家庭耐用消费品保有量巨大。据测算，目前家用汽车保有量超过 2.1 亿辆，电视机、电冰箱、洗衣机、空调保有量合计超过 22 亿台，手机保有量 13 亿部左右，家用电脑保有量 2 亿台以上。其中，相当一部分使用年限较长，能耗排放较高，质量安全存在隐患。推动这些耐用消费品以旧换新，不仅能带动大量消费，还有利于节能环保，提升经济性和安全性，可以说是一举多得。

2024 年 3 月，国务院印发了《推动大规模设备更新和消费品以旧换新行动方案》，对推动消费品以旧换新作出安排。主要措施包括以下几个方面。

一是实施消费品以旧换新行动。开展汽车、家电产品以旧换新，鼓励生产、销售、回收企业开展促销活动，依法依规淘汰符合强制报废标准的老旧汽车。推动家装消费品换新，支持居民开展旧房装修、厨卫等局部改造。

二是实施回收循环利用行动。完善废旧产品回收网络，支持生产、销售企业上门回收废旧消费品。支持二手商品流通交易，持续优化二

鼓励和推动消费品以旧换新

手车交易登记管理，推动二手电子产品交易规范化。

三是实施标准提升行动。 聚焦汽车、家电、家居产品、消费电子等大宗消费品，加快安全、健康、性能、环保、检测等标准升级。

四是强化政策保障。 支持符合条件的汽车以旧换新，鼓励有条件的地方支持家电等领域耐用消费品以旧换新。引导银行机构合理增加绿色信贷，适当降低乘用车贷款首付比例，合理确定汽车贷款期限、信贷额度。

95. 提振智能网联新能源汽车、 电子产品等大宗消费

大宗消费是指单笔消费额较大、总消费额高的消费。比如，2023年汽车及直接相关的汽油消费超过6万亿元，家具、家电、建材销售额接近1.2万亿元，通信器材销售额也超过6800亿元。大宗消费在居民消费支出中的占比较高，对整体消费走势有重要影响。2024年将采取措施进一步增强大宗消费增长动能。

汽车智能网联是未来趋势

促进汽车消费。 改善汽车使用条件，加强停车场、充电桩、换电

站等配套设施建设。落实好新能源汽车车辆购置税减免政策，推动降低充换电成本，巩固新能源汽车消费的良好势头。"新能源"解决的是动力系统问题，未来的方向和潜能在"智能网联"上，要大力发展智能网联新能源汽车，加大市场推广力度。

扩大电子产品消费。 鼓励企业加快电子产品技术创新，推动电子产品升级换代。着力消除电子产品使用障碍，降低农村居民、老年人等的使用门槛，提高渗透率。

推动家居消费。 支持企业加快智能安防、智能照明、智能睡眠、智能康养、智能影音娱乐等家居产品研发，促进智能家居设备互联互通。推动家装样板间进商场、进社区、进平台，提升家装便利化水平，带动家装、家具等消费。

96. 推动养老、育幼、家政等服务扩容提质

随着收入水平提升，居民更多地从商品消费转向服务消费，是消费升级的一般规律。近年来，除少数年份如新冠疫情防控期间外，我国居民服务消费增长都快于商品消费，在全部消费中的占比呈不断提高趋势。2023年居民人均服务性消费支出增长14.4%，占全部消费支出的比重为45.2%，但仍远低于主要发达国家服务消费占比74%左右的水平，服务消费有很大的发展空间。其中，对养老、育幼、家政服务的需求尤其巨大且十分紧迫。发展养老、育幼、家政等服务，不仅能够释放需求潜力，也有利于减轻家庭负担、改善民生福祉、促进社会和谐。在这方面，有以下政策举措。

一是扩大服务供给。 优化居家社区服务，发展集中管理运营的社区养老和育幼服务网络，引导专业化机构进社区、进家庭，提供日间照料、

助餐助洁、康复护理、日托等服务。健全家政服务领域信用体系，加强家政从业人员技能培训，提升家政服务专业化、标准化、规范化水平。

二是加强配套设施建设。推进社区无障碍环境建设，加快老年人居家适老化改造，完善公共场所母婴设施配套，支持具备综合功能的社区养老、育幼服务设施建设。加快补齐农村养老、育幼等服务设施短板。

三是强化政策支持。进一步落实和完善财政补助、税费支持、普惠金融、专项再贷款、用地用房保障、租金减免、水电费优惠等政策，大力发展成本可负担、方便可及的普惠养老、育幼服务。

97. 开展"消费促进年"活动

2023 年是"消费提振年"，有关部门和地方开展了一系列促消费活动，加快了消费恢复步伐。2024 年被确定为"消费促进年"，政府将继续"搭台"，邀请企业"唱戏"，共同营造浓厚的消费氛围。

开展丰富多样的促消费活动。围绕"季季有主题，月月有活动，周周有场景"，因地制宜开展各类促消费活动。**季度主题：**一季度，释放老字号、新国潮等消费潜力；二季度，汇聚全球优质商品和服务资源，引领消费新趋势、新风尚；三季度，满足居民消夏美食、清凉避暑、户外休闲等消费需求；四季度，聚焦喜庆丰收、冰雪消费等热点，助力秋冬"暖经济"加速升温，将全年活动推向新高潮。**重点活动：**全年重点开展全国网上年货节、老字号嘉年华、全国消费促进月、国际消费季、中华美食荟、诚信兴商宣传月等 12 场专项活动。**消费场景：**统筹节庆时令和消费新客群、新趋势、新热点，每周推出一个消费场景。

巩固提升促消费活动成效。从"消费促进年"活动举办中，发现制约居民消费的瓶颈问题、释放消费潜力的重要机遇，进一步推进消费领域改革创新，完善消费促进政策，健全流通体系，形成"政策＋活动"双轮驱动的促消费工作格局。

热点链接

"2024 消费促进年"12 场重点活动

序号	重点活动
1	全国网上年货节
2	老字号嘉年华
3	全国消费促进月
4	外贸优品中华行
5	国际消费季
6	千县万镇新能源汽车消费季
7	中华美食荟
8	健康消费惠万家
9	家居焕新消费季
10	数商兴农庆丰收
11	诚信兴商宣传月
12	全国冰雪消费季

98. 实施"放心消费行动"

消费环境对居民消费意愿有直接影响。这些年我国消费环境总体上不断改善，但也存在制售假冒伪劣、虚假宣传等问题。近年来，有关部门推出 12315 五线合一、消费投诉公示等一批措施，推动各地出台放心消费标准规范 279 项，打造 106 万个放心商店等放心消费单位，放心消费建设初见成效。2024 年将实施"放心消费行动"，着力打造安全、诚信、放心的消费环境。

一是深化消费环境建设。制定实施放心消费行动的文件，统筹各部门和地方力量，建立健全放心消费行业标准体系，开展全域消费环境评价，引领行业发展，着力培育一批放心单位、放心城市、放心乡村等示范样板。

3·15 为消费者权益保驾护航

二是强化消费领域监管执法。严厉打击侵犯知识产权和制售假冒伪劣商品等违法犯罪活动，聚焦消费者反映的突出问题组织专项治理和重大案件查办。围绕"保安全"和"反欺诈"主题，深入推进 2024年民生领域"铁拳"行动。组织开展"守护消费"执法行动，重点打击"不履行网购七日无理由退货义务"、"无理拒绝消费者合法诉求"等行为。持续推进网络市场监管专项行动。

三是凝聚消费维权合力。深入宣传贯彻《消费者权益保护法实施条例》。健全消费争议多元化解机制，构建行政调解、消协组织调解、经营者先行化解、在线争议解决等体系，促进消费争议高效便利解决。持续推进消费投诉信息公示。增强行业合规意识，充分发挥新闻媒体舆论监督作用，形成社会共治合力。

99. 落实带薪休假制度

落实好带薪休假制度,既是维护劳动者合法权益的需要,也有利于促进消费质的提升、量的增长。《报告》强调,"落实带薪休假制度",就是要推动该项制度进一步落地、落到位,产生良好的经济社会综合效益。

一是优化休假安排。统筹处理好法定节假日与周休日之间的关系。鼓励各单位和企业结合工作安排与职工需要分段灵活安排带薪年休假、错峰休假,促进带薪年休假与法定节假日、周休日合理分布、均衡配置。同时,休假安排要注重与本地传统节日、地方特色活动相结合。

二是完善实施细则。推动各地把落实职工带薪休假制度纳入议事日程,制定带薪休假实施细则或实施计划,确保落实带薪休假制度更具有可操作性。

三是加强督促检查。在全社会树立依法休假理念,加大劳动保障监察执法力度,进一步推动《职工带薪年休假条例》、《企业职工带薪年休假实施办法》、《机关事业单位工作人员带薪年休假实施办法》等法律法规落地见效,从源头上解决员工"不敢休"和单位"不让休"问题,切实维护好职工合法权益。

(图片来源:新华社)

（二）积极扩大有效投资

100. 发挥好政府投资的带动放大效应

有效投资在促进增长、推动创新、优化结构方面具有关键性作用。政府投资的重大项目，可以吸引商业银行资金、各类投资基金、民间资本等参与，进而起到带动放大效应。2024 年发行 1 万亿元超长期特别国债、安排 3.9 万亿元地方政府专项债、中央预算内投资 7000 亿元，2023 年增发的 1 万亿元国债大部分也将在 2024 年使用。要发挥好政府投资带动放大效应，重点做好三方面工作。

第一，优化政府投资的投向领域。发挥投资带动放大效应，首先是项目本身有吸引力。要进一步优化中央预算内投资结构，适当扩大专项债资金投向领域，科学确定超长期特别国债支持范围，在加强传统基础设施补短板的同时，将更多科技创新、产业升级、民生改善等项目，纳入投向领域。

第二，做好各类资金的错位安排。统筹用好地方政府专项债、特别国债、中央预算内投资等资金，区分不同资金特点，进一步明确重点支持领域，错位安排和用好资金，避免同一个项目经"包装"后申请不同渠道资金。

第三，发挥资本金杠杆撬动作用。政府投资可采取直接投资、资本金注入、贷款贴息、政府购买服务等多种方式。资本金注入方式可更多撬动社会资金参与项目建设。2024 年将继续扩大地方政府专项债券可用作资本金的范围，提高用作资本金比例。

政策传真

政府投资资金支持领域

	基本导向	支持领域
中央预算内投资	市场难以有效配置资源的项目，以非经营性项目为主。	社会公益服务、公共基础设施、农业农村、生态环境保护、重大科技进步、社会管理、国家安全等7个领域。
地方政府专项债	有一定收益且资金能够平衡的项目。	交通基础设施、能源、农林水利、生态环保、社会事业、城乡冷链等物流基础设施、市政和产业园区基础设施、国家重大战略项目、保障性安居工程、新能源、新基建等11个领域。
增发的国债	支持灾后恢复重建和提升防灾减灾救灾能力。	灾后恢复重建、骨干防洪治理工程、自然灾害应急能力提升工程、其他重点防洪工程、灌区建设改造和重点水土流失治理工程、城市排水防涝能力提升行动、重点自然灾害综合防治体系建设工程、高标准农田建设等8个领域。
超长期特别国债	系统解决强国建设、民族复兴进程中一些重大项目建设资金问题。	国家重大战略实施和重点领域安全能力建设。

101. 加强民生等经济社会薄弱领域补短板

这些年我国基础设施和公共服务大幅改善，但城乡区域差异较大，民生短板还比较突出。《报告》提出，加强民生等经济社会薄弱领域补短板，这体现了政府投资的一个鲜明导向。补短板投资主要有四个领域。

一是基础设施补短板。交通物流方面，加快完善中西部铁路和高速铁路主通道，推进高速公路和国道未贯通路段建设，构建"通道+

枢纽＋网络"的现代物流运行体系等。能源方面，建设新型能源体系，完善西煤东运、北煤南运通道等。水利方面，实施好《国家水网建设规划纲要》，加快重大引调水、重大骨干防洪减灾工程建设等。

二是社会民生补短板。医疗方面，改善县级医院设施条件，补上乡镇卫生院、村卫生室等基础医疗设备配备等。教育方面，改善各级各类学校特别是中西部、农村办学条件。养老方面，增加普惠性养老和医养结合服务设施。此外，持续加强文化、旅游、体育等设施建设和服务供给。

三是城乡区域补短板。城镇化方面，加强县城基础设施建设，推进城市更新等。农业农村方面，支持高标准农田建设，实施乡村建设行动等。同时，推进区域协调发展战略、区域重大战略、主体功能区战略等涉及的工程项目。

（图片来源：新华社）

四是生态环保补短板。持续提升生态环境基础设施水平，建设污水、垃圾、固废、危废、医废处理处置设施，实施重要生态系统保护和修复重大工程等。

102. 推进防洪排涝抗灾基础设施建设

近年来，我国江河洪水多发重发，严重威胁人民群众的生命财产安全。对此，党中央高度重视，要求加快完善流域特别是北方地区主要江河流域防洪工程体系,进一步提升我国防灾减灾救灾能力。《报告》提出,推进防洪排涝抗灾基础设施建设。下一步,重点抓好三方面工作。

排内涝作业

（图片来源：中国新闻网）

第一,**加强北方地区防洪抗灾基础设施建设**。近年来,我国北方地区洪涝灾害影响更为严重。2023年,国家制定了《以京津冀为重点的华北地区灾后重建提升防灾减灾能力规划》,增发的1万亿元国债重点保障规划的实施。要加快修复北方水毁水库、河道、堤防、蓄滞洪区、农村供水、农田灌排等水利设施,完善海河、松花江、辽河流域骨干防洪治理工程,着力提升北方地区防洪排涝抗灾能力。

第二,**系统优化全国流域防洪工程布局**。完成七大流域防洪规划修编,科学布局水库、河道、堤防、蓄滞洪区等工程,支持大江大河大湖干流防洪治理、南水北调防洪影响处理、大中型水库建设以及蓄滞洪区围堤建设等。2024年争取再开工一批防洪重大项目,比如长江流域沅江宣威水库、淮河流域淮干峡山口—涡河口段等工程。同时,统筹推进中小河流系统治理、病险水库除险加固等。

第三,**以防治城市内涝为重点推进项目建设**。城市内涝是各城市

防洪排涝工程

（图片来源：《解放日报》）

普遍面临的棘手问题。要支持构建城市排水防涝工程体系，实施河湖水系和生态空间治理修复，建设改造管网和泵站，建设排涝通道，实施雨水源头减排工程，推动系统解决城市内涝问题。

103. 推动各类生产设备、服务设备更新和技术改造

随着新型工业化深入推进，工业、农业、建筑等领域设备更新换代需求巨大。初步估算，未来几年设备更新将是一个年规模 5 万亿元以上的巨大市场。按照国务院印发的《推动大规模设备更新和消费品以旧换新行动方案》，其中实施设备更新行动将重点聚焦工业、农业、建筑、交通、教育、文旅、医疗等 7 大领域，明确到 2027 年，上述领域设备投资规模较 2023 年增长 25% 以上。重点是四个方面。

一是推进重点行业设备更新改造。聚焦钢铁、有色、石化、化工、建材、电力、机械、航空、船舶、轻纺、电子等重点行业，以节能降碳、超低排放、数字化转型、智能化升级等为重要方向，推动生产设备、用能设备、发输配电设备等更新和技术改造。

二是加快建筑和市政基础设施领域设备更新。结合推进城市更新、老旧小区改造，以住宅电梯、供水、供热、供气、污水处理等为重点，分类推进更新改造。

三是支持交通运输设备和老旧农业机械更新。包括推进城市公交车电动化替代，加快淘汰国三及以下排放标准营运类柴油货车，扎实推进老旧农业机械报废更新等。

四是提升教育文旅医疗设备水平。包括推动高校、职业院校等更新置换先进教学及科研技术设备，推进索道缆车、游乐设备、演艺设备等文旅设备更新提升，推进医疗卫生机构装备和信息化设施迭代升级等。

大规模设备更新撬动 5 万亿元大市场

（图片来源：人民网）

104. 加快实施"十四五"规划重大工程项目

"十四五"规划部署了 102 个重大工程项目，涵盖重大攻关、基础设施、城乡与边境发展、绿色发展、民生与文化、经济安全保障等领域，实施中又细分为几百项具体任务。这些重大工程项目具有很强的战略性、基础性、引领性，是推动"十四五"规划落地的重要抓手。2023 年，国家组织对"十四五"规划实施进行了中期评估，102 个重大工程项目正在有序推进，但也有些项目进度慢于预期。2024 年是实现"十四五"规划目标任务的关键一年。《报告》强调，加快实施"十四五"规划重大工程项目。重点做好四件事。

第一，压紧压实部门推进责任。进一步完善实施台账和定期分析机制，统筹协调、督促推进工程实施。结合中期评估成果，进一步细化"十四五"后半程推进节点，加快推进目前尚未开工和进度滞后的

135

重大工程项目建设。

第二，加强资源配置精准支撑。引导财政、金融资金精准投向重大工程项目。综合运用中央预算内投资、超长期特别国债等资金支持项目建设。在用地、用海、用能及环境影响评价等方面，对重大工程项目给予倾斜支持。

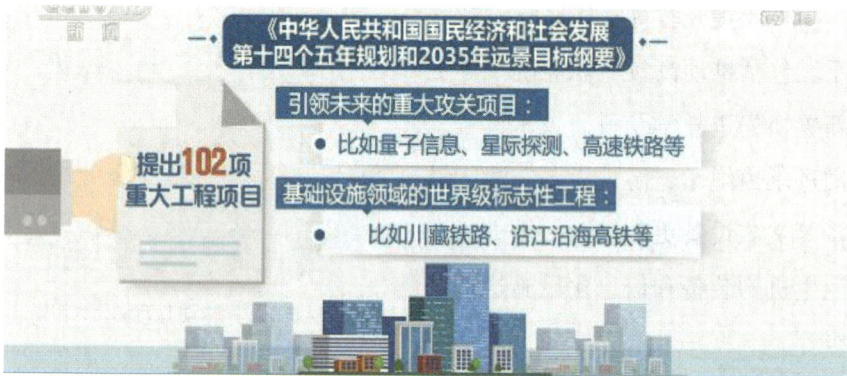

"十四五"规划提出了 102 项重大工程项目

（图片来源：中央广播电视总台）

第三，协同破解体制机制障碍。针对重大工程项目实施面临的体制障碍和政策制约，推动建立多层次沟通协调机制，鼓励各地因地制宜、探索创新，创造性地推动重大工程项目实施落地。

第四，调动各方力量共同参与。在重大工程项目中选取适合向民间资本推介的项目，鼓励民间资本参与项目建设。调动企业参与科技创新、先进制造业等领域重大项目的积极性。

105.统筹用好各类资金

2024 年政府投资规模明显增加，中央预算内投资、特别国债、2023 年增发国债、地方政府专项债等资金渠道也比较丰富。关键要把资金统筹用好，提高政府投资的效益。重点做到"三步走"。

第一，项目跟着规划走。国家制定了"十四五"规划，并明确了一批国家层面的重大项目。各地方也制定了当地的发展规划，各业务领域还制定了专项规划，都提出了相应的重点项目清单。要加强这些规划对项目谋划实施的引导，分级分领域储备一批既利当前、又利长远的高质量项目。对于规划中不符合实际或者条件不具备的项目，也要动态进行调整。

第二，资金、要素跟着项目走。规划确定了重点项目之后，要加快推进项目前期工作，不断提高项目的成熟度。政府投资资金分配要向项目准备充分、投资效率较高的地区倾斜，完善项目融资对接机制，引导信贷资金、民间资金等支持项目建设。同时，强化用地、用海、用能、环评等要素保障，加快项目开工建设，形成实物工作量。

第三，监管跟着资金走。政府投资不能"一投了之"，而是要以资金流向为重点加强事中事后监管。2023年有关部门印发《中央预算内投资项目监督管理办法》。要参照有关要求，加强政府投资项目监测调度和资金使用监督管理，对项目未及时开工、资金使用慢等问题及时督促整改，切实防范低效、无效投资。

🧑 政策传真

以全过程管理提高投资效益

全过程管理	项目跟着规划走	加强国家重大战略、发展规划、专项规划和地方发展规划对项目谋划实施的引导，分级分领域持续储备一批既利当前又利长远的高质量项目。
	资金、要素跟着项目走	指导地方加强重点项目前期工作，将政府投资资金安排到高质量项目上，强化用地、用海、用能、环评等要素保障，加快项目开工建设。 完善重点产业项目融资对接机制，增强金融支持的精准性和有效性。
	监管跟着资金走	强化事中事后监管，加强政府投资项目监测调度和资金使用监督管理，对项目未及时开工、资金使用慢问题督促整改。

106. 深化投资审批制度改革

对于企业来说，投资项目办理时限越少、效率越高，项目就有条件更快投产从而实现效益。近年来，国家有关部门围绕推进投资审批制度改革，出台了一系列政策文件。继续深化投资审批制度改革，要重点抓好三件事。

做好投资领域相关改革的衔接。加强投资项目审批制度改革与用地、环评、报建等领域改革的衔接，确保改革协同发力。继续加大投资审批数据资源共享力度，推进跨层级、跨部门的审批数据共享、业务协同。

将投资审批与融资机制贯通起来。依托投资项目在线审批监管平台，完善银行投贷联动试点合作机制，促进投资项目审批数据与银行信贷等信息资源的整合共享，为银行发现投资项目价值、高效审贷提供信息支撑，助力投资主体融资便利化。

总结推广地方创新经验。总结地方在开展"项目分层确权""联合验收"等方面的经验做法，拓展投资领域"承诺制"改革的范围，指导地方着力向报建审批领域延伸，重点推动解决报建审批程序烦琐、周期长、项目落地慢等问题。

政策传真

区域性统一评价

固定资产投资项目涉及一系列评审评估，以往"各个击破"的方式效率低、时间长。近年来，一些地方探索区域性统一评价制度，由政府组织开展环境影响评价、水土保持、矿产压覆、文物保护、地质灾害危险性、地震安全性、气候可行性、洪水影响等统一评价评估。符合整体规划和功能定位、属于主导产业的投资项目直接应用统一评价成果，大幅压缩了投资审批的成本和耗时，受到企业的普遍欢迎。

107. 着力稳定和扩大民间投资

长期以来，民间投资在我国固定资产投资中都是占大头。但受多重因素影响，近年来民间投资增速下降，部分企业存在不愿投、不能投、不会投等问题。对此，2023 年国家发展改革委发布了《关于进一步抓好抓实促进民间投资工作努力调动民间投资积极性的通知》，对促进民间投资工作进行了部署。《报告》提出，着力稳定和扩大民间投资，进一步拆除各种藩篱，在更多领域让民间投资进得来、能发展、有作为。下一步，重点做好三方面工作。

一是支持民间资本参与政府重大项目。在交通、水利、清洁能源、先进制造业、现代设施农业等领域中选择一批细分行业，鼓励民间资本参与。在细分行业的基础上，选取回报机制明确、投资收益较好的项目，分别建立向民间资本推介的工程项目、产业项目、特许经营项目等三类清单，搭建项目推介平台并动态发布有关信息。

二是促进民间投资项目落地实施。建立国家和省级重点民间投资项目库，加强融资和要素保障。融资方面，定期向金融机构推荐重点项目，共享项目前期手续办理情况，引导加大融资支持。同时，用好政府和社会资本合作新机制（PPP 新机制），鼓励民间投资项目发行基础设施领域不动产投资信托基金（REITs），拓宽投融资渠道。要素方面，把重点项目纳入重大项目用地保障机制，在办理用林用海、环境影响评价、节能等手续时，一视同仁、平等对待。

三是优化民间投资项目审批管理。进一步压缩民间投资项目核准备案、规划许可、施工许可流程，探索开展"多评合一、一评多用"的综合评估模式，提高项目前期工作效率。搭建民间投资问题反映和解决渠道，形成问题线索"收集—反馈—解决"闭环管理机制。

政策传真

支持民间投资的部分举措

民间投资	项目推介和要素保障	持续向民间资本推介项目。 建立全国重点民间投资项目库,加强融资支持和要素保障。
	政府和社会资本合作新机制	规范实施政府和社会资本合作新机制，最大程度鼓励民营企业参与。 设立民间投资引导专项，拓宽民营资本投资渠道。
	基础设施领域不动产投资信托基金	推动更多符合条件的民间投资项目发行基础设施领域不动产投资信托基金（REITs）。 加快相关制度建设。

108. 实施政府和社会资本合作新机制

2023 年 11 月，国务院办公厅转发国家发展改革委、财政部《关于规范实施政府和社会资本合作新机制的指导意见》，又称"PPP 新机制"。制定 PPP 新机制，主要两个目的，一方面是发展，另一方面是规范。原有的 PPP 机制实施近十年来，起到了改善公共服务、拉动有效投资的作用，同时在实践中也出现了一些亟待解决的问题，管理上存在一些漏洞，引发了一定程度的风险。要继续用好 PPP 模式，建立规范运行新机制，支持扩大有效投资。PPP 新机制主要有三个特征。

一是在参与主体上，最大程度鼓励民营企业参与。市场化程度较高、公共属性较弱的项目，应由民营企业独资或控股；关系国计民生、

实施政府和社会资本合作新机制

（图片来源：新华社）

公共属性较强的项目，民营企业股权占比原则上不低于35%；少数涉及国家安全、公共属性强且具有自然垄断属性的项目，应积极创造条件、支持民营企业参与。

二是在收益来源上，聚焦使用者付费项目。项目经营收入能够覆盖建设投资和运营成本、具备一定投资回报，不因采用政府和社会资本合作模式额外新增地方财政未来支出责任。

三是在操作模式上，全部采取特许经营模式。合理采用建设—运营—移交（BOT）、转让—运营—移交（TOT）等具体实施方式。

五

坚定不移深化改革
增强发展内生动力

习近平总书记强调，要谋划进一步全面深化改革重大举措，为推动高质量发展、推进中国式现代化持续注入强劲动力。改革千头万绪、涉及方方面面，要围绕推进中国式现代化需要破解的突出矛盾和问题，明确改革的战略重点、优先顺序、主攻方向、推进方式。经济体制改革是全面深化改革的重点，2024年要从促进有效市场和有为政府更好结合出发，在激发各类经营主体活力、加快全国统一大市场建设、推进财税金融等领域改革上采取更多实招、取得更大实效。要谋划实施有利于扩大内需、优化结构、提振信心、保障民生、防范化解风险的改革举措。

（一）激发各类经营主体活力

109.营造市场化、法治化、国际化一流营商环境

（图片来源：新华社）

营商环境就像阳光、水和空气，对各类经营主体而言须臾不可或缺。哪里的营商环境好，人才就往哪里走、资金等要素就往哪里流。营造市场化、法治化、国际化一流营商环境，既是培育和激发市场活力、增强发展内生动力的关键之举，也是加大力度吸引外资、提升我国经济国际竞争力的必然要求。

经过近些年的不懈努力，我国营商环境日益改善。同时也要看到，营商环境没有最好、只有更好，需要持续优化、久久为功。下一步工作将重点聚焦经营主体突出关切，切实解决企业痛点难点卡点问题。

一是更好维护公平竞争。一视同仁支持各类所有制企业发展壮大。针对仍然存在的各类"旋转门"、"玻璃门",将进一步完善市场准入制度,创新完善招标投标体制机制,清理涉及不平等对待企业的法律、法规、规章、规范性文件。**二是更好保护合法权益。**经营主体普遍期盼能有一个稳定、透明、规范、可预期的法治环境。为此要持续健全法律法规体系,2024 年将推动出台政策性文件,促进立法、执法、司法、守法各个环节同步发力。**三是**更好促进贸易投资自由化便利化,稳步扩大制度型开放。针对外资企业关注的市场准入、产业合作等议题,实施好更大力度吸引和利用外资行动方案,继续合理缩减外资准入负面清单,全面取消制造业领域外资准入限制措施,推动国际产业投资合作。

110. 打造更多世界一流企业

一个国家拥有多少家世界一流企业,往往能从一个侧面体现出该国的综合实力和国际竞争力。近年来,我国企业实力不断增强,2023 年《财富》杂志评出的世界 500 强企业中,中国有 142 家,数量继续位居全球第一。但同时,我国企业的核心竞争力还需要加强,经营效率、创新能力、品牌影响力等还有待提升。

建设世界一流企业,必须有与之相适应的企业制度作为保障。我国在长期实践中逐步探索形成了中国特色现代企业制度,对企业乃至经济社会发展都发挥了重要作用,需要在坚持中不断完善。要引导企业深化改革,完善市场化经营机制,努力形成现代企业治理、经营、激励、监管等制度体系。

◎ **热点链接**

2023 年《财富》世界 500 强 TOP10

排名	公司简称	营业收入 （亿美元）	利润 （亿美元）	国家
1	沃尔玛	6112.9	117	美国
2	沙特阿美	6036.5	1591	沙特阿拉伯
3	国家电网	5300.1	82	中国
4	亚马逊	5139.8	-27	美国
5	中国石油	4830.2	211	中国
6	中国石化	4711.5	97	中国
7	埃克森美孚	4136.8	557	美国
8	苹果公司	3963.3	998	美国
9	壳牌公司	3862.0	423	荷兰、英国
10	联合健康集团	3241.6	201	美国

行业领军企业和掌握关键核心技术的专精特新企业是建设世界一流企业的生力军，对这些企业要加大培育力度，主要聚焦三个方面。**一是强化创新**。要继续促进各类创新要素向企业集聚，推动企业主动开展技术创新、管理创新、商业模式创新。**二是做优产品**。要引导企业积极瞄准先进开展质量攻关，推进产业基础高级化、产业链现代化，打造更多具有竞争力的产品服务。**三是开拓国际市场**。要支持企业充分利用国内国际两个市场、两种资源，增强面向全球的资源配置和整合能力，将我国超大规模市场优势转化为国际竞争优势。同时也要指导企业统筹好发展和安全，开展国际化经营既要积极，也要稳妥。

111. 深入实施国有企业改革深化提升行动

国有企业改革深化提升行动，是以习近平同志为核心的党中央继国有企业改革三年行动之后，就深化国企改革作出的又一项重大决策部署。这一行动以增强国有企业核心功能和提高核心竞争力为重点，强调要切实发挥国有企业在建设现代化产业体系、构建新发展格局中的科技创新、产业控制、安全支撑作用。

2023 年，国有企业改革深化提升行动的组织实施有力有序。2024 年将在重点难点任务上务求突破，力争完成 70% 以上主体任务。在涉及国有企业功能使命的改革任务方面，重在强化对企业的考核引导，促其聚焦国有资本"三个集中"，目的就是更好服务高水平科技自立自强、确保产业链供应链稳定畅通、保障能源资源安全等"国之大者"。同时，相关考核也要宽容创新失败，激励放开手脚搞创新。在涉及国有企业体制机制的改革任务方面，重在抓得更广更深更实。着力推动党委（党组）和董事会权责边界更清晰、运转更顺畅，任期制和契约化管理刚性兑现、提质扩面，末等调整和不胜任退出制度更广覆盖、落深落细，中长期激励在更大范围规范实施，以上针对的都是国有企业较普遍存在的"老大难"问题，必须下真功夫落实好。除了统筹推进这两类改革任务，基层企业改革也不能放松，而是继续大力推进，确保改革实效。

名词解释

国有资本"三个集中"，即推动国有资本向关系国家安全、国民经济命脉的重要行业和关键领域集中，向关系国计民生的公共服务、应急能力、公益性领域等集中，向前瞻性战略性新兴产业集中。

112. 全面落实促进民营经济发展壮大的意见及配套措施

民营经济是中国经济的重要组成部分。人们常用"56789"来概括民营经济在国家发展建设中的重要作用，即民营经济贡献了50%以上的税收，60%以上的国内生产总值，70%以上的技术创新成果，80%以上的城镇劳动就业，90%以上的企业数量。

（图片来源：新华社）

近些年，受新冠疫情冲击等因素影响，民营经济发展遇到一些问题。2023年7月，中共中央、国务院印发《关于促进民营经济发展壮大的意见》，从民营经济的发展环境、政策支持、法治保障、高质量发展以及促进民营经济人士健康成长方面提出了31条具体措施。总的看，这些政策的落实情况是好的，但也有些还没有完全到位。

2024年的工作重点：**一是落实和完善各项支持政策**。在一些环节上需要抓得更实更细，同时也推出一些新举措，最大程度发挥政策效用，让企业有更多获得感。**二是围绕企业关切优化营商环境**。目前企业反映较多的还是市场准入、要素获取、公平执法、权益保护等方面问题，要有针对性地开展"靶向"治理，坚决维护公平竞争的市场秩序。**三是支持民营经济创新发展**。民营企业是科技创新的重要主体，涵盖了80%的国家专精特新"小巨人"和90%的高新技术企业。要统筹运用好财政、金融等政策工具，支持民营企业加大研发投入，加快数字化转型和技术改造，努力取得更多创新成果。

113. 提高民营企业贷款占比、扩大发债融资规模

为推动解决民营企业融资难问题，2023年11月底，中国人民银行、

金融监管总局、中国证监会等8部门联合印发《关于强化金融支持举措助力民营经济发展壮大的通知》，提出了25条具体举措，要切实抓好落实。从民营企业融资需求特点出发，进一步完善工作机制，着力畅通信贷、债券、股权等多元化融资渠道，持续加强对民营企业的金融服务。

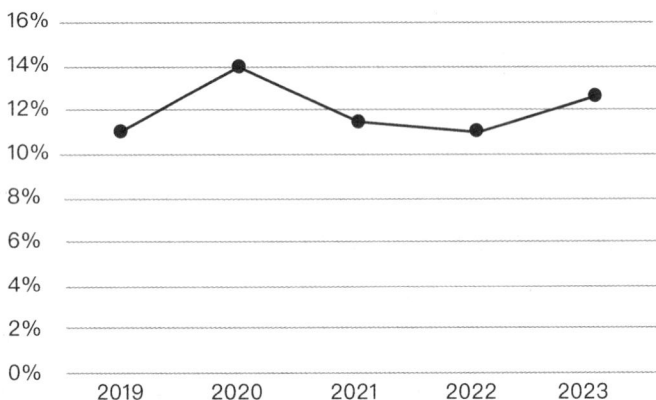

近5年民营企业贷款余额增速

目前民营企业贷款余额占全部贷款余额的比重不到25%。提升这一占比需要多管齐下。**一是用好指挥棒**。督导金融机构制定服务民营企业的年度目标，提高服务民营企业相关业务在绩效考核中的权重，合理放宽民营企业不良贷款容忍度。**二是优化信贷服务**。推动金融机构聚焦首贷、续贷、供应链金融等重点，开发更多适合民营企业的融资产品，更好满足民营企业发展需求。**三是强化增信分险**。统筹融资信用服务平台建设，推进民营企业信用信息共享，更好发挥融资担保机构作用，健全风险分担和补偿机制。

民营企业信用债发行规模占比仅约5%，要多措并举扩大民营企业发债融资规模。**一是丰富发债品种**。支持民营企业发行科创债券、绿色债券、碳中和债券、转型债券等。**二是提高发债便利度**。优化民营企业债券融资注册机制，注册全流程采用"快速通道"。**三是用好债券融资支持工具**。推动民营企业债券融资专项支持计划扩大覆盖面。**四是拓宽多元资金渠道**。鼓励各类资金加大对民营企业债券的投资力度，增加资金源头活水。

政策传真

民营企业债券融资专项支持计划

民营企业债券融资专项支持计划通过与债券承销机构合作创设信用保护工具等方式，增信支持有市场、有前景、有技术竞争力并符合国家产业政策和战略方向的民营企业债券融资。信用保护工具相当于投资者在购买民营企业债券的同时，向创设方买了一份保险，如果发行人无法兑付债券，则由创设方垫付。

114. 加强对个体工商户分类帮扶支持

2023 年底，全国登记在册的个体工商户有 1.2 亿多户，占经营主体总量的 67.4%。个体工商户发展水平不一、面临的困难和问题不同，《报告》特别强调要"加强对个体工商户分类帮扶支持"。2024 年 1 月，国家市场监管总局等 14 个部门联合印发《关于开展个体工商户分型分类精准帮扶提升发展质量的指导意见》，各地和有关方面要抓好落实。总体看，对个体工商户支持是目的，分类是手段，精准是关键，要把这些做到位，需要突出 4 个重点。

一是摸清底数。加快建成全国统一的个体工商户名录，完善全国个体工商户发展网提供的服务，把国家法人库、国家企业信用信息公示系统数据和有关部门数据汇总起来，为分型判定和分类评估提供依据。

二是分型支持。根据个体工商户所处的不同发展阶段等特征，划分为生存型、成长型、发展型 3 种，给予差异化支持，努力做到帮到关键点、扶到急切处。

（图片来源：《中国市场监管报》）

三是示范带动。 确定知名、特色、优质、新兴 4 类示范，分别设定相应标准，引导个体工商户自愿参与申报比选，公正公开择优认定，给予针对性培育支持。

四是形成合力。 在深入落实《促进个体工商户发展条例》的基础上，推动各地各相关部门在政策上汇聚合力、在服务上不断加力，促进个体工商户提高发展质量，让亿万"小块头"迸发出"大能量"。

政策传真

如何认定"名特优新"个体工商户？

2024 年下半年起，个体工商户有望通过国家企业信用信息公示系统或全国个体工商户发展网，查询自己属于生存型、成长型、发展型中的哪种分型。按计划，各地市场监管部门每年会组织开展"名特优新"个体工商户认定工作。符合本地分类标准的成长型和发展型个体工商户，经自主申报或部门推荐，在信息化平台上完成公示等程序，由市场监管部门认定"名特优新"个体工商户。经认定的"名特优新"个体工商户自次年 1 月 1 日起，开始享受相应的扶持政策。

115. 实施降低物流成本行动

物流是实体经济的"筋络"。2023 年，我国社会物流总费用与国内生产总值的比率为 14.4%，比 2022 年下降 0.3 个百分点，但相比美国、德国、日本等发达国家仍有较大下降空间。成本与效率紧密相连，降低物流成本不是简单降低物流价格、挤压各方利润，而是以调结构、促改革为主要途径，有效降低运输成本、仓储成本、管理成本。

2012—2023 年社会物流总费用及与 GDP 的比率

（数据来源：中国物流与采购联合会）

——**优化运输结构**。深化综合交通运输体系改革，形成统一高效、竞争有序的物流市场。据测算，多式联运占全社会货运量的比重每提高 1 个百分点，可降低物流总费用约 0.9 个百分点。要健全多式联运制度规则体系，大力发展"一单制"、"一箱制"，强化"公转铁"、"公转水"，把铁路水运的大宗长距优势、公路的"门对门"优势、航空的快速优势结合起来。

——**提升基础设施**。我国物流基础设施"东强西弱"、"城强乡弱"、"内强外弱"问题突出，要统筹规划物流枢纽，优化主干线大通道，加快国际物流体系建设，补上乡村冷链物流、寄递配送设施等短板，着力畅通微循环。

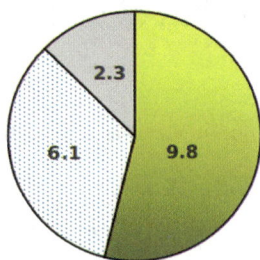

2023 年社会物流总费用构成情况（单位：万亿元）

（数据来源：中国物流与采购联合会）

——**降低制度性交易成本**。清理、精简交通运输领域涉企收费，定向降低沿海港口引航费、阶段性降低货物港务费和货车通行费，规范铁路、机场、园区等环节服务性收费。

——**提高物流供应链协同联动水平**。完善现代商贸流通体系，鼓励发展与平台经济、低空经济、无人驾驶等结合的物流新模式，运用新技术拓宽物流降本增效空间。

116. 健全防范化解拖欠企业账款长效机制

近些年由于多种因素影响，拖欠企业账款问题比较突出。《报告》提出"健全防范化解拖欠企业账款长效机制"。要突出标本兼治，清理存量拖欠和防范新增拖欠并重，在严格执行《保障中小企业款项支付条例》等现有规定的同时，进一步在长效机制建设上发力，完善法规制度和相关机制。

压实政府和国企清欠责任。把清欠工作纳入预算执行等常规审计项目，推动政府机关和央企国企带头偿还，努力解开"连环欠"。督促地方特别是财政困难较大的地方量入为出，在投资项目可行性研究阶段充分论证资金筹措方案，防止上马超出财政承受能力的项目导致新增拖欠。

（图片来源：新华社）

完善拖欠账款投诉处理机制。工业和信息化部搭建了违约拖欠中小企业款项登记投诉平台，各地也有相应的投诉渠道，要完善运行机制，提升响应效率，加强投诉事项的分办和反馈，更好推动解决企业反映的拖欠账款问题。

加强拖欠信息公开和信用监管。很多中小企业担心失去订单，不敢向大型企业催讨。要建立拖欠账款定期披露、劝告指导、主动执法制度，推动和督促大型企业、上市公司定期披露逾期应付账款情况，让"老赖"行为路人皆知，对拖欠账款方形成倒逼压力。

规范大型企业支付款项行为。有的大型企业设立财务公司，通过使用商业承兑汇票支付，变相延长支付期限。要推动完善票据贴现机制，强化票据市场信用约束和应收账款确权，规范应收账款电子凭证业务，减少滥用商业承兑汇票。

违约拖欠中小企业款项登记（投诉）平台

（图片来源：全国一体化在线政务服务平台）

117. 坚决查处乱收费、乱罚款、乱摊派

"三乱"问题加重企业负担，损害营商环境。2023 年 11 月，国务院印发《关于取消和调整一批罚款事项的决定》，取消 16 个罚款事项，调整 17 个罚款事项。2024 年 2 月又印发《关于进一步规范和监督罚款设定与实施的指导意见》。治理"三乱"重在落地见效，推进过程中要突出几个关键下大功夫。

首先，明确标准和底线要求。 制定和更新罚款、收费等清单，健全过罚相当的标准，出台首违不罚、减罚等规范，确保清单目录之外不擅自增加项目、扩大范围、提高标准，落实好"不得随意给予顶格罚款或高额罚款、不得随意降低对违法行为的认定门槛、不得随意扩大违法行为的范围"这"三个不得"要求，避免乱收费、乱罚款、乱摊派"按下葫芦浮起瓢"。

其次，深入开展专项整治。 2023年有关部门开展涉企违规收费专项整治行动，大力整治乱收费、乱罚款、乱摊派，督促退还企业21.6亿元。2024年要继续开展这一行动，既雷厉风行查处明目张胆的"三乱"，又瞪大眼睛深挖"灰色收费"、"搭车收费"、"转嫁费用"等暗流，让这类与民争利、扰民渔利的行为无处藏身。

（图片来源：新华社）

再次，规范非税收入管理。 有的地方在财政困难情况下，滋生把违规收费、罚款、摊派作为生财之道的冲动。要进一步规范非税收入管理，对同一地区、同一部门罚款收入等异常增长的，必要时开展实地核查。

（二）加快全国统一大市场建设

118. 制定全国统一大市场建设标准指引

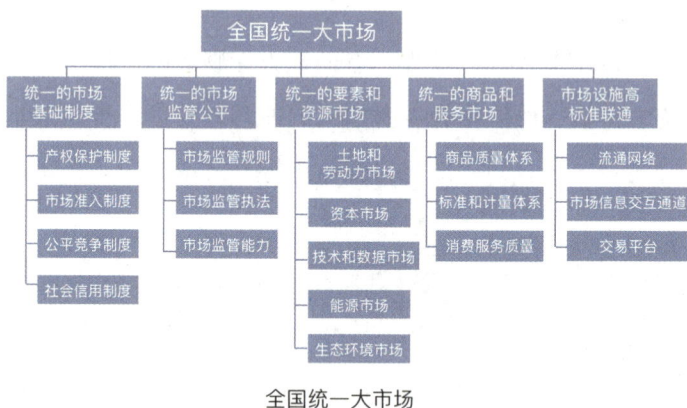

全国统一大市场

（图片来源：21世纪经济报道网站）

建设全国统一大市场，是一项创新实践，很多事情没有先例可循，需要地方积极主动作为，但做什么？怎么做？为此，国家有关部门正抓紧研究起草《全国统一大市场建设标准指引》（以下简称《指引》）。

《指引》是引导地方主动融入和服务全国统一大市场建设的指导性操作规则，主要从发挥市场基础制度规则效用、提升市场设施联通水平、优化要素资源和商品服务市场环境、进一步规范政府行为、完善相关协调引导机制等方面进行指导。

在具体操作上，既提出明确定性要求，又设置定量指标，采取两者结合的方式，提出可供地方操作的正向引导举措，为各地融入全国统一大市场建设提供实践路径，帮助解决一些地方把不准工作着力点、积极性不足等问题。

《指引》出台后，力争通过一段时间努力，进一步规范各地政府行为，推动经营主体发展环境持续优化，促进商品要素资源在更大范围有序流动和高效配置，推动地方竞争模式、公共品提供机制、区域合作治理模式加快转型升级。

119. 推动市场基础制度规则统一

产权保护、市场准入、公平竞争、社会信用等是市场基础制度规则，是社会主义市场经济的基石，决定市场体系的质量和市场经济体制的水平。只有把基础打深了、筑牢了，才能构建起社会主义市场经济的高楼大厦，真正形成全国统一的大市场。

这些年，经营主体反映比较集中的产权保护不力、市场准入壁垒、公平竞争受阻、社会信用缺失等问题，很大程度上归结为市场基础制度规则不完善。因此，从制度规则入手建设全国统一大市场，提高制度的统一性、规则的一致性、执行的协同性，不仅十分重要，也尤为紧迫。

在产权保护方面，要健全以公平为核心原则的产权保护制度，进一步明确和统一行政执法、司法裁判标准，平等保护各类经营主体。

在市场准入方面，要实行统一的市场准入制度，严格落实"全国一张清单"管理模式，维护市场准入负面清单制度的统一性、严肃性、权威性。

在公平竞争方面，坚持对各类经营主体一视同仁、平等对待，健全公平竞争制度框架和政策实施机制，建立公平竞争政策与产业政策协调保障机制。

在社会信用方面，建立健全以信用为基础的新型监管机制，全面推广信用承诺制度，加强社会信用法治建设，健全守信激励和失信惩戒机制。

120. 深化要素市场化配置综合改革试点

土地
在推进土地要素市场化配置方面，提出建立健全城乡统一的建设用地市场

劳动力
在引导劳动力要素合理畅通有序流动上，深化户籍制度改革

资本
在推进资本要素市场化配置上，完善股票市场基础制度

技术
在加快发展技术要素市场上，健全职务科技成果产权制度

数据
在加快培育数据要素市场上，推进政府数据开放共享

深化要素市场化配置

（图片来源：南方网）

要素市场是更基础的市场，交易的是土地、劳动力、资金、技术、数据等生产要素。2020 年，中共中央、国务院印发《关于构建更加完善的要素市场化配置体制机制的意见》，对改革的目标、方向和重点任务进行了系统设计。《报告》提出，深化要素市场化配置综合改革试点，主要涉及五个领域。

一是土地要素。包括探索土地管理制度改革，优化产业用地供应方式，推动以市场化方式盘活存量用地，完善建设用地使用权转让、出租、抵押制度，建立健全城乡统一的建设用地市场等。

二是劳动力要素。包括深化户籍制度改革，建立健全与地区常住人口规模相适应的财政转移支付、住房供应、教师医生编制等保障机制，加快畅通劳动力和人才社会性流动渠道等。

三是资本要素。包括优化融资结构，更好发挥资本市场枢纽功能，发展多元化股权融资，促进债券市场高质量发展，全面加强金融监管等。

四是技术要素。包括健全职务科技成果产权制度，完善科技创新资源配置方式，强化企业创新主体地位等。

五是数据要素。包括完善公共数据开放共享机制，建立健全数据流通交易规则，拓展规范化数据开发利用场景，加强数据安全保护等。

121. 出台公平竞争审查行政法规

公平竞争是市场有效运行的基本条件，公平竞争审查制度是市场基础制度规则。公平竞争审查是指政策制定机关对拟制定的涉及经营主体经济活动的行政法规、规章、规范性文件、其他政策性文件以及"一事一议"等形式的具体政策措施是否排除、限制竞争进行评估，开展前置审查的内部监督活动。

2016年，国务院印发《关于在市场体系建设中建立公平竞争审查制度的意见》。2021年，有关部门修订了《公平竞争审查制度实施细则》。在各地区、各部门共同努力下，公平竞争审查工作实现了国家、省、市、县四级政府全覆盖，清理废除了一批妨碍全国统一大市场和公平竞争的规定和做法。同时在制度实施过程中，审查内容不完整、审查程序不健全、刚性约束不足等问题逐步显现。为规范和加强公平竞争审查工作，更好发挥事前规范作用，增强制度的权威性和约束力，需要以行政法规的形式将公平竞争审查制度固定下来。

在总结近年来审查实践和开展试点探索的基础上，有关部门研究起草了《公平竞争审查条例》草案，就审查主体、审查标准、审查程序、监督保障作出统一规范，对市场准入和退出、商品和要素自由流动、影响生产经营成本、影响生产经营行为等审查内容作了进一步完善。2023 年 5 月，条例草案已向社会公开征求意见。下一步，经有关程序后，条例将出台实施，为维护公平竞争市场秩序提供有力的制度保障。

122. 专项治理地方保护、市场分割、招商引资不当竞争等突出问题

当前对市场的各种不当干预依然较多。各种形式的地方保护和市场分割，扭曲了资源配置和价格信号，破坏了市场公平竞争秩序。2023 年以来，有关部门聚焦新能源及抽水蓄能开发等重点领域存在的地方保护、市场分割等突出问题，开展了专项整治，取得明显的阶段性成效。

（图片来源：新华社）

2024 年要继续深入开展专项治理工作，有力推动全国统一大市场建设，重点抓好几件事。一是巩固提升 2023 年专项整治成果，结合专项治理发现的问题，加大整改落实力度并推动建立完善长效机制。同时，研究在妨碍统一大市场建设的

若干领域，特别是针对各方反映突出的地方保护和市场分割等重点问题，继续开展专项治理。**二是**持续清理制约全国统一大市场建设的政策规定。对涉及经营主体经济活动的各类规章、规范性文件和政策措施进行梳理，有序清理废除妨碍市场准入和退出、妨碍商品和要素自由流动、影响生产经营成本和生产经营行为等妨碍统一市场和公平竞争的各种规定和做法。**三是**进一步畅通经营主体和各界反映问题渠道，建立反馈问题快速响应处理机制，做到发现一起、查处一起；发布不当干预市场行为防范事项清单，为规范政府行为划出红线；通报地方保护和市场分割等典型案例，发挥警示教育作用。

123. 加强对招投标市场的规范和管理

据中国采购与招标网调研数据，我国每年招标投标市场金额达到20万亿元左右，每年入市的招标项目达到4万—5万个。总的看，近些年招标投标活动不断规范，但还存在不少突出问题。为此，《报告》专门对招投标市场规范和管理提出要求。下一步，重点加强五个方面监管。

第一，对依法必须招标项目的监管。对依法必须招标项目拟不进行招标的，公示具体理由和法律法规依据。推动完善基于公平竞争的招标投标法规制度。

第二，创新对招标文件的监管。对于涉及公共利益、社会关注较高的项目，以及技术复杂、专业性强的项目，鼓励就招标文件征求社会公众或行业意见。

第三，加强对评标过程、评标专家、评标结果的监管。保障招标人依法享有的自主权，加大对评标专家违法处罚力度，进一步改善评标质量，加强评标报告审查。

第四，完善对合同履约的监管。加大对项目合同订立、合同履行及变更的监督，防止"阴阳合同""低中高结"等违法行为发生。

第五，加强招标投标领域信用体系建设。构建以信用为基础，衔接标前标中标后各环节的新型监管机制。

《招标投标领域公平竞争审查规则》向社会征求意见

（图片来源：国家发展改革委网站）

（三）推进财税金融等领域改革

124.谋划新一轮财税体制改革

财税改革

（图片来源：新华社）

　　财政是国家治理的基础和重要支柱，科学的财税体制是优化资源配置、维护市场统一、促进社会公平、实现国家长治久安的制度保障。党中央、国务院明确提出，2024年要谋划新一轮财税体制改革。

　　改革的目标是建立健全与中国式现代化相适应的现代财政制度。结合财政职能"收、支、管、平"的四个维度，改革主要方向和重点内容考虑为：**收入方面**，在保持宏观税负和基本税制稳定的前提下，要进一步完善税收制度、优化税制结构，健全地方税体系，推动消费税改革，完善增值税制度。深化税收征管改革，依法依规征税收费。**支出方面**，要加强财政资源科学统筹和合理分配，提高预算管理完整性。优化财政资源配置机制，打破支出固化僵化格局，集中财力办大事。推进财政支出标准化，强化约束和绩效管理。**财政管理体制方面**，要进一步理顺中央和地方财政关系，落实落细已出台的中央与地方财政事权和支出责任划分改革相关方案。稳步推进省以下财政体制改革。**财力平衡方面**，要完善财政转移支付体系，加强转移支付定期评估和退出管理，优化资金分配，研究建立完善促进高质量发展的转移支付激励约束机制，增强基层公共服务财力保障。

125. 落实金融体制改革部署

党的二十大报告指出，深化金融体制改革，建设现代中央银行制度，加强和完善现代金融监管，强化金融稳定保障体系。党的二十届二中全会对深化金融体制改革作出重大部署，2023年10月召开的中央金融工作会议对金融体制改革提出了新的要求、作了具体安排。要按照党中央已经作出的明确部署，突出重点、把握关键，着力抓好以下五个方面的工作。

一是建立健全科学稳健的金融调控体系。加快建设现代中央银行制度，健全货币政策和宏观审慎政策双支柱调控框架，完善基础货币投放和货币供应调控机制。深化利率汇率市场化改革，健全市场化利率形成、调控和传导机制。

二是建立健全结构合理的金融市场体系。优化融资结构，提高直接融资比重。加快建设安全、规范、透明、开放、有活力、有韧性的资本市场，加强债券市场制度建设，强化货币市场、外汇市场功能，稳慎发展期货和衍生品市场。

三是建立健全分工协作的金融机构体系。完善大中小金融机构定位和合理布局，支持国有大型金融机构做优做强，严格中小金融机构准入标准和监管要求，发挥保险业的经济减震器和社会稳定器功能。健全金融机构法人治理，完善中国特色现代金融企业制度。

四是建立健全完备有效的金融监管体系。落实金融监管全覆盖，依法将所有金融活动全部纳入监管，全面强化机构监管、行为监管、功能监管、穿透式监管、持续监管，消除监管空白和盲区。提升金融监管质效，持续增强监管的前瞻性、精准性、有效性和协同性。建立健全监管问责机制，强化"对监管的监管"。

五是建立健全多样化专业性的金融产品和服务体系。加强对重大战略、重点领域、薄弱环节的优质金融服务，做好科技金融、绿色金融、普惠金融、养老金融、数字金融"五篇大文章"，提升金融服务经济社会发展的质量水平。

126. 深化电力、油气、铁路和综合运输体系等改革

电力、油气、铁路等行业具有网络型基础设施特征，对保障经济安全和国家安全至关重要。改革既要提高国有经济在这些行业和领域的控制力，提升骨干网络安全可靠性和综合效益；又要在竞争性环节引入市场竞争机制，提高运营效率。重点任务包括以下几个方面。

一是深入推进电力、油气、铁路、公用事业等行业竞争性环节市

场化改革。建设全国统一电力市场体系，推进输配电价改革，落实煤电容量电价机制。深化油气管网管理体制和运营机制改革，加快推进能源价格改革，健全天然气上下游价格联动机制，完善成品油管道运输价格形成机制。稳妥有序推进水电气热等公用事业和公共服务价格改革，既要理顺长期扭曲的价格体系、发挥市场配置资源的基础作用，又要充分考虑社会承受力。

二是健全自然垄断环节监管体制机制。电力、油气、铁路等行业的网络环节具有自然垄断属性。要健全监管制度体系，重点加强对自然垄断环节落实国家重大战略和规划任务、履行国家安全责任、履行社会责任、经营范围和经营行为等方面的监管，推动处于自然垄断环节的企业聚焦主责主业。同时，要对自然垄断环节开展垄断性业务和竞争性业务的范围进行监管，防止利用垄断优势向上下游竞争性环节延伸。

📒 名词解释

网络型自然垄断

指因网络独占性导致的自然垄断。在我国，主要是指电力、通信、水务等因占有全国性投资巨大的覆盖网络而形成的自然垄断。这些网络铺设具有广覆盖、高投资等特点，如重复铺设将导致重复建设、资源浪费。

三是深化综合运输体系改革。完善国家综合立体交通网，优化交通运输结构，大力发展多式联运"一单制"、"一箱制"，提升铁路、内河集装箱运输比重和集装箱铁水联运比重，加快推动大宗货物和集装箱中长距离运输"公转铁"、"公转水"，提升联运畅通水平、提高整体效率，促进全社会物流降本增效。

深化综合运输体系改革

名词解释

多式联运

指货物由一种且不变的运载单元装载，将公路、铁路、水路、航空等运输方式中的两种或两种以上有机结合起来，通过不同运输方式之间的协调、转换和衔接而不对货物本身进行操作的运输方式。多式联运具有产业链条长、资源利用率高、综合效益好等特点。发达国家港口集装箱海铁联运比例能达到 20%—40%，而我国仅为2.5%，发展潜在空间巨大。

127. 深化社会民生领域改革

当前社会民生领域还有不少短板和薄弱环节，要注重用改革的办法解决民生难题，进一步兜牢民生底线，不断增进民生福祉。

一是完善收入分配制度。优化初次分配制度，提高居民收入在国民收入分配中的比重，提高劳动报酬在初次分配中的比重。健全各类生产要素参与分配机制。加大税收、社保、转移支付等调节力度和精准性。引导、支持有意愿有能力的企业、社会组织和个人积极参与公益慈善事业，发挥第三次分配作用。

二是推进社会保障制度改革。加快完善覆盖全民、城乡统筹、权责清晰、保障适度可持续的多层次社会保障体系。深化多层次、多支柱养老保险体系建设，完善养老保险全国统筹。推动基本医疗保险、失业保险、工伤保险省级统筹。健全分层分类的社会救助制度，强化兜底保障。

三是深化医药卫生体制改革。坚持"大卫生大健康"理念，推动医改与健康中国建设紧密结合，促进医保、医疗、医药协同发展和治理。

四是深化养老服务改革。推进基本养老服务体系建设，健全居家社区机构相协调、医养康养相结合的养老服务体系，大力发展成本可负担、方便可及的普惠性养老服务，满足多层次多样化养老服务需求。

六

扩大高水平对外开放
促进互利共赢

习近平总书记强调,对外开放是我国的基本国策,任何时候都不能动摇。以开放促改革、促发展是我国现代化建设不断取得新成就的重要法宝。我国经济已与世界经济深度融合,中国的发展离不开世界,世界的发展也离不开中国。面对异常复杂的国际环境,面对各种形式的保护主义和单边主义,我们要坚持对外开放,主动对接高标准国际经贸规则,稳步扩大规则、规制、管理、标准等制度型开放,增强国内国际两个市场两种资源联动效应,巩固外贸外资基本盘,以高水平对外开放促进深层次改革、高质量发展,培育国际经济合作和竞争新优势。一个更加开放的中国,必将为世界带来更多合作共赢的机遇。

（一）推动外贸质升量稳

128. 加强进出口信贷和出口信保支持，优化跨境结算、汇率风险管理等服务

进出口信贷、出口信用保险和外汇相关服务（包括跨境结算、汇率风险管理等）对促进外贸企业拓市场、避风险有着重要作用。近年来，金融服务外贸取得很大进步，但覆盖面、渗透率和服务效能仍有较大提升空间。当前对外贸易面临的风险挑战较多，要针对新形势下外贸发展新需求，全面提升金融服务外贸质效。

一是加大进出口信贷投放。 充分利用当前我国利率水平相对较低优势，加大进出口信贷投放力度，以低成本资金促进增强外贸企业综合竞争优势。加强政银企对接力度，积极发展信用贷款和中长期贷款，加大对外贸新业态、"新三样"出口等的支持力度。推广信贷保险，更好发挥政府性融资担保分险作用。

二是提高出口信保服务效能。 受外部环境严峻复杂等因素影响，外贸企业回款风险增加，出口信保大有可为。重点是推动出口信保机构积极拓展服务渠道，运用互联网等方式提升投保便利度，针对外贸新业态和中小微企业需求，丰富保险产品，将更多企业和出口产品纳入承保范围，优化服务流程，提升理赔服务质量。

三是提升跨境结算和汇率避险等服务水平。 随着美日等主要经济体宏观政策转向预期升温，未来汇率波动风险可能加大，强化跨境结

算和汇率避险服务十分必要。要推动金融机构加强产品服务创新，提高外汇业务数字化水平，提升跨境结算服务效率，完善汇率避险产品，加强宣传推广，以高水平服务帮助企业有效规避和管理风险。

((o)) 热点链接

汇率风险管理

国际贸易经营者如果使用即时汇率结算，容易面临潜在的汇率损失，可以采取一些措施来规避或减少汇率损失。常见的避险手段包括使用套期保值等金融工具、改变贸易结算方式或币种等，金融机构可提供相关产品和服务。

129. 促进跨境电商等新业态健康发展

近年来，跨境电商、海外仓、市场采购贸易等外贸新业态蓬勃发展，为我国外贸发展增添了新的动能。2023年我国跨境电商进出口2.38万亿元，比上年增长15.6%，截至2023年底各类海外仓超过1900个。但外贸新业态发展还面临不少制约因素，需要尽快破解、促进健康发展。

一是优化监管模式。坚持在发展中规范、在规范中发展，统筹监管效能和企业便利度，进一步探索优化外贸新业态监管模式、完善配套措施。针对跨境电商、市场采购贸易等发展新趋势，加强分类监管，实现对交易、支付、物流的精准有效管理。优化海外仓通关申报流程，完善进出口退货措施。

二是加强示范引领。充分发挥跨境电商综试区作用，组织开展品牌培育、规则和标准建设等，支持头部平台、卖家带动上下游供应链出海，鼓励电商企业自建独立站，引导深耕细分市场。通过公共海外仓、示范海外仓认定等方式支持海外仓企业优化布局、延伸覆盖网络、扩大业务范围，打通商家到消费者的"最后一千米"。

三是提升合规能力。在各国纷纷收紧跨境电商合规要求的背景下，探索建设合规出海服务平台，开展境外电子商务等规则和出口目的国政策法规培训，提高企业合规运营水平，加强重点领域严重失信信息公示和联合惩戒。

名词解释

几种典型的外贸新业态新模式

外贸新业态新模式是在传统外贸模式的基础上，通过技术、商业模式等创新形成的一系列新的外贸形式和模式，跨境电商、海外仓、市场采购贸易是其中的代表。

跨境电商指分属不同关境的交易主体通过电子商务平台达成交易、进行电子支付结算，并通过跨境电商物流及异地仓储送达商品的商业活动。

海外仓指企业建立在海外的仓储设施，通常是国内企业将商品先行运往目标市场国家仓库储存，然后再根据销售订单第一时间从当地仓库进行分拣、包装和配送。

市场采购贸易指由符合条件的经营者在经国家商务主管部门等认定的市场集聚区内采购商品、单票报关单商品货值15万（含）美元以下，并在采购地办理出口通关手续的贸易方式。

130. 支持加工贸易提档升级

历史上，加工贸易曾占我国对外贸易半壁江山，为促进对外开放和融入国际分工作出了积极贡献。近年来，受外部环境、要素条件、物流成本等影响，加工贸易进入了转换模式、创新升级的新阶段。目前，加工贸易占我国对外贸易 20%，直接吸纳就业约 4000 万人，近七成由外资企业实现，仍然是稳定外贸外资、促进就业的重要"压舱石"。支持加工贸易提档升级，重点要从"新、优、转"三方面做好工作。

加工贸易示意图

"新"就是推动新业态发展。 现阶段我国加工贸易商品以原油、矿产、集成电路、智能设备等为主，发展新业务、新业态还有较大空间。重点是依托加工贸易转型升级试点等平台，支持企业开展电子信息、生物医药等高附加值商品加工，研究进一步扩大保税维修产品范围和区域范围，拓展保税研发、再制造等新领域，促进加工贸易从装配维修向技术、品牌、营销攀升。

"优"就是优化管理手段。 与一般贸易不同，加工贸易基本特征是料件保税、加工增值，需要履行账册登记、核销等特定监管程序，对加工商品也有一定限制。近年来，有关部门持续调整完善加工贸易商品目录，取消了加工贸易业务审批和内销审批，受到企业欢迎。一些好的做法需要及时总结梳理，根据形势变化进一步优化简化监管程序。

"转"就是引导和支持梯度转移。 中西部和东北地区加工贸易进出口占全国 27%、发展潜力较大，关键是支持这些地区用好各类开放平台、改善软硬件设施，在符合标准的情况下设立保税监管场所，高质量培育各类承接载体。同时完善产业转移对接合作机制，打造线上线下常态化产业对接平台。

131. 拓展中间品贸易、绿色贸易等新增长点

发展中间品贸易是顺应我国比较优势变化、推动产业转型升级的必然要求。绿色贸易是国际贸易发展大势所趋，对于优化贸易结构、推动绿色低碳转型具有重要作用。随着国际分工深入发展，全球绿色低碳转型提速，中间品贸易、绿色贸易已成为我国外贸增长新动能。

拓展中间品贸易，需要重点抓好三件事。**一是加强融合**，深入实施已签署的自由贸易协定，积极推进高标准自贸协定谈判，与有意愿的贸易伙伴特别是周边国家深化产业链供应链合作。**二是拓展市场**，积极开展中间品贸易促进活动，建设中间品贸易数字化服务平台，促进供采对接，引导更多中间品企业融入国际供应链，充分发挥双向投资对中间品贸易的带动作用。**三是优化环境**，深化规则、标准等领域国际合作，提升中间品贸易便利化水平，妥善应对贸易摩擦。

拓展绿色贸易，有三个着力点。**一是定标准**，推动商协会等行业组织制订完善外贸产品绿色低碳标准，支持认证机构加快拓展绿色低碳贸易认证服务。**二是促转型**，打造贸易绿色发展公共服务平台，帮助企业增强绿色发展意识，提升绿色发展能力，加快绿色低碳转型，增强绿色产品国际竞争力，支持重点绿色产品开拓国际市场。**三是强合作**，加强绿色贸易规则、标准、技术国际交流合作，积极开展多双边绿色议题磋商，积极应对绿色贸易壁垒，拓展合作空间。

📒 名词解释

中间品

是用于生产其他商品和服务的产品，特别是半成品、零部件等高附加值产品，是链接产业上下游的纽带。2023 年，我国进出口中间品 25.53 万亿元，占进出口总值的 61.1%。

绿色贸易

是以绿色低碳发展为导向的贸易，狭义上涵盖新能源、环保技术等绿色产品和服务，广义上指贸易全链条绿色化转型。2023 年，我国电动汽车、锂电池、光伏产品"新三样"出口首次突破 1 万亿元，增长近 30%。

📱 政策传真

2019 年 11 月，《中共中央国务院关于推进贸易高质量发展的指导意见》提出，推进贸易与环境协调发展。

2021 年 2 月，《国务院关于加快建立健全绿色低碳循环发展经济体系的指导意见》提出，建立绿色贸易体系。

2023 年 4 月，《国务院办公厅关于推动外贸稳规模优结构的意见》提出，发展绿色贸易，增强企业绿色低碳发展意识和能力。

132. 积极扩大优质产品进口

进口是充分利用国际资源要素的重要渠道，是联结国内国际双循环的重要纽带。我国已成为世界第二大货物进口国，2023 年货物进口额 17.98 万亿元。扩大能源资源、农产品、中间品、消费品等优质产品进口，有利于更好保障国内重点产品稳定供应，更好支持产业优化升级，更好满足消费提质升级需求，对推动高质量发展意义重大。扩大优质产品进口，需要抓好四件事。

中国国际进口博览会已成功举办六届，每届均有来自五大洲的数千家参展企业和数十万专业观众参加，累计意向成交额超过 4200 亿美元

（图片来源：中国国际进口博览会官网）

一是扩大先进产品和技术进口。修订鼓励进口技术和产品目录，提高贴息资金政策精准性，支持先进技术、重要设备和关键零部件进口，鼓励研发设计、节能环保、环境服务等生产性服务进口。拓宽战略性新兴产业发展需要的新能源矿产进口渠道。

二是增加优质消费品进口。在严把消费品进口质量安全关的前提下，顺应居民消费个性化、多样化、品质化发展趋势，推动高品质农食产品检验检疫准入，丰富进口品类。优化跨境电商零售进口监管政策安排，拓展优质消费品进口渠道。

三是提升自由化便利化水平。用好用足已签署的自由贸易协定，推动商签更多高标准自贸协定，落实好 2024 年关税调整方案，降低

有关高技术产品、资源、药品、种子等进口关税和制度性成本。加快建设智慧海关，以进口需求较大的优质产品为重点，进一步优化通关流程，提升通关效率。

四是发挥展会平台作用。高质量举办进博会、广交会、服贸会、消博会等重要展会，鼓励外国企业展示更多高技术、高品质的产品和服务。推动进口贸易促进创新示范区加强监管制度创新，增强服务功能，积极发展进口新业态新模式，充分发挥示范带动作用。

133. 完善边境贸易支持政策

广西东兴的中越边民互市贸易区

（图片来源：广西新闻网）

我国有 14 个陆上邻国，陆路口岸和通道众多，从内蒙古满洲里穿梭忙碌的货运车辆到广西东兴人头攒动的出入境大厅，边境贸易正成为一道靓丽的风景线。

目前我国边境贸易特别是边民互市贸易快速恢复，虽然占对外贸易比例不高，但对兴边富民、稳边固边具有重要意义。完善边境贸易支持政策，需要从三方面着手。

一是政策"补缺项"。针对地方关切，推动边民互市贸易管理办法等配套措施尽快修订出台，进一步完善互市贸易区设置、互市商品进出口管理、商品加工流通等规定，让政策春风化雨、发挥更大效力。

二是产业"上台阶"。边境贸易要有"宽度"，更要有"厚度"。一些地方依托边境贸易推进落地加工产业，取得了一定成效，当前急需研究扩大落地加工试点范围，允许有意愿、有条件的边境县市发展落地加工产业。同时研究进一步丰富落地加工商品种类，扩大优质农产品检验检疫准入，畅通商品进入内地渠道，吸引更多企业到边境地区投资兴业。

三是环境"提质效"。总结推广一些地方实施分层查验、优化互市贸易检验检疫程序的做法，进一步优化通关、检验检疫、交易结算、税收办理等"软件"环境，在进口商品检验检疫证明、边民个人结售汇等方面提供更大便利。

134. 全面实施跨境服务贸易负面清单

跨境服务贸易负面清单是当前国际高标准自贸协定在服务贸易领域作出开放安排的主要方式，是我国主动对接国际高标准经贸规则、扩大服务业开放的重要举措。2021 年 7 月，我国发布海南自由贸易港跨境服务贸易负面清单，近期又出台了全国版和自贸试验区版负面清单，形成跨境服务贸易梯度开放的制度体系。全面实施跨境服务贸易负面清单，需要重点抓好四件事。

一是落实非禁即入。清单内的领域即禁止或限制领域，对境外服务提供者实施特别管理措施。凡是清单之外的领域，对境内外服务提供者一视同仁、平等准入，按照待遇一致原则实施管理，坚决破除"玻璃门""弹簧门"，切实将有关领域开放举措落到实处。

二是完善配套措施。针对清单开放安排，对国内相关法规、制度等进行相应调整，建立健全与负面清单相适应的配套管理制度。及时对实施情况进行总结评估，调整优化清单内容。完善沟通机制，及时推动解决境外服务提供者在准入方面遇到的实际问题。

三是发挥平台作用。自贸试验区在自然人职业资格、专业服务、金融、文化等领域作出了开放安排，要为全国开展好压力测试，充分发挥先行先试作用，为更大范围开放积累经验。同时，根据实施情况和开放需求，探索进一步放宽相关领域限制。

四是提升监管能力。建立完善服务业相关领域开放风险防控和处置机制，加强事中事后监管，统筹好开放与安全。加强业务培训，提升各地方、各有关部门在对外开放条件下的管理能力和风险防控能力。

135. 出台服务贸易、数字贸易创新发展政策

服务贸易、数字贸易是全球贸易增长的重要动力，正日益成为大国竞争新高地。把握国际贸易发展趋势，推动服务贸易、数字贸易创新发展，是我国加快建设贸易强国、增强外贸竞争力的关键抓手。

促进服务贸易扩容提质，重点要从三方面着手。**一是扩大开放。**加快与国际高水平服务贸易规则对接，实施好全国版和自贸试验区版跨境服务贸易负面清单，对境内外服务提供者一视同仁。**二是拓展市场。**贸易伙伴上，巩固扩大欧美、日韩等传统市场，积极开拓"一带

一路"共建国家市场。贸易领域上，大力发展知识密集型服务贸易，拓展离岸服务外包业务，扩大特色优势服务出口。**三是深化试点**。我国服务贸易试点层次多、覆盖广，包括服务贸易创新发展试点、服务业扩大开放综合试点、服务外包示范城市等，关键是抓紧完善支持政策体系，推动试点提质升级，发挥带动引领作用。

2023 年中国国际服务贸易交易会上的元宇宙项目展示

（图片来源：人民网）

我国数字基础设施良好，数字消费群体规模庞大，数字贸易相关产业创新活跃，亟需发挥优势，推动数字贸易实现更大发展。**一是完善规则体系**。推动建立数字贸易统计监测体系，完善管理制度、政策体系。**二是推动数字转型**。强化外贸领域数字智能技术应用，支持企业发展以数据驱动为核心、以平台为支撑的数字化运营模式。**三是促进标准衔接**。积极参与国际数字贸易领域规则制定，与更多国家就数据跨境流动等加强探讨，积极推动加入《数字经济伙伴关系协定》（DEPA）。

136.加快内外贸一体化发展

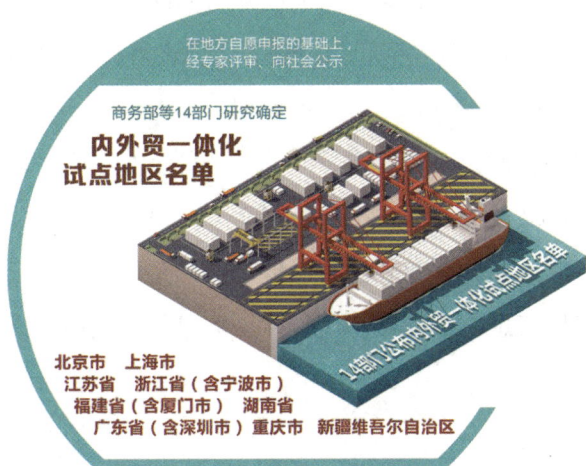

在地方自愿申报的基础上，经专家评审、向社会公示

商务部等14部门研究确定

内外贸一体化试点地区名单

北京市　上海市
江苏省　浙江省（含宁波市）
福建省（含厦门市）　湖南省
广东省（含深圳市）　重庆市　新疆维吾尔自治区

2023 年 1 月，商务部等 14 部门研究确定在 9 个省区市开展内外贸一体化试点

（图片来源：新华社）

近年来，随着外部环境变化和国内市场扩容升级，我国企业内外贸一体化发展意愿不断增强，但由于国内外市场在标准认证、业务模式、销售渠道等方面存在较大差异，内外贸一体化仍然"好事多磨"、面临多重困难。

2024 年《报告》对加快内外贸一体化发展专门作出部署。此前，国务院办公厅 2021 年印发了促进内外贸一体化发展的意见，2023 年印发新的意见，从五方面提出新的支持举措，下一步关键是加快政策落地、推动破冰攻坚。

一是破解"标准不通"难题。针对一些领域国内外标准差异较大、企业内外贸切换需要重复认证等情况，推动内外贸标准、检验认证、监管等衔接，积极采用国际标准，推动中国标准"走出去"，加强合格评定国际合作，推进结果互认，进一步推进"同线同标同质"。

二是破解"渠道不畅"难题。针对一些传统代工企业做内销力不从心、一些内贸企业外销渠道不畅的情况，深化内外贸一体化试点，支持企业加快品牌建设、完善国内国际营销网络，培育一批内外贸融合展会和商品交易市场，强化生产服务、物流集散、品牌培育等功能，促进国内国际市场接轨。

三是破解"水土不服"难题。一些外贸企业对国内市场环境心存疑虑，担心产品被仿制假冒、不正当竞争、信用环境不佳等，急需加大对外贸企业商标权、专利权的保护力度，完善投诉举报处理制度，发挥全国信用信息共享平台作用，推动信息共享应用，提高企业内销积极性。

137. 加快国际物流体系建设

现代化的国际物流体系是贸易强国的重要支撑。近年来，我国国际物流体系建设成就斐然，海上航线覆盖全球 100 多个国家和地区，国际海运量占全球的三分之一，中欧班列通达欧洲 25 个国家的 217 个城市。但与国际先进水平相比，货运结构、海外物流节点、配套服务等方面还存在不少短板弱项，迫切需要迎头赶上，更好满足外贸发展的需要。

一是做强网络。完善境外港口节点布局、拓展海运航线，提升枢纽机场国际连通度，畅通国际快件航空运输网络，扩大国际班列辐射范围，促进西部陆海新通道健康发展，实现"海陆空"齐头并进、协调发展。

各类物流方式

二是畅通口岸。根据口岸所处区域、类型、功能定位等，探索实施分级分类管理，提升口岸特别是内陆和沿边口岸检验查验、货物存储、道路交通、换装联运能力。与周边国家加强沟通合作，推动车型标准、司乘人员、通关查验等协调对接。

三是培育龙头。支持物流企业整合资源，与制造、电商等上下游企业融合发展，促进航空货运、国际寄递企业发展壮大，加快建设和拓展海外仓、境外配送网络等，增强国际竞争力。

四是优化服务。推动企业增强海外通关、地面运输、仓储配送等服务能力，提供"门到门"一体化综合解决方案。拓展航运金融、保险、法律等服务内容，丰富产品种类，提升国际物流配套服务水平。

138. 打造智慧海关

我国作为世界货物贸易第一大国，国际贸易监管量位列世界第一，监管的货物从机床、芯片到海鲜、水果，品类越来越复杂，强化前沿科技与监管服务深度融合，不断提升海关"智治"水平，是提升监管能力的必由之路。2024年《报告》首次提出打造智慧海关，要从"管得住"、"放得开"、"通得快"三方面做好工作。

新港海关物流监控中心

（图片来源：天津海关）

一是**"管得住"**。就是广泛应用新技术、新装备，通过全业务领域数字化转型、智能化升级，将海关监管嵌入国际贸易物流全链条，覆盖人、企、物、运输工具、场地场所等监管对象，实施穿透式风险防控，让源头管控、口岸监管、后续查核、打击走私等监管环节更加精准、更加有力。

二是**"放得开"**。就是从监管和服务场景入手，做好卫生检疫、动植物检疫、食品安全、商品质量等业务的智能感知、智能研判、智能处置，实现通关"零距离、零等待"，对守法者"无事不扰"，让违法者"寸步难行"。

三是**"通得快"**。就是借助数据多源采集、大数据智能分析、检查设备智能化这些"新工具"，不断丰富国际贸易"单一窗口"业务功能，优化申报流程，便利企业线上业务办理，推进通关作业"改头换面"，有效提升通关查验效率。

（二）加大吸引外资力度

139. 继续缩减外资准入负面清单

　　根据外商投资法，国家对外商投资实行准入前国民待遇加负面清单管理制度。自 2013 年第一张外资准入负面清单出台以来，共进行 7 次修订，从最初的 190 条外资准入限制措施缩减至 2021 年全国版 31 条、自贸试验区版 27 条。2020 年首次制定出台的海南自由贸易港负面清单有 27 条。负面清单的不断缩减，正是我国对外开放水平不断提高的重要标志。

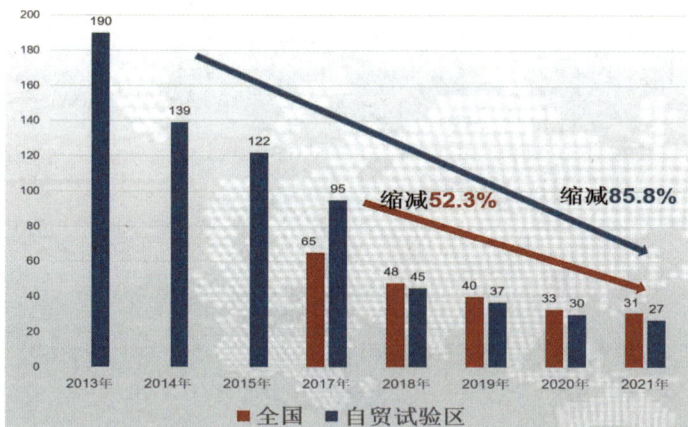

外资准入负面清单修订情况

（数据来源：国家发展改革委、商务部）

　　目前，我国制造业开放程度大幅提高，金融、交通运输、商贸物

186

流、专业服务等服务业有序开放。2024 年《报告》提出，继续缩减外资准入负面清单。有关部门将推进外资准入负面清单修订进程，进一步扩大市场开放。

全面取消制造业领域外资准入限制措施。目前，自贸试验区版、海南自由贸易港版清单已实现制造业限制措施条目"清零"，全国版清单制造业条目还有 2 条。2024 年将实现全国版清单制造业条目全面"清零"。

放宽电信、医疗等服务业市场准入。电信方面，将试点开放互联网数据中心等增值电信业务，支持信息服务（限于应用商店）等领域开放举措在自贸试验区更好落地见效。医疗方面，允许北京、上海、广东等自由贸易试验区选择若干符合条件的外商投资企业在基因诊断与治疗技术开发和应用等领域进行扩大开放试点。

140. 扩大鼓励外商投资产业目录

我国根据国民经济和社会发展需要，鼓励和引导外国投资者在特定行业、领域、地区投资，制定发布《鼓励外商投资产业目录》并持续更新。现行《鼓励外商投资产业目录》总条目 1474 条，其中全国目录 519 条，中西部目录 955 条。在《鼓励外商投资产业目录》明确的领域，外商投资企业可以依照相关规定，享受税收、用地等方面的优惠待遇。

2024 年外商准入负面清单条目要**"减"**，而对《鼓励外商投资产业目录》的条目要**"增"**，这一减一增表明我国持续扩大开放、大力引进外资的鲜明态度。鼓励方向有两方面：**一是**全国鼓励外商投资产业目录加大对先进制造、高新技术、节能环保等领域的支持力度；

二是中西部地区外商投资优势产业目录加大对基础制造、适用技术、民生消费等领域的支持力度，进一步优化外资布局。此外，积极支持集成电路、生物医药、高端装备等领域外资项目纳入重大和重点外资项目清单，允许享受相应支持政策。

鼓励外商投资目录修订情况

（数据来源：国家发展改革委、商务部）

吸引外资不仅要重视**"增量"**外资，还要重视**"存量"**外资，让外资企业扎根中国、持续发展。为此，我国已出台一系列政策举措鼓励外资企业境内再投资。对境外投资者从中国境内居民企业分配的利润，用于境内直接投资暂不征收预提所得税。下一步将继续完善相关政策，加大宣传辅导力度，细化政策适用范围、申报材料、办理程序，为外资企业提供便利。

141. 落实好外资企业国民待遇

投资领域的国民待遇包括"准入前国民待遇"和"准入后国民待遇"。**准入前国民待遇**是指在投资准入阶段给予外国投资者及其投资不低于本国投资者及其投资的待遇。**准入后国民待遇**是指在准入后阶段给予外国投资者所投资企业不低于本国投资者所投资企业的待遇。2001 年加入世贸组织以来，我国明确给予外商投资准入后国民待遇。近年来，越来越多的国家将外商投资国民待遇从准入后阶段扩展到准入前阶段。我国持续改革外商投资管理体制，对外商投资实施准入前国民待遇加负面清单管理制度，即在准入前阶段对外资准入负面清单之外的外商投资给予国民待遇，在准入后阶段对所有外商投资企业给予国民待遇。

下一步要落实好外资企业国民待遇特别是准入后国民待遇。**一是突出"立制"**。建立健全内外资不合理差别待遇政策措施常态化清理机制，清理违反公平竞争的行为和政策措施。**二是突出"一致"**。尽快明确"中国境内生产"具体标准，在政府采购活动中对内外资企业生产的符合标准的产品一视同仁、平等对待，保障外资企业公平参与招投标活动、标准制定修订，平等享受支持政策。**三是突出"破题"**。解决好数据流动等外资企业重点关切，探索便利化的数据跨境流动安全管理机制，为符合条件的外资企业建立"绿色通道"。

142. 打造"投资中国"品牌

2023 年，商务部联合有关方面开展了"投资中国年"招商引资活动，共主办重点活动 20 场，促成了一批大项目签约，向各国企业家展现中国开放的决心，欢迎外资的态度，进一步坚定外贸企业对中国市场、中国经济的信心，取得了良好效果。下一个"中国"还是中国。

2024 年如何持续打造"投资中国"品牌？**一是打造精品活动**。将"走出去"招商和"请进来"招商相结合，在境内外举办 20 多场精品活动。3月26日上午，首场标志性活动在北京成功举办，来自17个国家和地区140余名跨国公司高管、在华商协会代表参加活动。此外，还将在各地举办"进博会走进地方"、地方主题推介等系列活动，并赴欧美日韩和中东地区进行推介，广泛对外宣传在华投资机遇，为外国投资者走近中国、了解中国、投资中国搭建平台。**二是打造优质服务**。继续发挥好重点外资项目工作专班的作用，每月举办外资企业圆桌会议，用好"外资企业问题诉求收集办理系统"等渠道，及时协调解决企业困难诉求，搭建起和外资企业坦诚沟通、务实交流的平台。还将进一步加强对重点外资项目的"全生命周期"服务保障，推动项目早落地、早投产、早达产。**三是打造良好环境**。积极推动已出台政策文件落实，持续释放政策红利，在扩大准入、投资促进、强化服务、优化环境、对接国际高标准等方面持续发力，不断增强企业获得感。还将落实好外商投资法及其实施条例，打造国际一流营商环境。

中国国际投资贸易洽谈会展馆

（图片来源：人民网）

143. 提升外籍人员来华工作、学习、旅游便利度

提升外籍人员来华工作、学习、旅游便利度，对于解决外商后顾之忧、营造良好投资环境具有重要意义。要在已出台政策基础上，细化配套措施，让广大外籍人员在华工作生活更加方便。

一是有效推进签证便利化。对法国等 12 国试行免签政策，同新加坡、泰国签署全面互免签证协定，推出简化签证申请表、阶段性调减签证费、免采部分申请人指纹、免签证预约等多项优化措施。实施放宽来华外籍人员申办口岸签证条件等 5 项便利举措。下一步，将继续推动商签互免签证协定，积极拓展外国人便捷来华渠道。

二是便利外籍人员在华居留。启用新版外国人永久居留身份证（又称"五星卡"）。优化申请永久居留条件，持续完善外国人停居留服务管理。外籍人员可使用护照、新版永久居留身份证购买火车票、飞机票等，乘坐公共交通出行。

三是持续恢复国际客运航班。新加坡、英国、意大利等 22 个国家航班数量已超过疫情前水平。自 3 月 31 日起，中美双方航空公司共可运营每周 100 班定期客运航班。下一步，将推动国际客运航班加快恢复，增加重点航线航班，提升国际航空运输便利化水平。

四是优化支付服务。近期，国务院办公厅就此专门出台文件。强

外国商务人士在华工作生活指引（2024 年版）

商务部　工业和信息化部　人力资源和社会保障部
文化和旅游部　国家税务总局　国家金融监督管理总局
国家移民管理局　中国民用航空局
国家外汇管理局　国家铁路集团

外国商务人事在华工作生活指引（2024年版）

（图片来源：商务部网站）

调加强协调配合，推动移动支付、银行卡、现金等支付方式并行发展、相互补充。有关部门改善境外银行卡受理环境，优化现金使用环境，提升移动支付便利性。今后将进一步推动解决外籍人员在支付便利性等方面的难点堵点，提升涉外金融服务水平。

五是发布在华工作生活指引。有关部门梳理外国商务人士在华办理工作和居留许可证、网上支付、出行住宿等制度流程，汇总编写了《外国商务人士在华工作生活指引（2024年版）》，3月5日发布。今后将定期更新工作生活指引。

144. 深入实施自贸试验区提升战略

建设自贸试验区是新时代推进改革开放的重要战略举措。2023年，自贸试验区建设扎实推进。新设新疆自贸试验区，自贸试验区布局进一步优化，制度创新和对外开放取得新进展。22家自贸试验区实际使用外资2156.6亿元，实现进出口总额7.67万亿元，分别占全国的19%和18.4%，有效发挥了改革开放综合试验平台的示范引领作用。

推进上海自贸试验区全面对接国际高标准经贸规则吹风会

（图片来源：国新网）

下一步，要深入实施自贸试验区提升战略，着力在以下几个方面实现"新提升"。**一是制度创新有"新提升"。**加强改革整体谋划和系统集成，对自贸试验区开展新一轮集中赋权，围绕贸易、投资、数据、金融、人才、科技创新等各个领域，集中推出一批系统性、突破性举措，探索形成更多可复制可推广的经验。**二是高水平开放有"新提升"。**更大力度对接高标准国际经贸规则开展试点，拓展制度型开放，让开放红利惠及更多地区、更多企业。制定海南自由贸易港第二批放宽市场准入特别措施。**三是高质量发展有"新提升"。**支持自贸试验区深入开展差别化探索，围绕大宗商品、生物医药、海洋经济等重点领域开展全链条集成创新，打造更多世界领先的产业集群，在发展新质生产力方面走在前列、多作贡献。

145. 推动开发区改革创新

经过 40 多年的发展，开发区已经成为我国经济发展的强大引擎、对外开放的重要载体、创新驱动的中坚力量、产业集聚的主要平台、绿色集约的示范基地和体制机制创新的先行区。全国 2543 家国家级开发区及省级开发区列入《中国开发区审核公告目录（2018 年版）》（不含国家级新区、自贸试验区、自主创新示范区、经济特区等特殊功能区）。

各类开发区数量已经不少，关键是要提升自身发展质量。《报告》提出，推进开发区改革创新。**一是推进管理制度改革。**健全完善开发区设立、扩区、调区、升级、退出等全生命周期管理制度。制定开发区权力清单、责任清单，推动内部管理机构精简优化。探索建立综合考核评价体系。**二是推进发展模式创新。**坚持走"科创＋产业"发展道路，鼓励和支持有条件的开发区优先发展新质生产力，提升科技创新和产业创新能力。探索绿色发展试点，积极打造数字化转型示范标杆。支持开发区盘活存量资产、拓展融资渠道。**三是推进规划布局优化。**修订《中国开发区审核公告目录》，根据国土空间规划和生产力布局，按照实事求是的原则，重新确定开发区面积和主导产业。强化开发区发展统筹规划，避免招商引资无序竞争。建立健全产业转移利益共享机制，引导东部地区与中西部、东北地区开发区加强合作。

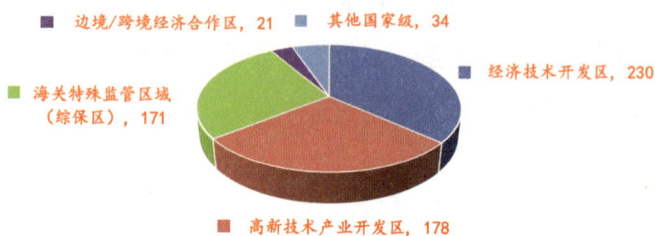

国家级开发区分类及数量分布情况

（数据来源：中国开发区协会）

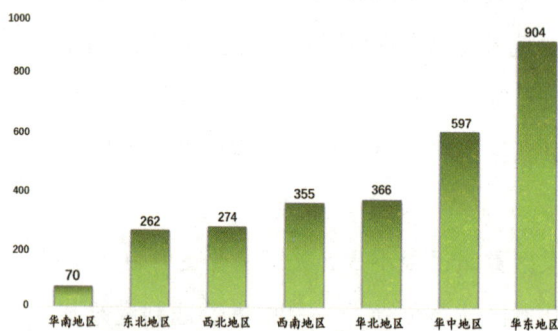

全国各区域开发区数量统计情况

（数据来源：中国开发区协会）

（三）推动高质量共建"一带一路"走深走实

146. 抓好支持高质量共建"一带一路"八项行动的落实落地

习近平主席在第三届"一带一路"国际合作高峰论坛上，向世界宣布中国支持高质量共建"一带一路"的八项行动，为新阶段高质量共建"一带一路"明确了新方向、开辟了新愿景、注入了新动力。

2023 年 10 月，第三届"一带一路"国际合作高峰论坛在北京举行

（图片来源：中央广播电视总台）

目前，第三届"一带一路"国际合作高峰论坛形成的 458 项成果均在推进落实中。下一步，要以八项行动为引领，不断健全完善落实工作机制和工作举措，确保将高质量共建"一带一路"宏伟蓝图一步步变为现实。

一是深化战略对接。统筹完善与共建国家务实合作的政策体系，稳步推动商签共建"一带一路"合作文件，落实好已签署的合作文件。

二是推进互联互通。持续完善陆、海、天、网"四位一体"互联互通布局，构建中欧班列高效运输、安全治理、多元通道、创新发展体系，搭建以铁路、公路直达运输为支撑的亚欧大陆物流新通道，积极推进"丝路海运"港航贸一体化发展，加快空中丝绸之路建设。

三是强化务实合作。建设好运营好重大工程和民生项目，支持企业开展产业和投资合作，拓展第三方市场合作。发挥国家开发银行、进出口银行融资窗口以及丝路基金新增资金作用，以市场化、商业化方式支持共建项目。

四是完善合作机制。加强能源、税收、金融、绿色发展、减灾、反腐败、智库、媒体、文化等领域的多边合作平台建设，深化同共建国家各领域交流合作。

147. 稳步推进重大项目合作、实施一批 "小而美"民生项目

近年来，中老铁路、雅万高铁、比雷埃夫斯港等一大批标志性工程陆续建成投运，还有一批"小而美"民生项目（比如打井供水等），为共建"一带一路"国家人民摆脱贫困、改善生活条件等发挥了重要作用。我国将与共建国家共同努力，形成更多聚人心、接地气的合作

成果，推动共建"一带一路"高质量发展行稳致远。

统筹打造一批标志性工程。重点是加强与共建国家发展战略和市场需求对接，充分考虑共建国家政府、地方和民众多方利益和关切，不断提升标志性工程项目建设运营水平。建设好中泰铁路等在建项目，运营好中老铁路、雅万高铁等项目，稳妥有序推进港口建设运营，保持中俄东线天然气管道等项目稳定运营。

雅万高铁是中国高铁全生产链走出国门的"第一单"

（图片来源：《人民日报》）

不断擦亮"小而美"项目"金字招牌"。聚焦共建国家民众"看得见、摸得着"的教育培训、卫生健康、农业水利等重点领域，打造一批新的有示范效应的代表性项目。实施好1000个小型民生援助项目。做优做强孔子学院、鲁班工坊、"菌草"等品牌项目。支持中小学基础设施建设，提供教学物资和设备援助。建设一批促进减贫脱贫和粮食安全合作的项目。

148. 积极推动数字、绿色、创新、健康、文旅、减贫等领域合作

顺应世界经济、技术、产业、社会发展普遍规律和时代要求，拓展共建"一带一路"合作新领域、开辟合作新空间，为共建国家发展注入新动力。

中国援助巴布亚新几内亚技术项目培训班结业仪式

（图片来源：《人民日报》）

一是培育数字合作新业态新模式。积极推动数字基础设施互联互通，加强跨境电商、智慧城市、物联网、5G 等领域合作，着力弥合数字鸿沟。

二是大力推进绿色发展。深化绿色基建、绿色生态、绿色能源、绿色金融等重点领域合作。推动绿色丝绸之路建设与联合国可持续发展议程深入对接。

三是打造科技创新合作新高地。深入实施"一带一路"科技创新行动计划。启动实施"一带一路"可持续发展技术、空间信息科技、创新创业、科技减贫等 4 项专项合作计划。

四是积极深化卫生健康领域国际合作。发挥共建"一带一路"公共卫生合作网络作用，深化传染病联防联控。携手推进传统医药交流合作。

五是加强文化和旅游合作。不断拓展丝绸之路博物馆联盟、艺术节联盟、图书馆联盟等成员。推动在古代文明研究、联合考古、博物馆交流等方面开展合作。互办旅游年、宣传月、推广周等重点活动。

六是做好减贫和人道主义救援。重点援助生活在动荡、饥饿、贫困中的国家和人民。加强防灾减灾救灾、应急救援等领域国际合作。

149. 加快建设西部陆海新通道

西部陆海新通道起自成渝地区，终至北部湾出海口，由三条通道组成，分别是：自重庆经贵阳、南宁至北部湾出海口，自重庆经怀化、柳州至北部湾出海口，自成都经泸州（宜宾）、百色至北部湾出海口。建设西部陆海新通道，有助于发挥西部地区联接"一带"和"一路"的纽带作用，深化陆海双向开放，推动西部大开发形成新格局。目前，通道联接 120 个国家 496 个港口，运输网络实现对东盟国家全覆盖。2023 年，铁海联运班列累计发送集装箱 86 万标箱，增长 14%。下一步，要在破解通道瓶颈、推进降本增效、加强产贸协同、深化对外开放等方面下更大功夫。

一是加快完善"硬联通"。尽快补齐基础设施短板，推动实现西通路贯通，力争打通中通路瓶颈路段，持续完善东通路。立足资源整合、优化调整，加快打造环北部湾港口群。

二是着力强化"软联通"。加强铁路与海运信息联通、作业协同，深化通关便利化改革，提升跨境物流通关效能。做优铁海联运和国际班列品牌，实现服务品质和规模效益的同步提升。

三是推动区域更高水平开放。鼓励通道沿线产业协同发展，对接粤港澳大湾区、海南自由贸易港和长江经济带，实现通道、经贸、产业融合发展。带动东盟及相关国家和地区协商共建发展通道。

西部陆海新通道铁海联运重要节点钦州铁路集装箱中心站

（图片来源：新华社）

（四）深化多双边和区域经济合作

150. 推动落实和商签自贸协定

目前，我国已与 29 个国家和地区签署了 22 个自贸协定，自贸伙伴覆盖亚洲、大洋洲、拉丁美洲、非洲和欧洲，我国与自贸伙伴贸易额占外贸总额的三分之一，立足周边、辐射"一带一路"、面向全球的高标准自贸区网络初见成效。我国将进一步扩大自贸区网络，推进高水平对外开放。

一是提高自贸协定利用率。自贸协定签订后，关键是要用好。比如，2023 年我国在《区域全面经济伙伴关系协定》（RCEP）项下进口 905.2 亿元，减免税款 23.6 亿元；出口 2700.7 亿元，可享受成员

2023 年 5 月，首届湖南（怀化）RCEP 经贸博览会现场

（图片来源：《人民日报》）

方关税减免 40.5 亿元，做大了贸易合作蛋糕。我国将继续高质量实施现有自贸协定，通过宣介培训帮助企业更好享惠，促进商品、服务、投资在自贸区内自由便利流动。

二是推进自贸协定谈判。推动加入《数字经济伙伴关系协定》（DEPA）、《全面与进步跨太平洋伙伴关系协定》（CPTPP），努力推动中国—东盟自贸区 3.0 版谈判尽早结束，推进与海合会等自贸谈判，争取启动一批与相关国家的新自贸协定谈判。

三是提升自贸协定开放水平。以推进相关谈判为抓手，提升货物贸易零关税产品比例，以负面清单方式全面推动服务贸易和投资扩大开放，积极纳入数字经济、绿色经济、标准认证、政府采购等高水平经贸规则。

151. 全面深入参与世贸组织改革

世贸组织是多边主义的重要支柱，是全球经济治理的重要舞台。目前，世贸组织成员 166 个，覆盖全球贸易的 98% 以上。对世贸组织进行必要改革是普遍共识、大势所趋。2024 年召开的世贸组织第 13 届部长级会议上，各方达成"1+10"务实成果。其中，127 个成员正式达成《促进发展的投资便利化协定》，这是全球首个多边投资协定，是世贸组织改革进程中的一个成功范例。

政策传真

《促进发展的投资便利化协定》主要内容

一是提高投资措施透明度。建立"单一窗口"，及时公布投资审批程序和要求等信息。提前公布拟出台的投资相关法律法规。

二是简化和加快行政审批程序。审批措施客观公正，不得延误投资活动。确保审批费用在合理范围内。

三是促进可持续投资。鼓励企业履行社会责任，采取反腐败措施。

作为世界第二大经济体、全球货物贸易第一大国，中国坚定维护以世界贸易组织为核心的多边贸易体制权威性和有效性，全面深入参与世贸组织改革。**一是推动世贸组织规则和机制与时俱进。**继续开展投资便利化协定扩员工作，推动协定早日纳入世贸组织法律框架。推动尽快结束世贸组织电子商务谈判，达成全球首个高标准数字贸易多边规则。继续引领产业链供应链、塑料污染防治、涉碳经贸规则等新议题讨论，积极参与农业、渔业补贴等传统议题谈判。全力推进争端解决机制改革。**二是积极开展多双边机制合作。**做好二十国集团、亚太经合组织、金砖国家、上合组织等机制工作，推动成员就争端解决、投资便利化、电子商务、渔业补贴、发展等世贸组织改革重点议题加强协调，为推进世贸组织改革提供支持。用好中欧世贸组织改革联合工作组、中英世贸组织工作组等对话机制，共同促进世贸组织改革。

七

更好统筹发展和安全
有效防范化解重点领域风险

过去一年，按照党中央、国务院部署，各相关部门、各地方稳妥推进房地产、地方债、中小金融机构等重点领域风险处置，取得积极成效。我国经济金融形势持续好转，风险总体可控，但也要看到相关领域的风险隐患仍然较多，需要持续推进风险处置。《报告》对防范化解重点领域风险作了专门部署，强调要坚持以高质量发展促进高水平安全，以高水平安全保障高质量发展，标本兼治化解风险。在处置存量风险上，要压实责任、多措并举，深入推进房地产、地方债和中小金融机构风险处置；在防范增量风险上，要着力健全风险防控长效机制，强化风险源头防控，加强重点领域安全能力建设，有力维护经济金融大局稳定。

（一）稳妥有序处置风险隐患

152. 完善重大风险处置统筹协调机制

财政、金融、产业领域的风险，在一定条件下可能相互转化、相互传染，甚至叠加共振。《报告》提出要完善重大风险处置统筹协调机制，就是要通过强化制度建设，有效统筹各方力量，提升风险处置效能。当前需重点强化两方面工作。

一是压实各方责任。明确责任是促进履职尽责的基础。企业是防范化解风险的第一责任人，要承担风险防控主体责任；金融监管部门和行业主管部门对本领域风险负有监管责任；地方政府对维护地方经济金融稳定责无旁贷，须承担风险处置的属地责任。要从制度上进一步明确各方责任边界，建立健全督查督办和监督问责机制，促进各方有效落实风险处置责任。

二是加强协同配合。在央地协同方面，建立健全各有侧重、相互配合的风险处置机制。对一些具有全国性和系统性影响的风险，由中央主责部门牵头处置，地方在追赃挽损、属地维稳、打击犯罪等方面予以配合；对一些地区性的风险，由地方牵头处置，相关部门在方案制定、资源协调等方面给予指导支持。在部门协同方面，完善政策统筹和评估机制，把握好风险处置节奏和力度，防范处置风险的风险。

153. 优化房地产政策

我国房地产市场供求关系已经发生重大变化，过去采取的相关调控政策也有必要优化调整。2023 年，相关部门和地方采取了优化商品房限购政策、降低房贷首付比和利率下限、完善支持房企合理融资的金融政策等措施，总体起到积极效果。下一步需要根据形势变化，系统谋划相关支持政策，有效激发潜在需求，促进房地产市场平稳健康发展。

一是优化市场调控政策。 各城市房地产供求情况有较大差别，政府要用好调控自主权，以稳定市场预期、促进供需平衡为目标，因城施策进一步调整优化相关调控措施，科学编制实施住房发展规划，完善土地供应、拆迁搬迁安置等工作机制，努力稳定房地产投资和销售。

二是优化金融政策。 进一步推动城市房地产融资协调机制落地见效，对不同所有制房地产企业合理融资需求一视同仁给予支持，解决好在建项目资金需求。引导金融机构加大信贷支持力度，降低居民购买首套和改善性住房的债务负担。

三是优化财税相关政策。 更好发挥财税方面相关政策措施的引导撬动作用。有条件的地方可视情况给予适当政策优惠，降低居民购房成本。

政策传真

2023 年优化房地产调控采取了哪些措施？

1. 出台首套房"认房不认贷"政策。

2. 降低购房首付比例和房贷利率。

3. 延续实施支持居民换购住房有关个人所得税政策。

4. 降低二手房买卖中介费。

5. 因城施策调整优化房地产市场调控措施。

154. 进一步落实一揽子
化解地方债务方案

我国地方债务风险总体可控，但少数地方隐性债务规模偏高，风险不容忽视。2023年制定实施了一揽子化解地方债务方案，坚持省负总责，市县尽全力化债，"一省一策"推进风险化解。经过各方面努力，地方债务风险得到整体缓解。2024年要进一步落实一揽子化债方案，持续巩固扩展化债成果。

一是加快化解存量风险。地方政府要开源节流、多方统筹资源，努力保障债务兑付。同时，要强化配套政策支持，加快压降融资平台数量和债务规模，分类施策推进清理拖欠企业账款，切实做到实质性清欠。

二是坚决防范新的风险。对地方新增债务要严格规范，不合规、不必要、还不上的债，坚决不能借；合规的债务也要严格管理，强化资金使用监管，做好偿债计划和偿债资金安排。同时，要强化监督问责，严肃查处新增隐性债务和不实化债等违法违规行为，防止一边化债、一边新增。

三是统筹化债和发展。引导相关地方积极转变发展方式，在高质量发展中推进债务风险化解。更多在优化营商环境，改善政务服务等方面下功夫，立足资源禀赋和比较优势，积极推动产业转型升级，努力激发民间投资、更多吸引外资，积极探索打造新的经济动力源。同时，也要在财政、金融、产业政策等方面加大对困难地区的支持，帮助他们在化解债务风险中找到新的发展路径。

155. 稳妥推进中小金融机构风险处置

当前，我国金融体系运行整体稳健，绝大多数金融机构是健康的，也有少量中小金融机构风险相对较高。处置其风险要坚持化险和改革整体谋划、同步推进，重点需把握好三个方面。

第一，既要积极也要稳妥。有效处置高风险中小金融机构风险，对于保持地方金融稳定、改善营商环境、促进地方经济发展都很重要，必须下决心推动风险出清。但也要看到，剩余问题机构不少都是"硬骨头"，情况复杂，处置中必须充分考虑机构和市场承受能力，把握好力度和节奏，防止引发次生风险。

第二，分类推进、精准施策。不同类型中小金融机构差别很大，要量身定制风险处置方案。农信社风险处置涉及省级管理体制改革问题，要"一省一策"整体谋划推进。城商行个体差异大，要"一行一策"制定改革化险方案。其他中小金融机构类型多，也要"一企一策"化解风险。

第三，注重提升治理能力。在机构定位上，推动中小金融机构回归本源、立足当地、深耕主业。在公司治理上，推动中小金融机构优化股权结构，强化风险内控，健全现代金融企业治理架构，不仅要"形似"、更要"神似"，切实提升治理有效性。

((o)) 热点链接

央行金融机构评级结果显示我国金融机构整体稳健

2023 年第二季度，中国人民银行对 4364 家银行业金融机构开展央行金融机构评级。结果显示，中小银行中，67.2% 的城市商业银行评级结果较好，11.5% 的机构为高风险银行。农合机构（包括农村商业银行、农村合作银行、农村信用社）和村镇银行高风险银行数量分别为 191 家和 132 家。高风险中小银行总共 337 家，资产规模占所有参评银行的 1.72%，较 2019 年高峰期减少近一半。

156. 严厉打击非法金融活动

非法金融活动扰乱正常经济金融秩序，侵害人民群众财产安全。经过多年持续打击，非法金融活动得到有效遏制。但不少非法金融活动借助各种新技术、新手段花样翻新，隐蔽性增强。《报告》强调要严厉打击非法金融活动。要坚持标本兼治，建立健全防范打击非法金融活动协调机制，重点强化三方面工作。

一是明确职责分工。在过去分业监管的基础上，进一步拓展监管覆盖面。金融监管部门既要管持牌金融机构"有照违章"问题，也要管各类"无照驾驶"金融活动。行业主管部门应加强本行业领域管理，防止一些经营行为异化为非法金融活动。地方政府应担起属地责任，加强对辖内非法金融活动的处置和打击。

二是强化协同联动。非法金融活动往往具有跨领域、

远离非法集资

跨地区的特点，需要多方面力量齐抓共管。横向应强化金融管理、行业管理、司法、宣传等部门的协同，形成监管打击合力；纵向应强化央地联动，形成齐抓共管的良好格局。

三是壮大监管力量。强化"人防"和"技防"两方面能力，加强各级监管部门和地方政府监管队伍建设，探索运用大数据、人工智能等技术赋能监管，提升识别、分析和监测非法金融活动效能。

（二）健全风险防控长效机制

157. 加快构建房地产发展新模式

当前，我国房地产市场面临一些亟待解决的重大问题。构建房地产发展新模式是破解这些难题、推动房地产高质量发展的必然要求。总体看，新模式的建立要在多方面深化改革乃至进行系统性重塑，是一个逐步探索完善的过程。现阶段，需要重点解决好几方面问题。

一是完善住房供给体系。适应新型城镇化发展对房地产的新要求，完善"市场＋保障"的住房供给体系，满足居民刚性住房需求和多样化改善性住房需求。既要让新市民、工薪阶层和困难群体住得下、住得起，也要让居民能够通过自身努力提高居住品质。当前要以加快推进保障性住房建设、城中村改造、"平急两用"公共基础设施建设等工程为抓手，带动优化住房供给结构。

二是优化资源配置方式。注重以市场需求为基础，优化土地、资金等资源配置机制。要坚持以人定房、以房定地、以房定钱，指导地方动态评估城市人口发展趋势和相应住房需求，科学编制实施住房发展规划，促进供需精准匹配。

三是健全相关基础性制度。要针对当前房地产发展暴露出的突出问题，推动改革完善房地产企业监管、土地供给、房地产融资、商品房开发销售、住房保障等制度，促进房地产从过去的规模扩张转向集约化、均衡化发展。

158. 加大保障性住房建设和供给

经过多年努力，我国建成了世界上最大的住房保障体系，为解决城市低收入群体住房问题提供了支撑。但大城市部分工薪阶层、新市民、青年人等，既不符合享受保障性住房资格，又买不起商品房，成为住房保障新的突出问题。当前建设保障性住房，重点是解决这些"夹心层"的住房问题，在继续筹建租赁型保障性住房基础上，加大配售型房源的建设供给。

一是多渠道筹集建设房源。坚持新建和利用存量房源并重。新建保障性住房坚持"以需定建"，强化项目建设资金和用地保障，注重挖掘存量土地资源，将保障性住房优先布局在交通便利、配套齐全的区位。闲置住房较多地区，可探索通过适当方式，筹集部分存量房源用作保障性住房，推动实现资源的充分利用。

二是精心做好房源分配。各地应结合实际制定保障性住房配租配售标准和规则。优先保障低收入人群、新市民、城市引进人才等群体。配售型房源坚持保本微利的原则，通过土地、财政、金融等方面政策支持降低建设成本。

三是严格做好房源管理。对保障性住房实行全周期封闭式管理，需要退房的由政府回收回购后再分配，其中配售型住房不能转变为商品房上市流通。加强房源从分配到收回全过程监督审计，严禁个人违规对房源进行转租、转售，让房源实现循环可持续的利用，惠及真正有需要的人群。

159. 完善商品房相关基础性制度

近年来，部分房地产企业高速扩张积累的风险逐步暴露、发展模式难以为继，反映出商品房相关基础性制度亟待完善。必须结合构建房地产发展新模式和新型城镇化发展的要求，深化商品房基础性制度改革。当前需要重点完善四方面制度。

商品房相关基础性制度亟待完善

一是完善土地供给制度。过去一些城市政府土地供给主要出于增加财力考虑，导致土地供给与市场脱节、商品房供求失衡等问题。下一步要从市场需求出发，完善城市土地供给规划方面制度，强化土地与人口增长、市场需求等因素的协调联动，保持合理的供地节奏与规模。

二是完善开发制度。着力完善项目开发公司内部治理、资金管理等制度，强化其独立法人地位，加强购房资金监管，防止集团母公司的不当干预和违规抽调资金。优化建设资金拨付等方面制度，严禁项目公司违规拖欠上下游企业账款。健全建设质量监管制度，促进企业提升商品房品质。

三是完善融资制度。重点解决过去房企以总部为主体融资带来的资金流向监管难和多头融资等问题，防止企业过度加杠杆。着力健全房地产企业主体监管制度和资金监管，加强债务资金流向管理，防止企业违规挪用资金和无序扩张导致风险。

四是完善销售制度。有力有序推进现房销售。在实施上，注重统筹兼顾、稳妥有序推进，同步完善相关土地、规划、税费、金融、行政审批等配套政策，保障房地产企业稳定运营和购房人合法权益。

160. 建立同高质量发展相适应的
政府债务管理机制

地方政府适度举债，能够弥补财政资金不足，扩大有效投资，促进改善民生，为经济增长提供支撑。但是如果债务缺乏有效约束和科学管理，就容易形成风险。过去一些地方脱离发展实际，大规模举债投资，很多项目没有收到预期效益，导致风险。这与债务管理机制不健全有很大关系。

建立同高质量发展相适应的政府债务管理机制，要完善政府债务从举借到使用、归还的全周期各环节制度，促使地方摆脱过去大规模举债的粗放式发展模式，集中精力推动高质量发展，其中要特别注重加强两方面的管理。

一是加强地方政府法定债务管理。着力解决好借多少、怎么用、怎么还等问题。优化中央和地方政府债务结构，科学合理安排地方政府债务规模，统筹安排公益性项目债券，完善专项债券"借、用、管、还"全生命周期管理机制。

二是加强地方债务全方位监测监管。对债务风险看见才能管住。要建立完善全口径地方债务监测监管体系，将地方政府法定债务（包括一般债券和专项债券）、隐性债务、地方政府拖欠企业账款、地方融资平台公司债务等各类地方债务都纳入统计、监测、监管范围，推动完善防范化解风险的长效机制，防止出现变相举债、违规举债、隐匿债务等问题的出现。

161. 分类推进地方融资平台转型

从发展历程看，地方融资平台为促进地方重大经济民生项目建设发挥了一定积极作用。但有的地方以各种名目滥设平台企业、企业债务与政府债务责任不清、债务规模快速增长等问题也较为突出。在推进地方债务风险处置的同时，推动融资平台转型也势在必行。

融资平台转型的总体方向，就是要理顺政府与企业之间的关系，逐步剥离融资平台承担的政府融资职能，推动其实现真正的市场化运营。具体可以按照"三个一批"推进。

一是"转一批"。对实际承担政府融资和公益性项目建设运营职能的融资平台公司，通过兼并重组等方式整合归并其同类业务，剥离其政府融资职能后，转型为基础设施、公用事业、城市运营等领域市场化运作的企业。

二是"改一批"。对承担一定政府融资职能的其他国有企业，应促进其回归主业。首先要明确取消其政府融资职能，严禁再为政府借新债。过去为政府借的存量债务，应与企业自身经营性债务明确分开，通过适当方式妥善处置。

三是"关一批"。对只承担政府融资任务且主要依靠财政资金偿还债务的"空壳类"融资平台公司，厘清并妥善处置债务问题后，按照法定程序予以撤销。对功能重复的地方融资平台公司，引导通过市场化方式进行合并。

162. 健全金融监管体制

国家金融监管总局

（图片来源：国家金融监管总局网站）

经过多年实践和发展，我国金融监管逐步形成了以分业监管为主的体制，总体上为维护经济金融大局稳定、促进金融业健康发展发挥了重要作用，但与建设金融强国的要求还有差距，特别是在金融监管全覆盖、打击非法金融活动等方面还有不少短板。

《报告》对健全金融监管体制提出了明确要求，下一步要针对当前和未来一个时期金融监管面临的新形势、新任务，进一步完善监管制度体系、加大监管力度，不断提高金融监管有效性和金融风险防控能力。

一是拓展监管视野。坚持把所有金融活动全部纳入监管，实现金融监管全覆盖、无死角。总体上做到三个方面，即管合法更要管非法，管行业必须管风险，建立兜底监管机制，确保一切金融活动都有人看、有人管、有人负责。

二是完善监管方式。全面强化"五大监管"，即机构监管、行为监管、功能监管、穿透式监管和持续监管，提升监管科技水平，使监管手段更加适应现代金融活动特征。当前特别要督促金融机构完善治理，健全风险监测预警机制。

三是加大监管力度。坚持"长牙带刺"，加大对违法违规行为的打击力度。同时，强化"对监管的监管"，通过监督问责促进监管部门责任的落实落地，推动提高监管有效性，强化对重大金融风险的及时有效处置。

（三）加强重点领域安全能力建设

163. 完善粮食生产收储加工体系

现代化粮食仓储设施

（图片来源：人民网）

粮食从田间地头走向餐桌，需要经过生产、收购、储存、加工、销售等多个环节，哪个环节出问题，都会影响粮食安全的成色。所以，要想把粮食安全系数打得更高一些，不仅要种出来，还要加强全链条、各环节统筹。2024年将在确保粮食稳产增产的基础上，坚持问题导向，突出加强三个环节的工作。

储备环节，重点是加强仓储设施建设。"仓廪实，天下安。"守好大国粮仓，才能端牢饭碗。目前我国部分地区仓容不足，有的粮库建设存在安全隐患。2024 年将进一步加强现代化粮食仓储设施建设，改造提升现有仓容，提高粮食储备能力和安全水平，做到关键时刻储备粮调得出、用得上。

加工流通环节，重点是加强应急保供。粮食是刚需品，常态要稳供，应急要保供。紧急状态下如果加工调运不及时，就可能脱销断档。2024 年将加强应急保障能力建设，补上跨区调运、加工配送等短板，畅通流通"主动脉"和供应"微循环"，守护好千家万户"粮袋子"。

消费环节，重点是加强节粮减损。节粮就是增产，减损也是增效。现在我国在餐饮环节每年浪费不少食物。把节粮减损这块"无形良田"耕种好，潜力巨大。2024 年将持续深入开展"光盘行动"，治理"餐桌上的浪费"，让节约粮食在全社会蔚然成风。

164. 推进国家水网建设

水是生命之源、生态之基、生产之要。水资源总体短缺且时空分布不均，夏汛冬枯，北缺南丰，水旱灾害频发，是我国的基本水情。解决好水资源问题，重在连通成网、全国一体，实现时间上跨季调节、以丰补枯，空间上南北调配、东西互济。2024 年将坚持"纲、目、结"三位一体，扎实推进国家水网建设。

一是构建国家水网之"纲"。"纲"主要指大江大河大湖自然水系、重大引调水工程和骨干输排水通道。长河泱泱，利泽万方。像南水北调东中线一期工程累计调水量超过 700 亿立方米，1.76 亿人受益，有效发挥了主骨架和大动脉作用。2024 年将加快推进南水北调后续工程高质量发展，科学推进一批重大引调排水工程规划建设，优化水资源配置格局。

二是织密国家水网之"目"。"目"主要指区域性河湖水系和供水渠道。织网江河，治水惠民。我国中小河湖星罗棋布，但不少区域水系连通性差。2024年将大力推进重点区域河湖水系连通和引调排水工程建设，加快形成城乡一体、互联互通的省市县水网体系。

南水北调中线工程的"水龙头"——陶岔渠首枢纽工程

（图片来源：人民网）

三是打牢国家水网之"结"。"结"主要指具有控制性功能的水利枢纽、水源工程等。把结打牢，防洪、灌溉、供水、航运等就更有保障。2024年将推进控制性调蓄工程和重点水源工程建设，加快重要蓄滞洪区建设，加强流域水工程联合调度，提升水资源调控能力。

165. 强化能源资源安全保障

我国作为世界第二大经济体和最大的制造业国家，保持能源资源的稳定充足供应具有极为重要的意义。近年来，我国能源资源保障能力持续增强，但一些品种对外依存度仍然较高，保障稳定供应的压力较大。当前国际形势复杂多变，强化能源资源安全保障能力建设十分必要而紧迫。应坚持"开源"和"储备"并重，进一步加强风险管理，把能源资源安全主动权牢牢握在自己手里。

页岩油勘探

（图片来源：新华社）

一是积极扩大能源资源供给来源。充分用好国内国际两个市场、两种资源，增加重要能源资源的供给。我国地质勘探精度较发达国家还有较大差距，发掘更多资源矿藏仍有潜力，应进一步加大国内油气、战略性矿产资源勘探开发力度，推进增储上产。同时，深化国际合作，提升油气进口保障能力。

二是加快构建大国储备体系。储备体系在调节市场供给和应对风险冲击中往往能发挥"定海神针"的作用。我国储备体系建设还有很大提升空间，应进一步加强重点储备设施和储备基地建设，优化储品种、规模和结构布局，更好发挥商业储备作用，抓好储备管理运营和安全防护，提升储备体系的现代化水平。

三是强化价格调控和风险管理。重要能源资源是大宗商品，对价格变化十分敏感。应持续抓好市场价格监管，推动金融机构强化风险管理服务，帮助企业合理对冲价格波动风险。

八

坚持不懈抓好"三农"工作
扎实推进乡村全面振兴

习近平总书记强调，强国必先强农，农强方能国强。经过接续奋斗，我国农业农村发展取得历史性成就、发生历史性变革。但由于基础薄弱，农业农村仍然是我国现代化建设的短板。推进中国式现代化，必须坚持不懈夯实农业基础，推进乡村全面振兴。当前和今后一个时期，"三农"工作将锚定建设农业强国目标，学习运用"千万工程"经验，推动乡村全面振兴不断取得实质性进展、阶段性成果。2024年重点是围绕"两确保"（确保国家粮食安全、确保不发生规模性返贫）、"三提升"（提升乡村产业发展水平、提升乡村建设水平、提升乡村治理水平）、"两强化"（强化科技和改革双轮驱动、强化农民增收举措），扎实推进农业农村各项工作。

166. 学习运用"千村示范、万村整治"工程经验

"千村示范、万村整治"工程是习近平总书记在浙江工作时亲自谋划、亲自部署、亲自推动的一项重大决策。"千万工程"从农村环境整治入手，选择 1 万个左右行政村全面整治，把其中 1000 个左右中心村建成全面小康示范村。20 多年来，经过不懈努力，"千万工程"由点及面、迭代升级，造就了万千美丽乡村，造福了万千农民群众，创造了推进乡村全面振兴的成功经验和实践范例。

浙江的美丽乡村

"千万工程"在实践中形成了一套系统成熟、行之有效的发展理念、工作方法和推进机制。比如，从农民群众期盼中找准工作出发点

和落脚点，从实际出发想问题、作决策、办事情，坚持系统观念推动城乡融合发展，精准务实培育壮大乡村富民产业，突出抓基层、强基础、固基本工作导向，锚定目标真抓实干、一张蓝图绘到底，等等。这些经验各个地方都可学可鉴、长期管用。

当前，"三农"工作重心已历史性转移到乡村振兴上来。推进乡村产业、人才、文化、生态、组织"五个振兴"，每一方面都能在"千万工程"经验中找到参考、得到启示。学习运用"千万工程"经验，有需要、有条件，水到渠成、正当其时。我国农村千差万别、发展水平有高有低，学习运用"千万工程"经验，不能简单照搬照抄，要从实际出发找准切入点和突破口，做到因地制宜、分类施策，循序渐进、久久为功。

热点链接

"千万工程"获联合国"地球卫士奖"

2018 年 9 月 27 日，浙江"千村示范、万村整治"工程获得联合国"地球卫士奖"中的"激励与行动奖"。浙江受奖团之一的湖州市安吉县递铺镇鲁家村村民裘丽琴，说起浙江乡村变迁时很动情："我是一名家庭主妇，过去每天要提着重重的污水桶，走到很远的地方倒掉。现在管网接到了家里，我再也不用倒污水，村子也变得更美了。感谢'千万工程'让我的生活更幸福！"

（资料来源：《人民日报》）

（一）加强粮食和重要农产品稳产保供

167. 推动大面积提高粮食单产

我国粮食单产变化图（1978—2023 年）（单位：斤／亩）

（数据来源：国家统计局）

　　我国耕地就那么多，实现粮食在现有高基数上再增产，潜力主要在提高单产。解决种粮比较效益低、粮食国际竞争力低等问题，根本出路也在提高单产。目前我国粮食单产与世界先进水平还有不小差距，差距就是潜力。2024 年将扎实推进新一轮千亿斤粮食产能提升行动，实施粮食单产提升工程，把小麦、玉米、大豆等主要农作物单产水平普遍、均衡地向上提。突出抓好三方面工作。

一是加大技术攻关。 重点是汇聚育种、栽培、植保、土肥、农机、防灾减灾等多方创新资源，强化科研协同攻关，持续提供优良新品种、高性能农机等先进适用技术，让种粮挑上科技"金扁担"。

二是强化要素协同。 单产提升是地、水、种、肥、药、机等多种要素协同作用的结果。试验田单产高而大田低，主要原因就在于试验田要素齐全且匹配度好，而大田容易受到水肥调控、病虫害防治等短板制约。大面积提高单产，重点是立足现有良田、良种、良法、良机、良制，针对不同地区不同作物，拿出"五良"融合集成应用方案，建立"多技术集成、大面积普及"新模式。

三是分类做好服务。 小农户仍是现阶段我国粮油生产的基本面，他们种植规模小，对新技术新模式敏感性弱。家庭农场、合作社等新型规模经营主体是粮油生产的生力军。将引导各类社会化服务组织走进田间地头，主动靠前服务，帮助各类经营主体提高单产。

168. 健全种粮农民收益保障机制

种粮农民的"钱袋子"连着国家的"粮袋子"，种粮能挣钱，粮食才安全。2023 年以来，受国际国内多种因素影响，国内粮食价格出现回落。为保障种粮收益，2024 年国家将打出一套政策组合拳。

一是提高小麦和早籼稻最低收购价。 最低收购价和临时收储政策是激励粮食生产的重要政策。国家划出价格底线，当粮食市场价格持续低于这一价格时，国家启动收购，避免谷贱伤农。2024 年国家将小麦和早籼稻的最低收购价各提高 1 分钱，就是为了稳定农民收益预期。

二是强化种粮补贴。2024 年继续实施耕地地力保护补贴、农机购置与应用补贴和玉米大豆生产者补贴、稻谷补贴政策，完善农资保供稳价应对机制，鼓励地方探索建立与农资价格上涨幅度挂钩的动态补贴办法，增收益和降成本并举，让种粮"有利可图"。

三是推动农业保险加力扩面。农业保险是分散生产经营风险的"保障伞"。2024 年中央财政农业保险保费补贴安排 545 亿元、增长18.7%。完全成本保险和种植收入保险是保障种粮基本收益的主要险种，2024 年将扩大政策实施范围，三大主粮从 2023 年在产粮大县实施扩大至全国，大豆有序扩大试点覆盖面。价格、补贴、保险等多措并举，让丰收农民获得真金白银回报，保护和调动他们多种粮、种好粮的积极性。

169. 完善主产区利益补偿机制

主产区是粮食生产的压舱石，贡献了全国近 80% 的粮食产量，但产粮大县往往是经济弱县、财政穷县。2024 年国家将继续健全主产区利益补偿机制，让主产区重农抓粮得实惠、有干头。

一是强化产粮大县政策支持。扩大产粮大县奖励资金规模，强化多产粮多奖励的正向激励。取消对产粮大县高标准农田建设资金配套要求，减轻财政负担。实施产粮大县公共服务能力提升行动，2024 年将在 5 个粮食调出量大的主产省开展试点，筑牢粮食安全的民生基底。

二是推动产销区横向利益补偿。统筹考虑粮食生产、流通、消费等因素，合理确定主产区"贡献度"和主销区"受益度"，探索建立粮食产销区省际横向利益补偿机制。2024 年将力争迈出实质性步伐。

三是支持主产区发展精深加工业。发挥主产区粮食资源丰富优势，支持发展精深加工、延长产业链，通过田间连车间，促进资源就地就近转化增值，实现粮食生产、加工协同发展，把农业建成现代化大产业。加大对农产品加工企业用地、财税、金融等支持，加快培育大型企业集团。支持主产区开发食品、饲料等多样化产品，把"大粮仓"变成"大厨房"，加快兴县富民步伐。

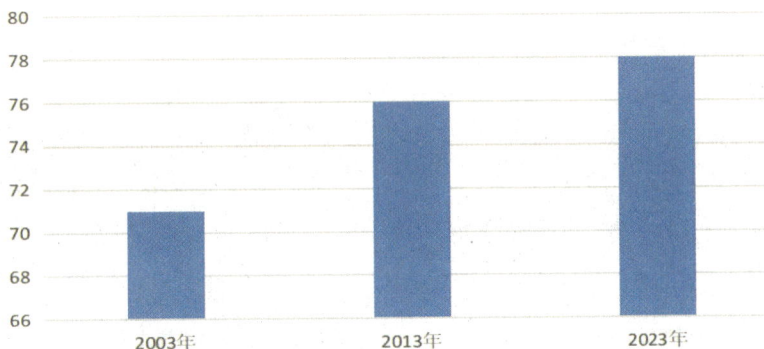

13 个粮食主产区粮食产量贡献图（单位：%）

（数据来源：国家统计局）

170. 巩固大豆扩种成果

大豆连着老百姓的菜篮子、油瓶子，必须保障其稳定安全供给。2022 年，国家启动实施大豆和油料产能提升工程。2023 年全国大豆种植面积达到 1.57 亿亩，比 2021 年增加近 3100 万亩，产量达到 2084 万吨，创历史新高。但由于国际大豆价格下跌传导、国产大豆竞争力不强等原因，出现了大豆价格下跌、局部地区卖难等问题。2024 年将稳面积、提单产、畅循环并举，巩固大豆扩种成果。

稳面积关键是调动农民种豆积极性。 2024 年将扩大大豆完全成本保险和种植收入保险实施范围，一些主产省份提高了大豆生产者补贴标准，释放了支持种豆的信号。区域上重点是推动东北总体稳定，对部分产区适当调减面积；同时促进黄淮海恢复性增加、西南西北挖潜力，引导适宜地区发展大豆玉米带状复合种植。

长势良好的大豆

提单产重在集成推广可行良种良法。这是提高国产大豆竞争力、巩固扩种成果的关键变量。2024 年将启动实施大豆单产提升工程，集成推广高产品种、大垄密植等良种良法，打造好 100 个大豆单产提升整建制推进县，示范带动大面积均衡增产。

畅循环主要是促进产储加销各环节顺畅衔接。2024 年重点是支持东北发展大豆全产业链加工，打造食品和饲料产业集群，促进就近就地加工转化增值。同时开展"减油增豆"科普宣传，提高城乡居民豆制品摄入量，实现增消费与促健康双赢。

171. 稳定畜牧业、渔业生产能力

肉蛋奶、鱼虾贝等是基本民生商品，一头连着千家万户的"菜篮子"，一头连着广大农民的"钱袋子"。要实现供应足、价格稳，就必须保持畜牧业和渔业产能总体稳定。2023年畜禽产品价格普遍走低，部分养殖场户陷入亏损，这就容易导致能繁母猪等基础产能受损，影响保供稳价。2024年将着力在稳定生产能力上下功夫，防止大起大落。

稳定畜牧业生产能力，重点是坚持调控、防疫、服务等多方发力。**一是优化调控**。加强市场监测预警，综合采取补贴、信贷、保险等政策措施，合理引导生产和市场预期。2024年有关部门修订了生猪产能调控实施方案，目的就是更好发挥市场供求"信号灯"作用，引导养殖场户及时优化调整产能。**二是防控疫病**。动物疫病对生产影响大，将突出抓好非洲猪瘟等动物疫病常态化防控，为稳定生产能力保驾护航。**三是优化服务**。中小养殖场户仍是不可或缺的养殖主体，将完善用地、环保、贷款等支持政策，加强技术指导服务，提高养殖现代化水平。

稳定渔业生产能力，关键是在保护好生态环境的前提下，把能用的渔业资源用好。稳定养殖水域面积，取消不合理的禁养限养措施。加快推进深远海养殖，积极拓展渔业发展空间。养护好水生生物资源，推进长江十年禁渔、严厉打击各类非法捕捞行为。

📑 政策传真

为更好适应生猪稳产保供的新情况新要求、精准调控能繁母猪存栏量，2024年初农业农村部印发《生猪产能调控实施方案（2024年修订）》，将全国能繁母猪正常保有量目标从4100万头调整为3900万头，将能繁母猪存栏量正常波动（绿色区域）下限从正常保有量的95%调整为92%。

172. 发展现代设施农业

高端日光温室种植新品种番茄

（图片来源：人民网）

现代设施农业集新型材料、智能控制等先进技术装备于一体，为动植物生长提供相对可控的环境条件，一定程度上突破了对自然条件的依赖，实现"时不分四季、地不分南北"，能大幅提高农业生产效率。据测算，1亩高端日光温室蔬菜年产量相当于露地产量的5—8倍。2024年将推进设施农业现代化提升行动，主要在三个方面着力。

一是推进设施升级。我国设施农业装备总体较为落后，比如中小拱棚和塑料大棚等面积占设施种植业的70%以上。2024年将集中连片推进老旧设施改造和提档升级，提高生产标准化、绿色化水平。推进池塘标准化改造。加快发展智慧农业，推动规模化农场（牧场、渔场）数字化升级。

二是拓展生产空间。在保护生态和深度节水的前提下，支持西北寒旱地区和戈壁地区发展现代设施蔬菜产业。养殖用地不足是养殖业的瓶颈制约，将因地制宜发展智能化楼房养猪、家禽叠层笼养等立体养殖模式，加快发展少占地的工厂化循环水养殖，建设深远海智能化养殖渔场。

三是补齐物流短板。物流畅通能有效减少"菜篮子"产品产后损失和流通环节浪费。将支持区域性预冷烘干、储藏保鲜、鲜切包装等初加工设施建设，实施农产品仓储保鲜冷链物流设施建设工程，支持建设田头冷藏保鲜设施、产地冷链集配中心，促进"菜篮子"产品在货畅其流中减损失、保品质、增效益。

173. 支持节水农业、旱作农业发展

利用喷灌设施灌溉

（图片来源：新华社）

农业是用水大户，农业用水量占全国用水总量的 60% 以上。当前农业灌溉用水效率总体还不高，高效节水灌溉面积占比仅为 30%。缺水是制约农业发展的突出瓶颈，必须在节水上做文章，大力推进节水农业、旱作农业发展。

强化工程节水。现在农田灌溉设施建设还有不少短板，一些灌区沟渠淤塞萎缩、泵站年久失修。将推进灌区末级渠系节水改造和田间工程配套，加强运行管护，减少"最后一千米"的"跑冒滴漏"。

推进农艺节水。近年来，各地水资源刚性约束越来越紧，将坚持以水定产，因地制宜调整农作物种植结构，让高耗水作物减下来、节水作物多起来。推广滴灌、喷灌和水肥一体化等高效节水灌溉技术，让浇地变成浇作物。

深化改革节水。水价是撬动节水的"杠杆"。节水有奖励、超额要加价，就会促进农民"精打细算"搞浇灌。2024 年将持续深化农业水价综合改革，探索建立农业节水精准补贴奖励机制，提高灌溉用水效率。

我国旱地占耕地面积的近一半。由于缺乏灌溉条件，这些旱地基本是"望天收"，有收无收看下不下雨、收多收少看下多大雨。近年来，一些地方探索建设集雨水窖和移动灌溉设备、采用耕地起垄覆膜，实现了集雨保墒，探索了旱作农业发展模式。2024 年将继续因地制宜集成推广一批旱作农业技术和模式，提高旱地"天上来水"利用率。

174. 加大种业振兴力度

我国是大豆、小米等农作物的发源地，还培育出杂交水稻等具有世界影响力的优质品种。但目前我国种业发展水平与发达国家相比还存在差距，个别品种对外依存度较高。2021 年，我国启动实施种业振兴行动，已经取得一批成果，像自主培育出的 3 个白羽肉鸡新品种，打破了此前完全依赖进口的局面。2024 年将继续在四个方面加大工作力度。

（图片来源：新华社）

一是加力抓种质资源。没有优异的种质资源，再先进的技术也难以凭空育出新的优良品种。将推进种质资源精准鉴定和共享利用，筛选挖掘大豆、玉米等优异种质和基因资源，夯实育种创新物质基础。

二是加力抓创新攻关。现在生产中急需高油高产大豆、短生育期油菜、耐盐碱作物等品种，将深入实施农业生物育种重大项目，扎实推进国家育种联合攻关和畜禽遗传改良计划，加快选育一批生产急需的优良品种。

三是加力抓种业基地。2024年将加强育种制种基地建设，深入实施现代种业提升工程和制种大县奖励政策，建设南繁硅谷、黑龙江大豆等国家级种业基地，新遴选一批制种大县等，健全良种繁育和应急保障体系，更好支持种业发展。

四是加力抓企业扶优。企业是创新的主体，将加大对种业企业的政策扶持，支持和引导创新要素向企业集聚，加强种业知识产权保护，严厉打击假冒伪劣、套牌侵权等违法行为，打造一批有竞争力的种业领军企业。

175. 加大农业关键核心技术攻关力度

建设农业强国,利器在科技。近年来,我国农业科技创新稳步推进,2023 年农业科技进步贡献率超过 63%,但部分关键核心技术仍然受制于人。实现关键核心技术自主可控,才能更好端牢 14 亿多人的饭碗。2024 年将进一步突出应用导向,强化自主创新,加大农业关键核心技术攻关力度,加快实现高水平农业科技自立自强,支撑和引领农业新质生产力发展。

推进协同创新。我国农业科研力量并不少,既有"国家队",也有"省队"、"市县队",但也存在各自为战、低水平重复等问题。将发挥新型举国体制优势,整合各级各类优势科研资源,构建梯次分明、分工协作、适度竞争的农业科技创新体系。

聚焦产业需求。开展农业关键核心技术攻关,不能简单追求高大上、高精尖。将坚持从解决产业实际问题出发,集中力量办好农业发展最急需的事,加快形成一批具有自主知识产权的核心技术产品。

抓好成果转化。再好的技术得不到推广应用,也体现不出实际价值。将建立产学研用紧密结合的实施机制,打通技术突破、产品创制、示范应用、产业发展的实现路径,推动创新链与产业链深度融合,加速把科技成果转化为现实生产力。

176. 实施农机装备补短板行动

从面朝黄土背朝天到三大主粮机械化率不断提高,近些年我国农业机械化发展取得长足进步。但对标农业现代化需要和国际先进水平,我国农机装备仍有不少差距,一些领域和环节"无机可用"、"无好机用"

问题仍然突出。像 250 马力以上大型农机大部分来自进口，丘陵山区农作物耕种收综合机械化率比全国平均水平低 20 个百分点，粮食烘干、仓储、加工等产后环节机械化率低，国产农机稳定性、可靠性也亟待提高。2024 年将着眼农业急需、农民急用，持续加大农机装备补短板力度。

大型农机收获现场

（图片来源：人民网）

聚焦"一大一小"加智能化方向攻关。"一大"，重点是推动大马力机械迭代升级，进一步缩小与发达国家产品的差距；"一小"，重点是加大丘陵山区农机等轻简型适用机具研发攻关，扩大应用市场空间；智能化，重点是推进智能关键部件攻关，加快实现自主可控。

加强重点农机装备推广应用。围绕大面积提升单产、农业防灾减灾等重点领域，加力推进高性能精量播种机、轻简型玉米收获机、移动式烘干机等急需急用农机装备研发应用。推进农田宜机化改造。

强化农机装备服务保障。加快建设一批平急两用区域农机社会化服务中心。推广宜机化品种和种植模式。完善农机购置与应用补贴政策，开辟急需使用农机鉴定"绿色通道"。做好关键农时农机调度服务。

177. 完善耕地占补平衡制度

"谷非地不生"，耕地是粮食生产的命根子。我国人多地少，保护耕地就是保护 14 亿多人的"生命线"。我国从 1997 年开始实行占用耕地与开发、复垦挂钩政策，为保护耕地发挥了重要作用。但实施过程中也出现占多补少、占优补劣等问题，耕地占补平衡制度亟待完善。2024 年将以"三区三线"划定成果为基础，全面落实耕地总量动态平衡，健全占补平衡新机制，采取"长牙齿"的硬措施，确保可长期稳定利用的耕地不减少，各类占用的耕地都能得到有效补充。重点从三个方面完善耕地占补平衡制度。

一是"以补定占"。将省域内稳定利用耕地净增加量作为下年度非农建设允许占用耕地规模上限。通俗讲，就是一个省今年有净增耕地，明年非农建设才有占用耕地指标，且指标不得超过净增面积。

二是"小占补"变为"大占补"。将以往仅对非农建设占用耕地的占补平衡要求，扩展到对各类占用耕地行为，比如造林种树等占用耕地，也要占补平衡。

三是推进"占优补优"。进一步健全补充耕地质量验收制度，完善后续管护和再评价机制。验收时强化部门联合评定，验收后强化"回头看"、再评价，促进补充耕地培肥管护、持续提质、可长期稳定利用。

🧑 政策传真

耕地占补平衡政策脉络

时间	内容	文件、法规
1997 年	实行占用耕地与开发、复垦挂钩政策	《中共中央、国务院关于进一步加强土地管理切实保护耕地的通知》
1998 年	国家实行占用耕地补偿制度，提出"占多少、垦多少"的原则	《土地管理法》
1999 年	提出耕地占补平衡责任	《土地管理法实施条例》
2016 年	落实和完善耕地占补平衡制度，坚决防止占多补少、占优补劣、占水田补旱地，严禁毁林开垦	2016 年中央一号文件
2017 年	完善耕地占补平衡责任落实机制，规范省域内补充耕地指标调剂管理	《中共中央、国务院关于加强耕地保护和改进占补平衡的意见》
2021 年	加强和改进建设占用耕地占补平衡管理，严格新增耕地核实认定和监管	2021 年中央一号文件
2022 年	落实和完善耕地占补平衡政策，建立补充耕地立项、实施、验收、管护全程监管机制，确保补充可长期稳定利用的耕地，实现补充耕地产能与所占耕地相当。改进跨省域补充耕地国家统筹管理办法	2022 年中央一号文件
2023 年	严格耕地占补平衡管理，实行部门联合开展补充耕地验收评定和"市县审核、省级复核、社会监督"机制，确保补充的耕地数量相等、质量相当、产能不降	2023 年中央一号文件
2024 年	改革完善耕地占补平衡制度，坚持"以补定占"，将省域内稳定利用耕地净增加量作为下年度非农建设允许占用耕地规模上限。健全补充耕地质量验收制度，完善后续管护和再评价机制	2024 年中央一号文件

178. 加强黑土地保护和盐碱地综合治理

"一两黑土二两油"。黑土地是地球上稀有的肥沃土壤资源，是"耕地中的大熊猫"，对保障我国粮食安全具有不可替代的重要作用。近年来，受生态环境、长期不合理耕作方式等因素影响，黑土耕地变薄、变瘦、变硬、流失等问题凸显。加强黑土地保护，2024 年将突出做好两方面工作：一个是修复好。深入实施黑土地保护工程，实施保护性耕作 1 亿亩、有机肥深翻还田 2000 万亩，结合高标准农田建设完善农田基础设施，进一步做好侵蚀沟治理等。另一个是保护好。优化调整黑土地保护范围，强化国土空间规划对黑土耕地的特殊管控，从严约束城乡建设无序蔓延对黑土耕地侵蚀，严厉打击破坏黑土行为。

📱 政策传真

《中华人民共和国黑土地保护法》相关规定

第二十条 任何组织和个人不得破坏黑土地资源和生态环境。禁止盗挖、滥挖和非法买卖黑土。

第三十二条 盗挖、滥挖黑土的，依照土地管理等有关法律法规的规定从重处罚。非法出售黑土的，……没收非法出售的黑土和违法所得，并处每立方米五百元以上五千元以下罚款；明知是非法出售的黑土而购买的，没收非法购买的黑土，并处货值金额一倍以上三倍以下罚款。

盐碱地是指含盐量超过 0.1% 的土壤，不利于一般农作物生长。"盐碱地里种庄稼，十年九不收。"说的就是这个情况。我国盐碱地面积大、类型多、分布广，部分地区耕地盐碱化趋势加剧，2024 年将从"地"和"种"双向发力。"地"，主要是加强耕地盐碱化防治，分区分类开展盐碱耕地治理改良示范，开展盐碱地综合利用试点。"种"，主要是加快选育耐盐碱特色品种，配套完善耐盐碱作物栽培体系。通过"以种适地""以地适种"，努力解好盐碱地治理利用这道全球性难题。

179. 推进高标准农田建设

良田沃土好打粮。建设适宜耕作、旱涝保收、高产稳产的高标准农田，是夯实国家粮食安全根基的关键举措。2013 年、2021 年，国家先后发布实施了两个高标准农田建设规划。党的二十大提出，要逐步把永久基本农田全部建成高标准农田。2024 年推进高标准农田建设将重点把握四个方面。

高标准农田

一是明确优先序。先易后难，优先把东北黑土地区、平原地区、具备水利灌溉条件地区的永久基本农田建成高标准农田。对不具备条件的暂缓建设，防止脱离实际、急于求成。

二是加大投入。大幅提高中央和省级投入水平，取消各地对产粮大县资金配套要求。增发国债项目亩均投资补助标准从 1500 元左右提高到 2400 元左右。通过加大投入，促进建设达标，确保建一块、成一块。

三是产能导向。衡量高标准农田建设成效，关键还是看耕地产能是否真正提升。将坚持以产能提升为导向，提高建设质量和成效，工程验收、建后监管都将严格核查产能达标情况。

四是监管维护。高标准农田"三分建七分管"。如果建成没几年就损坏，既浪费大量财力物力人力，更影响粮食安全大局。2024 年将加强高标准农田建设全过程监管，鼓励农村集体经济组织、新型农业经营主体、农户等直接参与管护。

180. 各地区都要扛起保障国家
粮食安全责任

从"苏湖熟、天下足"到"湖广熟、天下足"，历史上我国粮食主产区多在南方。但受耕地数量变化等多种因素影响，到 21 世纪初南粮北运变成了北粮南运，而且这些年粮食生产向北方主产省集中的趋势愈发明显。2023 年，全国粮食产量前 7 名的省份（黑龙江、河南、山东、吉林、安徽、内蒙古、河北）主要是北方省份，七省产量合计占全国 52%，而 2000 年只有 39.8%。粮食生产过度集中不仅加剧北方地区缺水压力，而且会给粮食安全带来风险隐患，必须有力有效应对。

党中央要求，饭碗要一起端、责任要一起扛，保障粮食安全各地都有责任。粮食安全实行党政同责，不管是主产区，还是主销区、产销平衡区，书记省长都要对本地区的"米袋子"负责。要负耕地保护的责，确保本行政区域内耕地和永久基本农田总量不减少、质量有提高。要负粮食生产的责，主产区、主销区、产销平衡区都应当保面积、保产量，主产区要提高粮食综合生产能力，主销区要稳定和提高粮食自给率，产销平衡区要确保粮食基本自给。另外，随着极端天气增多，灾害对农业的威胁越来越大，各地必须树牢底线思维、极限思维，把灾害风险估计得更充分一些，把安全系数打得更高一些，做到科学防灾、有效减灾、积极救灾，牢牢掌握抗灾夺丰收主动权。

政策传真

《中华人民共和国粮食安全保障法》第二十六条

国家采取措施稳定粮食播种面积，合理布局粮食生产，粮食主产区、主销区、产销平衡区都应当保面积、保产量。

粮食主产区应当不断提高粮食综合生产能力，粮食主销区应当稳定和提高粮食自给率，粮食产销平衡区应当确保粮食基本自给。

181. 践行好大农业观、大食物观

农业不仅是种植养殖，农产品加工流通、休闲农业也是农业。"吃饭"也不仅仅是大米白面，肉蛋奶、果菜鱼、菌菇笋等样样都是美食。我国除了有限的耕地，还有 40 多亿亩林地、近 40 亿亩草地和大量的江河湖海等资源。要打开思路、转变观念，践行好大农业观、大食物观，开发多样化资源，打造现代化大农业。2024 年将重点做好拓展、统筹、延伸三篇文章。

大食物观

拓展，重点是从耕地资源向整个国土空间拓展。在保护生态前提下，向森林、草原、江河湖海要食物，向植物、动物、微生物要热量要蛋白。各地资源禀赋不同，可以发挥各自比较优势，发展林下种养、戈壁农业，建设植物工厂，构建粮经饲统筹、农林牧渔结合、植物动物微生物并举的食物供给格局。

统筹，重点是统筹抓好粮食安全和其他重要农产品安全供给。在保障好粮食安全的同时，抓好棉花、橡胶等重要农产品的生产供给，稳定黄河流域和长江流域棉区，加快天然橡胶老旧胶园更新改造。

延伸，重点是促进农业产业链延伸。补上产地加工、保鲜储运、品牌营销等短板，着力延长农业产业链。依托农业农村资源，开发多种功能、挖掘多元价值，向一二三产业融合发展要效益。

（二）毫不放松巩固拓展
脱贫攻坚成果

182. 加强防止返贫监测和帮扶工作

通过"一键报贫"系统，点点手机就能申报帮扶……打赢脱贫攻坚战后，一项很重要的工作就是通过加强监测和帮扶消除脱贫群众因病、因灾、因意外事故等返贫风险。截至2023年底，超六成监测对象已消除返贫风险，其余监测对象也落实了帮扶措施，防止返贫监测和帮扶机制为守住不发生规模性返贫底线上了一道"保险锁"。

当前脱贫群众返贫风险客观存在，各地又面临乡村振兴机构改革等新情况，需要进一步压紧压实责任，强化监测帮扶机制落实。监测重在提高灵敏度，将持续开展返贫风险排查，及早发现、简化程序，加强跨部门信息整合共享，及时将有返贫致贫风险的人口纳入监测系统。加强农村高额医疗费用负担患者监测预警，促进及时落实医疗保障和救助政策。帮扶重在提高精准度，将根据家庭成员劳动能力和发展需求，因人因户落实帮扶措施。对义务教育、住房安全、饮水安全等风险，及时实施针对性帮扶，尽快消除风险。对有劳动能力、有意愿的监测户，至少落实一项产业就业等开发式帮扶措施；对符合条件的无劳动能力监测户，做好兜底保障。对存在因灾返贫风险的农户，符合政策规定的可先行落实帮扶措施。2024年是巩固拓展脱贫攻坚成果同乡村振兴有效衔接五年过渡期的第四年，将研究推动防止返贫政策和农村低收入人口常态化帮扶政策衔接并轨，让脱贫成果更加稳固、成效更可持续。

183. 支持脱贫地区发展特色优势产业

云南省怒江草果产业

　　贵州的刺梨、广西的脆蜜金橘、云南的蓝莓……越来越多来自脱贫地区的特色农产品走进千家万户，许多脱贫群众因此得以增收致富。但脱贫地区产业发展总体仍然偏"小散弱"，大量特色优势资源还有待"变现"。同时受多种因素影响，近年来脱贫地区特色产业发展出现分化，有的在市场竞争中做大做强，有的则经营困难、难以维持。2024 年中央财政衔接推进乡村振兴补助资金总量增加，用于产业发展的比例保持总体稳定，将强化资金项目绩效管理，分类推动产业提质增效、可持续发展。

巩固一批。对于市场前景广、链条较完备的特色产业，重点支持研发新技术新产品，拓宽销售渠道，积极扩大新的市场，打造区域公共品牌，巩固良好发展势头，促进更多特色优势资源"变现"。

升级一批。对于资源有支撑、发展有基础、但效益有待提升的特色产业，重点加快补上技术、设施等产业发展短板，强链补链延链，加强产销衔接和消费帮扶，让脱贫群众更多分享产业链增值收益。

盘活一批。对于暂时出现经营困难或发展停滞的特色产业，采取租金减免、就业奖补、金融信贷等措施，支持纾困发展。同时积极引入有意愿、有能力的投资者，着力盘活闲置低效经营性项目资产。

调整一批。对于确实难以为继、起不到带动作用的帮扶产业项目，要及时调整，立足实际发展新的有市场、有潜力的适宜产业，同时妥善解决遗留问题。

184. 推进防止返贫就业攻坚行动

就业有门路，收入有保障。就业务工是脱贫群众最主要的收入来源。2023年，我国脱贫劳动力就业规模超过3300万人，脱贫地区农村居民工资性收入6068元，对收入增长的贡献率达43.4%。当前城镇务工的稳岗压力较大，乡村就业的容量质量还需提升，让脱贫人口稳定就业仍需付出加倍努力。2024年将深入开展防止返贫就业攻坚行动，确保脱贫劳动力务工就业规模稳定在3000万人以上。

拓宽外出就业渠道。外出务工工资更高，也能开拓视野、增强历练，一些脱贫群众希望走出大山、进城务工。工作重点是继续开展点对点帮扶、全链条服务，做好有组织的劳务输出，加强公共就业服务，更好帮助在外务工的脱贫劳动力稳定就业、融入城市。

促进就地就近就业。现在越来越多脱贫劳动力希望在家门口找到工作，挣钱顾家两不误。2024 年将着力支持脱贫地区发展就业容量大的县域产业，统筹用好乡村公益性岗位，扩大以工代赈规模，让更多人在家门口就有钱赚。

提高就业技能本领。一些脱贫群众工资低、就业难，难就难在就业本领相对较弱。2024 年将继续实施乡村工匠培育工程，培育脱贫地区特色劳务品牌，分类采取订单式培养、以工代训等方式，帮助脱贫劳动力长技能、强本领、就好业。

▶▶▶ 典型案例

30 个脱贫地区特色劳务品牌

河北：巨鹿金银花产业人	山西：榆社古建工匠	内蒙古：巴林左旗笤帚工	辽宁：朝阳油田钻井工	吉林：大安指尖草巧手
黑龙江：桦川朝鲜族特色美食技师	安徽：绩溪金徽厨	福建：长汀河田鸡倌	江西：都昌新牙匠	江西：南康木匠
山东：曹县电商	河南：平舆防水工匠	河南：睢县制鞋工	湖北：恩施一红一绿制茶师	湖南：安仁建筑工匠
广西：桂林米粉师傅	海南：文昌鸡师傅	重庆：巴渝大嫂	四川：绸都丝妹	贵州：正安吉他工匠
云南：普洱咖啡工	西藏：拉萨甜茶（藏面）制作师	陕西：西岐面食制作技艺师	陕西：紫阳修脚师	陕西：旬阳建工
甘肃：静宁果农	甘肃：礼贤妹	青海：化隆拉面匠	宁夏：西吉绣女	新疆：新和加依嘉音手工乐器制作师

（资料来源：2023 年全国劳务协作暨劳务品牌发展大会）

185. 强化易地搬迁后续帮扶

为解决一方水土养不好一方人问题，脱贫攻坚期间，我国实施了易地扶贫搬迁，960多万脱贫群众搬入新家园。但搬出来之后，青年就业、小孩上学、老人看病怎么办？如何适应新社区新生活？摆在搬迁群众面前的，是一个个必须仔细思量的现实问题，也是易地搬迁工作必须做好的"后半篇文章"。2024年将继续综合施策，确保搬迁群众稳得住、可致富、能融入。

易地搬迁集中安置社区

（图片来源：人民网）

加强公共服务，确保搬迁群众住得安心。将持续提高安置区的公共服务水平，完善教育、医疗等公共服务体系，让搬迁群众无后顾之忧。对那些易地搬迁至城镇后因人口增长出现住房困难的家庭，符合条件的统筹纳入城镇住房保障范围。

发展产业就业，推动搬迁群众加快致富。将支持搬迁安置区承接东部产业转移，积极发展帮扶车间，加大消费帮扶倾斜支持力度。做好搬迁群众就业帮扶，促进搬迁劳动力稳定就业。

强化社会治理，促进搬迁群众深度融入。持续深化社会治理，巩固提升综合服务，发挥社会组织作用促进搬迁群众社会融入，做好老年人、儿童等关爱救助。引导搬迁群众转变观念，逐步改变生活方式，拥抱现代文明生活。

186. 深化东西部协作和定点帮扶

2021年热播的电视剧《山海情》生动再现了东西部协作的艰辛历程和显著成效，亿万观众为之感动、产生共鸣。在打赢脱贫攻坚战、巩固拓展脱贫攻坚成果过程中，东西部协作谱写了一部部感人至深的"山海情"，定点帮扶也作出形式多样的实绩贡献，充分彰显了我们的制度优势。2024年将适应形势任务变化，继续深化东西部协作和定点帮扶，重在完善机制、创新方式，持续凝聚强大帮扶合力。

完成帮扶"硬"任务。继续组织协作帮扶和定点帮扶单位签订任务书，加大财政援助资金、人才帮扶、就业帮扶、消费帮扶等力度，确保完成协作帮扶和定点帮扶任务。

探索帮扶新方式。统筹脱贫地区需求和帮扶单位可能，因地制宜创新帮扶方式方法，持续推动帮扶资源向发展产业和扩大就业聚焦聚力，增强脱贫地区和脱贫群众内生发展动力。

开辟合作新领域。坚持双向奔赴、共同发展，推动协作双方加强全方位、各领域、多层次的深入合作，把东部地区的资金、市场、人才等优势与西部地区的土地、资源等优势充分结合起来，拓展协作帮扶"可能性边界"，实现优势互补、携手共富。

政策传真

现行东西部协作结对关系	
北京市	内蒙古自治区
上海市	云南省
天津市	甘肃省（不含定西市、陇南市、临夏州）
江苏省	陕西省、青海省
浙江省	四川省
福建省	宁夏回族自治区
山东省	重庆市和甘肃省定西市、陇南市、临夏州
广东省	广西壮族自治区、贵州省

187. 加大对国家乡村振兴
重点帮扶县支持力度

为巩固拓展脱贫攻坚成果，国家从西部10省（区、市）确定160个国家乡村振兴重点帮扶县（以下简称重点帮扶县），进行集中支持。近些年重点帮扶县脱贫人口收入保持较快增长，但与其他地区相比差距仍然较大，有返贫风险的人口相对较多，仍是巩固拓展脱贫攻坚成果最不托底的地区。能不能守住不发生规模性返贫底线，关键就是看这160个县。必须加大支持力度，强化针对性帮扶。

加大补短板强弱项力度。重点帮扶县发展基础薄弱，交通、水利、防灾减灾等条件先天不足、历史欠账较多，经济社会发展面临不少突出瓶颈制约。将加强重点帮扶县发展成效监测评价，找准短板弱项，坚持缺什么就补什么，统筹各方面帮扶资源和力量，真正做到帮到点上、扶到根上。

深化涉农资金统筹整合。重点帮扶县财力较为薄弱，一般公共预算收入不到全国的六分之一。2024 年明确涉农资金统筹整合试点政策继续在重点帮扶县实施，这有利于提高涉农资金使用效率、集中力量办大事，含金量很高，将指导重点帮扶县用足用好。

强化金融和人才支持。2024 年国有金融机构将加大支持力度，有关方面将持续开展"组团式帮扶"和科技特派团选派。统筹用好这些资源，有利于推动重点帮扶县在现代化建设中尽快赶上来。

◉ 热点链接

160 个国家乡村振兴重点帮扶县名单

地区	数量	县
内蒙古	10	巴林左旗、库伦旗、鄂伦春自治旗、化德县、商都县、四子王旗、科尔沁右翼前旗、科尔沁右翼中旗、扎赉特旗、正镶白旗
广西	20	马山县、融水苗族自治县、三江侗族自治县、德保县、那坡县、凌云县、乐业县、田林县、隆林各族自治县、靖西市、昭平县、凤山县、东兰县、罗城仫佬族自治县、环江毛南族自治县、巴马瑶族自治县、都安瑶族自治县、大化瑶族自治县、忻城县、天等县
重庆	4	城口县、巫溪县、酉阳土家族苗族自治县、彭水苗族土家族自治县
四川	25	金川县、黑水县、壤塘县、阿坝县、若尔盖县、红原县、道孚县、炉霍县、甘孜县、新龙县、德格县、白玉县、石渠县、色达县、理塘县、盐源县、普格县、布拖县、金阳县、昭觉县、喜德县、越西县、甘洛县、美姑县、雷波县
贵州	20	水城区、正安县、务川仡佬族苗族自治县、关岭布依族苗族自治县、紫云苗族布依族自治县、织金县、纳雍县、威宁彝族回族苗族自治县、赫章县、沿河土家族自治县、松桃苗族自治县、晴隆县、望谟县、册亨县、锦屏县、剑河县、榕江县、从江县、罗甸县、三都水族自治县

（续表）

地区	数量	县
云南	27	东川区、会泽县、宣威市、昭阳区、鲁甸县、巧家县、盐津县、大关县、永善县、镇雄县、彝良县、宁蒗彝族自治县、澜沧拉祜族自治县、武定县、元阳县、红河县、金平苗族瑶族傣族自治县、绿春县、马关县、广南县、泸水市、福贡县、贡山独龙族怒族自治县、兰坪白族普米族自治县、香格里拉市、德钦县、维西傈僳族自治县
陕西	11	略阳县、镇巴县、汉滨区、紫阳县、岚皋县、白河县、丹凤县、商南县、山阳县、镇安县、柞水县
甘肃	23	靖远县、会宁县、麦积区、秦安县、张家川回族自治县、古浪县、庄浪县、静宁县、环县、镇原县、通渭县、渭源县、岷县、武都区、文县、宕昌县、西和县、礼县、永靖县、东乡族自治县、积石山保安族东乡族撒拉族自治县、临潭县、舟曲县
青海	15	同仁市、尖扎县、泽库县、共和县、玛沁县、班玛县、甘德县、达日县、玛多县、玉树市、杂多县、称多县、治多县、囊谦县、曲麻莱县
宁夏	5	红寺堡区、同心县、原州区、西吉县、海原县

（资料来源：中央农村工作领导小组办公室 国家乡村振兴局关于公布国家乡村振兴重点帮扶县名单的通知）

（三）稳步推进农村改革发展

188. 深化农村土地制度改革

某地农村宅基地制度改革政策知识宣传栏

处理好农民和土地的关系，始终是农村改革的一条主线。新形势下，深化农村土地制度改革，必须把好这条主线，把强化集体所有制根基、保障和实现农民集体成员权利同激活资源要素统一起来。对涉及土地、耕地等农民基本权益的事情，一定要慎之又慎，牢牢守住土地公有制性质不改变、耕地红线不突破、农民利益不受损的底线。

2024 年农村土地制度改革的一项重点，是启动实施第二轮土地承包到期后再延长 30 年整省试点。这项工作既关系农村基本经营制度，又关系广大农民切身利益。近几年，有关部门从先行到期的村组开始试点，逐步扩大到整乡镇、整县。2024年将开始整省试点。试点大方向是保持土地承包关系稳定并长久不变，在这个前提下综合考虑各方诉求，稳妥有序开展试点，确保大多数农户原有承包权保持稳定、顺利延包。

同时，稳慎推进农村宅基地制度改革。2024年将深化改革试点，持续推进宅基地权利分置和权能完善，推动建立多元化的农民户有所居保障机制，加强宅基地管理服务，完善盘活利用政策。改革和管理中，城里人到农村买宅基地的口子不能开，下乡用农村宅基地建设别墅大院和私人会馆等要严禁。

189. 促进新型农村集体经济发展

每到年终岁末，一些地方农民从村里分红的新闻会引发关注，这正是发展新型农村集体经济带来的实惠。当前，我国农村集体产权制度改革阶段性任务已基本完成，集体资产有多少、集体成员都有谁、哪些人可以获得分红等，已经基本清楚，发展新型农村集体经济有需求、有条件，这也有利于促进共同富裕。2024年将因地制宜发展新型农村集体经济。

拓宽新型农村集体经济发展途径。支持各地充分利用集体自身资源条件、经营能力，探索资源发包、物业出租、居间服务、资产参股等多样化途径，增加集体收益。鼓励各地积极探索适宜自身的模式，提高集体经济收入和服务带动能力。

健全新型农村集体经济运行机制。新型农村集体经济首先是农村集体经济，是社会主义公有制经济的重要形式，新型主要体现在运行机制上。要确保产权关系明晰，而不是归属不明；治理架构科学，利于高效决策；经营方式稳健，防止野蛮生长；收益分配合理，能有效保障集体利益和农民利益。发展新型农村集体经济要坚持实事求是、量力而行，不管怎么发展，都要严格控制农村集体经营风险，防止把农村集体经济搞弱了、搞小了甚至搞垮了。

🔗 热点链接

发展新型农村集体经济即将迎来立法

2023 年 12 月 25 日，十四届全国人大常委会第七次会议在北京人民大会堂举行第一次全体会议，会议听取了关于农村集体经济组织法草案修改情况的汇报。草案二审稿明确发展新型农村集体经济，更好体现农村集体产权制度改革成果；保障农村集体经济组织成员权利；规范农村集体经济组织运行管理，加强对农村集体经济组织的监督管理等。

190. 壮大乡村富民产业

小木耳大产业、让黄花成为乡亲们的"致富花"、把产业振兴作为乡村振兴的重中之重……习近平总书记的声声点赞和殷殷叮嘱，彰显了乡村产业的勃勃生机和重要作用。唯有不断提升乡村产业发展水平，方能不负厚望不负重托。2024 年壮大乡村富民产业，将围绕乡村、富民、产业三个关键词协同发力。

抓住乡村这个"根"。 我国地域辽阔，各地乡村风土人情不同、物产各异，是发展乡村产业宝贵而独特的资源。将引导各地立足实际发展特色种养，加强传统手工艺保护传承，开发农业产业新功能、农村生态新价值，形成突出乡村特点、体现当地风情的产业。

抓好富民这个"魂"。发展乡村产业要让农民有活干、有钱赚，而不能富了老板、穷了老乡。将着力健全联农带农益农机制，培育农业产业化联合体，将新型农业经营主体和涉农企业扶持政策与带动农户增收挂钩，把产业增值收益更多留给农民。

乡村富民产业喜迎丰收

抓实产业这个"要"。发展乡村产业不仅仅是种几亩地、养几头猪，而是要建成具有适度规模、产销对接顺畅的产业。将促进农村一二三产业融合发展，发展农产品加工、保鲜储藏、运输流通，支持优质农产品上网销售，推进农文旅融合，打造乡村经济新的增长点。

191. 发展新型农业经营主体和社会化服务

麦收时节收割机隆隆驶过黄淮海平原、电话一打化肥就送到地头、无人机升空统一喷洒农药……这些社会化服务的火热场景，是小农户搭上现代农业快车的生动写照。同时要看到，随着城镇化推进和农村老龄化加剧，"谁来种地"、"怎么把地种好"仍是保障粮食安全必须解决好的重大课题，人均一亩三分地的农情短期内仍难以改变，发展新型农业经营主体和社会化服务，十分迫切，也大有可为。

利用无人机提供农业社会化服务

（图片来源：人民网）

支持新型农业经营主体发展。2024 年将继续实施新型农业经营主体提升行动，开展新型农业经营主体提质强能整建制推进试点，创建一批农民合作社示范社和示范家庭农场，支持家庭农场组建农民合作社。涉农项目、涉农贷款将继续给予支持，辅导员队伍也将继续做好指导服务，共同促进新型农业经营主体健康持续发展。

加快健全农业社会化服务体系。2024 年将进一步加强服务平台和标准体系建设，提高农业社会化服务的便利化标准化水平。还将支持农业社会化服务组织拓展服务领域，鼓励有条件的服务主体建设区域性农业社会化综合服务中心，更好解决小农户农业生产中的"痛点"，把更多先进要素引入农业生产，促进小农户和现代农业发展有机衔接。

192. 持续推进农村移风易俗

耕读传家、父慈子孝、邻里守望、诚信重礼等优秀农耕文明孕育了农村社会好风尚。同时，随着农村经济社会快速发展，一些地方的高额彩礼、人情攀比、厚葬薄养等陈规陋习也开始抬头，既加重了农民支出负担，也影响了社会风气。经过持续治理，这些陈规陋习在部分地区蔓延势头得到一定遏制，但要成风化俗，还需不懈用力，持续抓好。

党员干部要带头。村看村，户看户，群众看干部。推进移风易俗，关键靠党员干部的领头作用。将督促党员干部落实操办婚丧喜庆等事宜报备制度，自觉抵制超标准、无正当名目的宴席和人情往来，为群众作表率。

村规民约当用好。村规民约是村里的"小宪法"，是移风易俗制度规范落地的载体。工作考虑是引导修订好村规民约，细化倡导性标准、严格约束性措施，在人情往来和陈规陋习间划出界限，让农民群众知道应该怎么办、不该做什么，真正让移风易俗有章可循。

移风易俗宣传标语

宣传教育需加强。主要是用好新时代文明实践中心等农民群众身边的各类阵地，用好农民群众关注较多的新媒体，加强正面宣传；推广文明积分、道德超市等做法，发挥文明家庭等示范带动作用，激发农民群众移风易俗内生动力。在纠正一些不文明行为时，需要注意方式方法，避免激化矛盾。

193. 深入实施乡村建设行动

广袤乡村既是亿万农民的生活家园，也是很多城里人的乡愁所在，把乡村建设好是大家的共同心愿。乡村建设行动自 2021 年实施以来，已取得积极成效，但由于欠账多，农村生产生活条件与群众期待相比还有不小差距。2024 年将深入实施乡村建设行动，向着"农村基本具备现代生活条件"目标继续稳步迈进。

建设哪些村？我国城镇化仍在推进，村庄格局加快演变分化，乡村建设必须坚持规划先行，否则容易出现"有村无民"造成浪费。将顺应乡村人口变化趋势和县域内城乡融合发展态势，立足实际编制村庄规划，合理确定村庄布局分类，明确哪些村先建、哪些村后建、哪些村暂时不建，为乡村建设提供依据。

重点建什么？乡村建设任务艰巨，2024 年将着重聚焦小切口，集中力量抓好办成一批群众可感可及的实事。比如，抓好农村供水、"四好农村路"等基础设施建设，加强农村寄宿制学校、区域性养老服务中心等民生项目建设。同时，对传统村落开展集中连片保护利用示范，对乡村特色风貌强化规划管控。

依靠谁来建？乡村建设量大面广，又是为农民而建，单靠政府很难干好，也不可持续。2024 年将着力健全农民参与机制，不能政府干、农民看，更不能搞花架子劳民伤财。同时，广泛动员社会力量支持乡村建设，共建共享田园风光和美丽乡愁。

🧑 政策传真

乡村建设行动目标和重点任务

行动目标：到 2025 年，乡村建设取得实质性进展，农村人居环境持续改善，农村公共基础设施往村覆盖、往户延伸取得积极进展，农村基本公共服务水平稳步提升，农村精神文明建设显著加强，农民获得感、幸福感、安全感进一步增强。

12 项重点任务：加强乡村规划建设管理、实施农村道路畅通工程、强化农村防汛抗旱和供水保障、实施乡村清洁能源建设工程、实施农产品仓储保鲜冷链物流设施建设工程、实施数字乡村建设发展工程、实施村级综合服务设施提升工程、实施农房质量安全提升工程、实施农村人居环境整治提升五年行动、实施农村基本公共服务提升行动、加强农村基层组织建设、深入推进农村精神文明建设。

（资料来源：2022 年 5 月 23 日印发的《乡村建设行动实施方案》）

194. 加强充电桩、冷链物流、寄递配送设施建设

当前，购买新能源汽车、网上购物、线上销售鲜活农产品，已成为农村生产生活新时尚。但与电车销售火爆形成鲜明对比的是，乡村公共充电桩"一桩难求"。冷链物流、寄递配送设施也面临需求旺盛、建设不足的问题。2024 年要将建设充电桩、冷链物流、寄递配送设施作为乡村建设的一个重点，强化政策引导支持，鼓励社会力量参与，变痛点为亮点，化堵点为新增长点。

聚焦县乡重点场所推进充电桩建设。优化县乡公共充电网络规划布局，优先在商业建筑、交通枢纽、服务区等场所配备，加强易地搬迁集中安置区、乡村旅游重点村镇充换电设施建设，让更多企业愿意建、能挣钱，缓解城乡居民开新能源车的"里程焦虑"。

加强县域冷链物流关键节点建设。我国果蔬、肉类、水产品冷链运输率较低，流通损耗率约为发达国家的2—4倍，主要卡点就是县域冷链物流建设没跟上。将优化农产品冷链物流体系，加快建设骨干冷链物流基地，布局建设县域产地公共冷链物流设施。

着力解决农村寄递配送"最后一千米"问题。目前，全国还有约40%的行政村尚未建成寄递物流综合服务站，快递进村任务很重。将健全县乡村物流配送体系，促进农村客货邮融合发展，大力发展共同配送，畅通农产品进城和消费品下乡渠道。

政策传真

对农村充电桩建设支持政策

鼓励有条件地方出台农村地区公共充电基础设施建设运营专项支持政策。利用地方政府专项债券等工具，支持符合条件的高速公路及普通国省干线公路服务区（站）、公共汽电车场站和汽车客运站等充换电基础设施建设。统筹考虑乡村级充电网络建设和输配电网发展，加大用地保障等支持力度，开展配套电网建设改造，增强农村电网的支撑保障能力。到2030年前，对实行两部制电价的集中式充换电设施用电免收需量（容量）电费，放宽电网企业相关配电网建设投资效率约束，全额纳入输配电价回收。

（资料来源：国家发展改革委、国家能源局于2023年5月14日印发的《关于加快推进充电基础设施建设 更好支持新能源汽车下乡和乡村振兴的实施意见》）

195. 加大农房抗震改造力度

2023 年 12 月 18 日 23 时 59 分，甘肃省积石山县发生 6.2 级地震，造成甘肃、青海两省 100 多人遇难、近千人受伤，其中一个重要原因就是大量农村房屋倒塌。我国是地震多发国家，约 58% 的国土和 55% 的人口处于 7 度及以上抗震设防地区，而地震易发区许多农房以自建自用为主，或未经专业设计施工或年久失修，抗震能力普遍偏低，相当比例存在抗震安全隐患。2024 年提出加大农房抗震改造力度，就是要让老百姓住得安全、住得安心。

一是逐步消除存量房屋抗震安全隐患。大力推进 7 度及以上设防地区农房抗震改造，在高烈度设防地区集中连片实施农房抗震改造试点，使改造后的农房同步达到当地抗震设防标准。

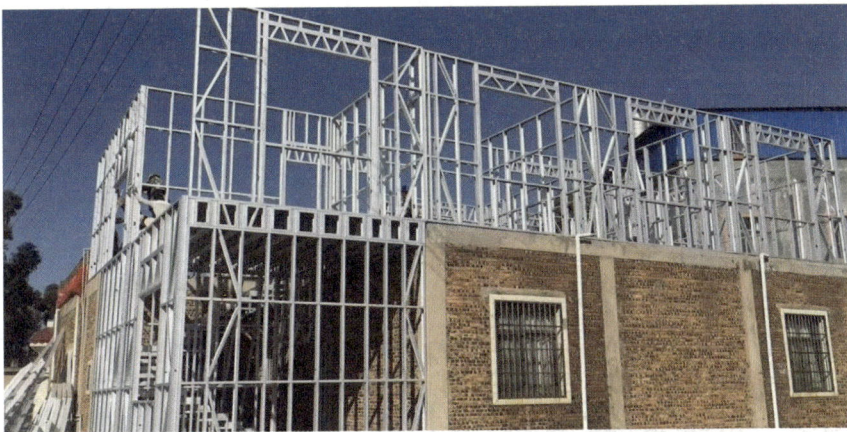

对农房进行抗震改造

二是严格管控增量农房抗震风险。加快建立完善农村房屋建设管理法规制度体系，将抗震要求纳入农村房屋建设管理范畴。加强对新建农房规划、选址、设计、施工等环节的监管，建立农房安全常态化巡查机制。

三是强化农房抗震技术支持。加强农房设计服务，通过政府购买服务等方式开展"设计下乡"，鼓励引导建筑师、工程师开展农房抗震技术服务。加强农房安全常识宣传普及，提高农户抗震安全意识和责任主体意识。

196. 持续改善农村人居环境

干净平整的村道绿树成荫、摆放整齐的垃圾桶有专人清理、用上了和城里一样的水冲厕所……越来越多的农村摆脱脏乱差，走向美丽宜居，农村人居环境整治取得阶段性成效，受到广大农民群众欢迎。同时要看到，农村人居环境整治不可能毕其功于一役，需要因地制宜、久久为功，持续发力推进。

良好的农村人居环境

（图片来源：人民网）

持续抓好农村改厕。 截至 2023 年底，农村卫生厕所普及率达到 73%。将循序渐进，持续压紧质量责任，成熟一个改一个。对中西部资源条件适宜且技术模式成熟地区，稳步推进户厕改造。对干旱寒冷地区，积极开展适用技术产品研发与试点。探索农户自愿按标准改厕、政府验收合格后补助到户的奖补模式。

推进农村垃圾污水治理。 截至 2023 年底，生活垃圾收运处理的行政村比例达 90%，农村生活污水治理（管控）率达 40%，整治任务仍然较重。2024 年将促进农村生活垃圾分类收运处置，分类梯次推进生活污水治理。这方面需要从实际出发，积极探索长效治理模式和实施机制。

整体提升村容村貌。 建立健全常态化清洁制度，有序推进村庄清洁行动。坚持缺什么补什么，补上制度、人员、资金、技术等短板，充分调动农民参与村庄环境卫生管护的积极性，健全常态化运行管护机制。

九

推动城乡融合和区域协调发展
大力优化经济布局

习近平总书记强调，只有实现了城乡、区域协调发展，国内大循环的空间才能更广阔、成色才能更足。我国幅员辽阔、地域类型多样，城乡之间、区域之间的经济社会发展水平存在较大差异。推动城乡融合和区域协调发展，是解决发展不平衡不充分问题的内在要求，也是发挥超大规模市场优势的有效途径，对于加快构建新发展格局、实现高质量发展具有重大意义。《报告》对2024年的新型城镇化、区域协调发展工作作出了明确部署，提出要深入实施区域协调发展战略、区域重大战略、主体功能区战略，把推进新型城镇化和乡村全面振兴有机结合起来，加快构建优势互补、高质量发展的区域经济格局。

（一）积极推进新型城镇化

197. 深入实施新型城镇化战略行动

推进以人为本的新型城镇化，有利于释放内需潜力，有利于支撑新质生产力发展，也有利于改善民生，是推进中国式现代化的必由之路。改革开放以来，我国城镇化持续快速推进，常住人口城镇化率从1978年的17.9%提高到2023年的66.2%。但我国城镇化还有很大发展提升空间，**一是**我国城镇化率仍然低于主要发达经济体平均水平；**二是**我国户籍人口城镇化率明显低于常住人口城镇化率。2022年户籍人口城镇化率为47.7%、比当年常住人口城镇化率低17.5个百分点。

深入实施新型城镇化战略行动，要坚持以人为本的重要原则，充分尊重人的意愿，促进人的全面发展。**一是**把加快农业转移人口市民化摆在突出位置，统筹推进户籍制度改革和城镇基本公共服务均等化，让有意愿的进城农民工在城镇落户，推动未落户常住人口平等享受城镇基本公共服务。**二是**优化城镇化空间布局和形态，推动县域经济高质量发展，使县城成为新型城镇化的重要载体；以城市群、都市圈为依托，促进大中小城市协调发展。**三是**聚焦群众急难愁盼问题，稳步实施城市更新、老旧小区改造，补齐基础设施、公共服务等短板，使城市更健康、更安全、更宜居。

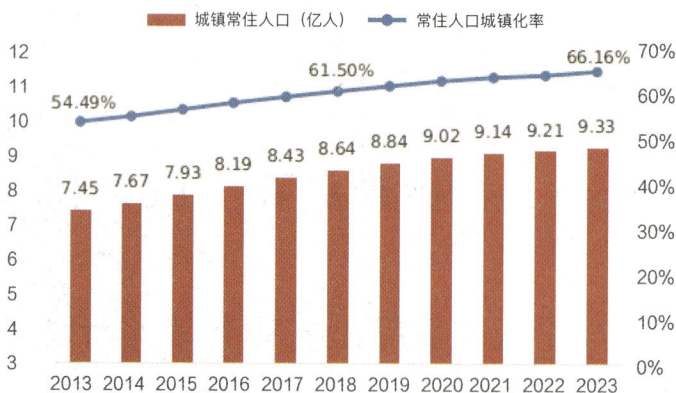

全国城镇常住人口和常住人口城镇化率变化情况（2013—2023年）

（数据来源：国家统计局）

198. 加快农业转移人口市民化

2023年，我国农民工总量达2.98亿。调查显示，有1.7亿进城农民工及其随迁家属尚未在城镇落户，不能享受到与本地户籍居民同等待遇。要做好降低落户门槛、提升技能素质、优化公共服务等工作，促进农业转移人口加快融入城市。

（图片来源：新华社）

一是深化户籍制度改革，让农业转移人口"进得来"。进一步畅通落户渠道，全面落实城区常住人口300万以下城市取消落户限制的要求，全面放宽城区常住人口300万至500万城市落户条件，完善超大特大城市积分落户政策，推动具备条件的都市圈和城市群实行户籍准入年限同城化累计互认。简化户籍迁移手续，加快推进户籍迁移跨省通办。

二是做好就业服务和技能培训，让农业转移人口"留得下"。 完善就业公共服务平台，加强就业供需对接，扩大县域就业容量，促进农民工有序外出和就近就业。大力开展农民工职业技能培训，提升他们融入城市的能力。

三是扩大城镇基本公共服务范围，让农业转移人口"过得好"。 聚焦子女教育、住房保障、社会保险等群众关切，提高非户籍人口在常住地享有基本公共服务的水平。以公办学校为主将随迁子女纳入流入地义务教育保障范围，提高学前教育普及普惠水平，鼓励有条件的县（市、区）逐步将稳定就业生活的农业转移人口纳入住房保障政策范围。扩大社会保障覆盖面，促进灵活就业人员和新就业形态劳动者参加养老保险。

199. 完善"人地钱"挂钩政策

人、地、钱是新型城镇化中的三个关键要素。"人地钱"挂钩政策，是指财政转移支付、城镇建设用地增加规模、基建投资安排等，都与农业转移人口市民化数量相挂钩。通过这一制度安排，能够有效调动地方政府吸纳农业转移人口落户的积极性。2024年将继续完善农业转移人口市民化激励政策，进一步推动转移支付、要素配置等与其挂钩，提升新型城镇化的质量和效率。

资金方面，用好中央和省级财政农业转移人口市民化奖励资金，中央财政性建设资金安排向吸纳农业转移人口落户数量较多的城市倾斜，发挥好城镇保障性安居工程等领域财政补助资金的引导支持作用。用地方面，落实城镇建设用地增加规模与吸纳农业转移人口落户数量挂钩政策，合理安排人口净流入城市义务教育校舍、保障性住房等用地指标。

同时，充分尊重农民意愿和自主定居权利，依法保障进城落户农民的土地承包权、宅基地使用权、集体收益分配权，不得以退出上述权益作为农民进城落户的条件，免除他们的后顾之忧。

📇 政策传真

2016 年，《国务院关于深入推进新型城镇化建设的若干意见》提出，加快建立农业转移人口市民化激励机制。切实维护进城落户农民在农村的合法权益。实施财政转移支付同农业转移人口市民化挂钩政策，实施城镇建设用地增加规模与吸纳农业转移人口落户数量挂钩政策，中央预算内投资安排向吸纳农业转移人口落户数量较多的城镇倾斜。各省级人民政府要出台相应配套政策，加快推进农业转移人口市民化进程。

200. 使县城成为新型城镇化的重要载体

县城位于"城尾乡头"，是我国城镇体系的重要组成部分，是城乡融合发展的关键支撑。县城及县级市区人口占全国城镇常住人口的比重约为 30%。推进县城建设，对于促进新型城镇化、构建新型工农城乡关系具有重要意义。要尊重县城发展规律，多措并举增强县城综合承载能力，提升县城发展质量。

一是培育特色优势产业。有产业才有就业岗位、才有人口集聚。要统筹培育本地产业和承接外部产业转移，提升产业平台功能，推进配套设施提质增效，健全商贸流通网络，引导县域产业集中集聚发展，促进居民就业和持续增收。**二是完善市政设施体系**。顺应农村人口向县城集聚趋势，因地制宜补齐县城短板弱项，完善市政交通、防洪排涝等设施，畅通对外连接通道，更好满足居民居住和出行等生活需要。**三是强化公共服务供给。**在教育、医疗卫生、养老托育、文化体育等方面，推进县城公共服务设施提标扩面，保障居民获得普惠共享的基本公共服务。**四是提升人居环境质量。**推进县城环境基础设施提级扩能，完善生态绿地系统，增强垃圾污水等收集处理能力，加强历史文化保护传承，彰显县城绿色人文风貌。**五是促进县乡村功能衔接互补。**提高县城辐射带动乡村能力，促进县乡村基础设施和公共服务统筹衔接，以工补农、以城带乡，加快实现县域内城乡融合发展。

201. 促进大中小城市协调发展

从国际经验看，随着城市化进程加深，都市圈和城市群将成为城市普遍形态。都市圈是指由中心城市及周边地区组成的具有紧密联系的经济区域。城市群是指由多个城市相互联系和依存形成的空间结构。我国经济发展到今天，中心城市和城市群正在成为承载发展要素的主要空间形式。新型城镇化的一个重要着力点，就是提升城市群一体化发展和都市圈同城化发展水平，促进大中小城市协调发展。

◎ 热点链接

城市规模划分标准

根据国务院 2014 年 10 月印发的《关于调整城市规模划分标准的通知》，以城区常住人口为统计口径，将城市划分为五类七档。城区常住人口 50 万以下的为小城市，其中 20 万以上 50 万以下的为 I 型小城市，20 万以下的为 II 型小城市。城区常住人口 50 万以上 100 万以下的为中等城市。100 万以上 500 万以下的为大城市，其中 300 万以上 500 万以下的为 I 型大城市，100 万以上 300 万以下的为 II 型大城市。500 万以上 1000 万以下的为特大城市。1000 万以上的为超大城市。

有序培育现代化都市圈。都市圈是城市群内部以超大特大城市或辐射带动功能强的大城市为中心、以 1 小时通勤圈为基本范围的城镇化空间形态。对于超大特大城市来说，要加快转变发展方式，有序疏解非核心功能，增强对周边市县辐射带动能力。要着力提升都市圈同城化发展水平，提高都市圈交通运输连通性便利性，打通各类未贯通公路和"瓶颈路"，引导都市圈产业从中心至外围梯次分布、合理分工、链式配套，促进教育、医疗等公共服务共建共享。

分类推动城市群发展。目前，我国"两横三纵"城镇化战略格局基本形成，"19+2"城市群主体形态更加定型。要优化提升京津冀、长三角、珠三角、成渝、长江中游城市群，增强国际影响力。发展壮大山东半岛、粤闽浙沿海、中原、关中平原、北部湾等城市群，提升人口、经济集聚能力。培育发展哈长、辽中南、山西中部、黔中、滇中、呼包鄂榆、兰州—西宁、宁夏沿黄、天山北坡等城市群，促进国土空间均衡开发和经济布局优化。建立健全城市群一体化协调发展机制，统筹推进基础设施协调布局、产业分工协作、公共服务共享、生态共建环境共治。

202. 推动成渝地区双城经济圈建设

成渝地区双城经济圈位于"一带一路"和长江经济带交会处，是我国西部人口最密集、产业基础最雄厚、创新能力最强、市场空间最广阔、开放程度最高的区域。2023 年，成渝双城经济圈实现地区生产总值81986.7 亿元，比上年增长 6.1%，占全国、西部地区的比重分别为 6.5%、30.4%，区域位势能级稳步提升。成渝地区双城经济圈建设已步入第五个年头，要坚持"川渝一盘棋"，加强成渝区域协同发展，尽快成为带动西部高质量发展的重要增长极和新的动力源。

一是设施共建。合力建设现代基础设施网络，加快成渝中线高铁等标志性项目建设，提升长江上游航运能力，推进"疆电入渝"特高压直流输电、川渝 1000 千伏特高压交流工程，加快页岩气产能释放。

二是产业共育。聚焦汽车、电子信息、关键软件、装备制造、特色消费品等领域，培育具有国际竞争力的先进制造业集群。强化创新资源集聚和转化，加快建设国家实验室、国家数字经济和新一代人工智能创新发展试验区。

三是生态共治。联合开展毗邻地区自然保护地和生态保护红线监管，加快建设"两岸青山·千里林带"，加强长江鲟等珍稀濒危物种保护，共筑长江上游生态屏障。

四是服务共享。推动出台川渝公共服务一体化深化便捷生活行动事项，推进成渝地区义务教育一体化发展试验区建设，提升公共服务便利化水平。

政策传真

成渝地区双城经济圈建设规划范围

2021 年 10 月，中共中央、国务院印发了《成渝地区双城经济圈建设规划纲要》，规划范围包括重庆市的中心城区及万州、涪陵、綦江、大足、黔江、长寿、江津、合川、永川、南川、璧山、铜梁、潼南、荣昌、梁平、丰都、垫江、忠县等 27 个区（县）以及开州、云阳的部分地区，四川省的成都、自贡、泸州、德阳、绵阳（除平武县、北川县）、遂宁、内江、乐山、南充、眉山、宜宾、广安、达州（除万源市）、雅安（除天全县、宝兴县）、资阳等 15 个市。

203. 推进"平急两用"公共基础设施建设和城中村改造

超大特大城市人口规模大、人员流动快，要将安全理念前移，在相关设施建设中先期嵌入疫情防控、应急减灾需求，打造"平急两用"公共基础设施。所谓"平急两用"，就是"平时"用作旅游、康养、休闲、市场流通等，"急时"可迅速转换为隔离安置或物资应急中转场所。建设思路方面，就是围绕城市辖区内的山区县（区），打造一批具有隔离功能的旅游居住设施，升级一批医疗应急服务点，新建或改扩建一批城郊大型仓储基地等，构建应急医疗和物资保障为一体、有机衔接的整体解决方案，提升城市应对突发公共事件的能力。

政策传真

"平急两用"公共基础设施建设目标

到 2025 年，一批具有隔离功能的旅游居住设施加快布局，一批具备快速中转能力的城郊大型仓储基地布局建设，配套医疗卫生服务设施逐步完善，相关标准、资金、用地等政策保障体系基本成型。

到 2027 年，超大特大城市隔离、应急医疗和物资保障体系更加健全，统筹重大突发公共事件应对和中心城区功能运转的基础更加坚实。

城中村是指在城镇开发边界内，以集体土地为主、村民宅基地和其他用地相互交织的自然村。城中村是在工业化、城镇化快速发展过程中形成的，普遍存在公共卫生安全风险大、消防安全隐患多、环境脏乱差等突出问题。目前遗留下来的城中村建筑密度大、违章建筑多、产权关系复杂、拆迁安置成本高，多数都是难啃的"硬骨头"。建设思路方面，在总结前些年有益经验的基础上，综合采取拆除新建、整治提升、拆整结合等多种方式，按照城市标准有力有序有效推进。

推进"平急两用"公共基础设施建设和城中村改造是民生工程、发展工程，政策上将予以支持。对符合条件的项目，中央财政通过现有渠道适当给予补助，纳入地方政府专项债券支持范围；鼓励银行业金融机构按照市场化、法治化原则提供建设改造贷款；城中村改造适用现行棚户区改造有关税费支持政策。

⊚ 热点链接

超大特大城市城中村改造将分三类实施

1. 具备条件的城中村实施拆除新建。

2. 不具备条件的开展经常性整治提升。

3. 介于前两类之间的实施拆整结合。

204. 加快完善地下管网

城市地下管网是指城市范围内供水、排水、燃气、热力、电力、通信、广播电视、工业等管线及其附属设施，是保障城市运行的重要基础设施和"生命线"。要让城市生活更舒适更安全，不仅"面子"要漂亮，"里子"也要搞扎实。我国城市很多早期敷设的地下管线已经处于老旧状态，安全隐患问题突出。**地下管网建设的主要导向是**：推进城市生命线安全工程建设，实施城市"体检"，摸清设施规模种类、功能属性、位置关系、运行状况等信息，对材质落后、使用年限较长、运行环境存在安全风险、不符合相关标准规范的老化管道和设施实施更新改造。

地下管网建设的发展趋势是综合管廊，也就是将各类管线集中敷设，这既有利于节省地下空间、实施集中监测管理，也能避免马路被频繁"开拉链"。综合管廊项目公益性强、建设投资大、回报周期长，需要适当加大财政性资金投入，同时也要创新投融资模式，吸引社会资本积极参与。地下管网权属关系比较复杂，在综合管廊建设过程中要强化跨部门协调，促进地下空间"多规合一"，推进各类管线规划有效衔接。对于已经建成的综合管廊，要落实好管线强制入廊规定，创新管廊使用收费机制，推广智慧化运维技术，降低后期运营成本。

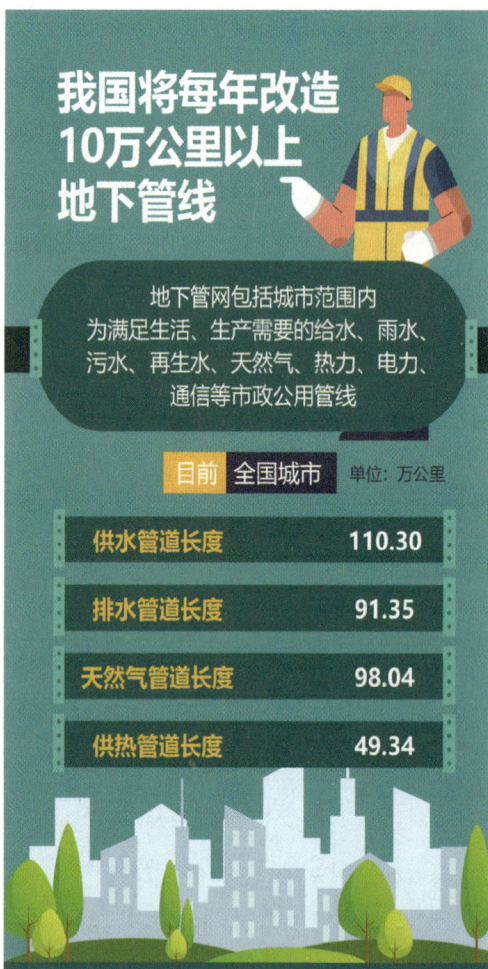

我国将每年改造10万公里以上地下管线

地下管网包括城市范围内为满足生活、生产需要的给水、雨水、污水、再生水、天然气、热力、电力、通信等市政公用管线

目前 全国城市 单位：万公里

	单位：万公里
供水管道长度	110.30
排水管道长度	91.35
天然气管道长度	98.04
供热管道长度	49.34

加快完善地下管网

（图片来源：新华社）

205. 推动解决老旧小区改造难题

老旧小区改造是群众高度关注、热切期盼的惠民工程，也是实施城市更新行动的重要内容。2023 年，全国新开工改造城镇老旧小区超过 5.3 万个，惠及 2200 多万居民。改造后的老旧小区居住环境、设施条件和服务功能明显改善。

在前几年工作的基础上，2024 年将继续推进 2000 年底前建成的需改造城镇老旧小区改造任务，聚焦楼道、环境、管理三个关键环节，计划新开工改造老旧小区 5.4 万个以上。

一是改善楼道设施。加快更新改造老化和有隐患的燃气、供水、供热、排水、供电、通信等管线管道，消除楼栋内人行走道、排风烟道、通风井道、上下小道等安全隐患，加强住宅外墙安全整治。支持有条件的楼栋加装电梯。推进既有建筑节能改造。

（图片来源：新华社）

　　二是优化配套环境。整治小区及其周边的绿化、照明等环境，依据需求增设停车库（场）、电动自行车及汽车充电设施，改造或建设小区及周边适老化和适儿化设施、无障碍设施。推进养老、托育、助餐、家政、便民市场、邮政快递末端综合服务站等社区专项服务设施改造建设，丰富社区服务供给。

　　三是提升管理水平。引导居民协商确定改造后小区的管理模式、管理规约及业主议事规则，共同维护改造成果。鼓励有条件的小区引入专业化物业服务企业，优化住宅专项维修资金归集、使用和管理，促进小区改造更新进入良性轨道。

（二）提高区域协调发展水平

206. 贯彻落实区域协调发展战略部署

区域协调发展是推动高质量发展的重要支撑，是实现共同富裕的内在要求。近年来，在区域协调发展战略、区域重大战略、主体功能区战略引领下，各地区立足自身比较优势，积极主动融入新发展格局，经济总量不断攀升，发展均衡性逐步增强，人民生活水平稳步提高。同时要看到，实现区域协调发展是一个长期的过程，要尊重客观规律，坚持问题导向，支持各地区走合理分工、优化发展的路子，在发展中营造相对平衡。

一是以西部、东北、中部、东部四大板块为基础，促进区域间相互融通补充。深入实施西部大开发、东北全面振兴、中部地区加快崛起、东部地区加快推进现代化等战略，支持欠发达地区、革命老区、民族地区等加快发展，大力发展海洋经济，增强区域发展平衡性协调性。

二是以区域重大战略为引领，充分释放发展优势区域的辐射带动力。支持京津冀、长三角、粤港澳大湾区更好发挥高质量发展动力源作用，坚持共抓大保护、不搞大开发推进长江经济带发展，推动黄河流域生态保护和高质量发展。

三是以主体功能区战略为抓手，引导经济和产业合理布局。按照"宜农则农、宜工则工、宜商则商"的思路，统筹布局生态、农业、城镇等功能空间，引导各地差异化协同发展。优化重大生产力布局，加强国家战略腹地建设。同时，树立全国"一盘棋"思想，推动各项区域战略加强协同合作、融通衔接。

207. 统筹推进四大板块发展

西部、东北、中部、东部"四大板块"是区域协调发展的基本单元。20 世纪末以来，随着西部大开发等战略的出台实施，我国区域间发展相对差距逐步缩小。2023 年，中部和西部地区生产总值分别达到 27 万亿元、26.9 万亿元，占全国的比重由 2012 年的 21.3%、19.6% 分别提高到 2023 年的 21.6%、21.5%。要继续促进各个板块各展其长、优势互补，弹好区域发展的"协奏曲"。

推动西部大开发形成新格局。 持续优化西部地区重大生产力布局，修订西部地区鼓励类产业目录，前瞻部署一批新材料、新能源装备制造重大工程，打造东西部产业合作重点平台，稳步推动西部骨干通道建设，高水平推进内陆开放和沿边开放。

推动东北全面振兴取得新突破。 支持东北地区加快传统优势产业转型升级和新兴产业培育，增强粮食安全保障能力，筑牢北方生态安全屏障，加快建设交通、能源、信息等现代化基础设施，深化与东北亚区域合作，构筑我国向北开放新高地。

促进中部地区加快崛起。 实施中部地区先进制造业集群培育提升行动，推动粮食生产、能源原材料、现代装备制造及高技术产业基地建设，发展综合交通运输枢纽。协同推进生态环境保护和绿色低碳发展。统筹推进深层次改革和高水平开放，打造更具竞争力的内陆开放高地。

鼓励东部地区加快推进现代化。 加快培育世界级先进制造业集群，引领新兴产业和现代服务业发展，巩固开放先导地位，提高创新能力和经济增长能级。

208. 更好发挥高质量发展动力源作用

支持京津冀、长三角、粤港澳大湾区等经济发展优势地区更好发挥高质量发展动力源作用，是符合区域经济规律的战略举措。从全国整体看，提高区域协调发展水平不是简单要求各地区在经济发展上达到同一水平，客观上需要形成几个能够带动全国高质量发展的动力源。特别是京津冀、长三角、粤港澳大湾区经济发展水平高、产业科技创新能力强、开放程度高，经济总量占全国比重超过40%，在我国发展大局中具有重要地位，要更好发挥辐射带动作用。

京津冀协同发展方面。牢牢牵住北京非首都功能疏解这个"牛鼻子"，抓好雄安新区一揽子支持政策落实，推进北京城市副中心建设，加强区域内部协同，努力使京津冀成为中国式现代化建设的先行区、示范区。

清晨时分的河北雄安新区

（图片来源：新华网）

长三角一体化发展方面。加快上海"五个中心"建设，促进区域科创产业融合发展和更高水平协同开放，深化生态绿色一体化发展示范区等改革创新，推动长三角一体化发展取得新的重大突破，在中国式现代化中走在前列。

长三角生态绿色一体化发展示范区加强生态环境综合治理

（图片来源：新华网）

粤港澳大湾区建设方面。加快大湾区重大合作平台建设，深入推进珠江口一体化融合发展，使粤港澳大湾区成为新发展格局的战略支点、高质量发展的示范地、中国式现代化的引领地。

港珠澳大桥

（图片来源：央视新闻）

209. 持续推进长江经济带高质量发展

长江经济带覆盖上海、江苏、浙江、安徽、江西、湖北、湖南、重庆、四川、云南、贵州等 11 省市，面积占全国的 21%，人口和经济总量均超过全国的40%，生态地位重要、综合实力较强、发展潜力巨大。长江经济带发展战略实施8年多来，共抓大保护、不搞大开发成为共识，生态环境保护和修复取得重大成就，发展方式发生重大变革。

当前，长江流域生态环境保护和高质量发展处于由量变到质变的关键时期，要持续用力做好几篇大文章。

一是做好生态环境保护的大文章。毫不动摇坚持共抓大保护、不搞大开发，在高水平保护上下更大功夫，统筹好上下游、左右岸、干支流，持续抓好城镇污水、农业面源污染、化工污染、船舶污染等防治，持续推进长江十年禁渔。

二是做好创新引领发展的大文章。推动沿江地区创新链产业链协同布局，加强新领域新赛道科技攻关，大力推动产业链供应链现代化。发挥好长三角经济发展的龙头作用，在科技成果转化、产业梯度转移等方面带动中上游地区共同发展。

三是做好畅通经济循环的大文章。加快全国统一大市场建设，提升交通设施等硬联通水平，加强地区间制度规则衔接，推动要素合理流动和高效配置。长江经济带贯通东中西部、联通"一带一路"，要统筹沿海、沿江、沿边和内陆开放，积极融入国际循环。

长江水清岸绿景色优美

（图片来源：新华网）

210. 推动黄河流域生态保护和高质量发展

黄河流域横跨东中西部，在国家发展大局中具有举足轻重的战略地位。2021年10月，《黄河流域生态保护和高质量发展规划纲要》发布，规划范围包括黄河干支流流经的青海、四川、甘肃、宁夏、内蒙古、山西、陕西、河南、山东9省区相关县级行政区，国土面积约130万平方千米，2019年年末总人口约1.6亿。黄河流域生态保护具有长期性、复杂性、艰巨性的特点，要久久为功、持续攻坚，坚定不移将一张蓝图绘到底。

一是打好生态保护治理攻坚战。实施"一泓清水入黄河"等生态保护修复重大工程，加大重点区域生态保护力度，做好黄河干流含煤污染带、沿岸矿山无序开采等问题整改。健全黄河流域横向生态保护补偿机制，推动建立晋陕大峡谷生态环境协作机制。

三门峡黄河大坝

（图片来源：新华网）

二是打好污染防治攻坚战。推进农业面源污染综合防治，实施沿黄河省（区）工业园区水污染整治专项行动，加强城镇生活污水收集处理设施补短板，推进入河排污口排查、监测、溯源、整治及监督，有效管控入河污染物排放。

三是打好深度节水攻坚战。坚持以水定城、以水定地、以水定人、以水定产的"四水四定"原则，以河套灌区等粮食主产区为重点，推进灌区续建配套与现代化改造；推广地膜覆盖、集水补灌、水肥一体化等适用节水技术；加快工业园区内企业间串联、分质、循环用水设施建设，打造一批节水型企业和园区。

211. 完善主体功能区配套政策

党的十八大以来，主体功能区战略深入实施，主体功能区理念不断深化，推动各地立足资源环境承载能力和国土空间开发适宜性，逐渐将发展出发点从"想干什么"转变为"能干什么"、"该干什么"，主体功能明显、优势互补的空间格局逐步形成。

下一步，要按照"顶层统筹、战略协同、精准施策、实时监测"的思路，进一步深化落实主体功能区战略，更好发挥其在促进区域协调发展、推动国土空间有序开发中的积极作用。

优化顶层制度设计。研究制定新时期深化落实主体功能区战略和制度的意见，编制实施主体功能区优化实施规划，给地方更加具体清晰的方向指引。全面完成各级国土空间规划，推进长江经济带—长江流域、京津冀、成渝双城经济圈、黄河流域、长三角国土空间规划编制实施，充分发挥"多规合一"对区域发展的引导和约束作用。

加快完善配套政策。优化财政、产业、自然资源、环境保护、促进农业农村发展等政策工具，增强地方落实主体功能要求的积极性主动性。围绕优化行政机构设置、完善配套政策、实施差异化绩效考核等，选择一批具有代表性的区域和市县开展综合试点，探索更加体现主体功能要求的发展新路径，形成可复制可推广的经验。

📙 名词解释

主体功能区

是指根据不同区域的资源环境承载能力、经济社会发展水平、战略区位等综合比较优势，统筹谋划人口分布、经济布局、国土利用和城镇化格局，确定不同区域的主体功能，并据此明确发展方向，完善配套政策，逐步形成人口、经济、资源环境相协调的国土空间发展格局。按照功能特点，分为城市化地区、农产品产区和重点生态功能区等类型。

十

加强生态文明建设
推进绿色低碳发展

生态文明建设是关系中华民族永续发展的根本大计。近年来，我国生态治理取得显著成效，人民群众生态环境获得感、幸福感、安全感越来越强。但必须清醒看到，我国生态环境保护结构性、根源性、趋势性压力尚未根本缓解，生态文明建设仍处于压力叠加、负重前行的关键期。要坚持以习近平生态文明思想为指导，站在人与自然和谐共生的高度谋划发展，像保护眼睛一样保护自然和生态环境，坚定不移走生产发展、生活富裕、生态良好的文明发展道路，实现中华民族永续发展。《报告》指出，要"推动生态环境综合治理"、"大力发展绿色低碳经济"、"积极稳妥推进碳达峰碳中和"，并对有关工作作出安排部署。

（一）推动生态环境综合治理

212. 深入实施空气质量持续改善行动计划

蓝天保卫战是深入打好污染防治攻坚战的重中之重，也是人民群众最关心的环境问题之一。近 10 年来，我国治理大气污染已经取得了可喜的成绩，全国重点城市细颗粒物平均浓度下降了 57%，重污染天数下降了 92%。但提升空气质量是一项长期任务，目前我国产业结构偏重、能源结构偏煤、交通结构偏油尚未有效解决，与发达国家相比，细颗粒物平均浓度等指标依然偏高，必须持久深入打好蓝天保卫战。

2023 年 11 月底出台的《空气质量持续改善行动计划》，提出了明确的目标和工作方法。2024 年是抓好落实的关键一年，重点工作有以下几点。

第一，从区域上看，京津冀及周边、长三角、汾渭平原等重点区域是治理空气质量的主战场。坚持以细颗粒物控制为主线，强化源头管控、多污染物协同控制和区域污染协同治理。同时，要重视区域联防联控，深化重污染天气重点行业绩效分级，有效应对秋冬季等重点时段大气污染。

第二，北方地区清洁取暖是个"老大难"问题，对待这个问题要坚持因地制宜，妥善采取清洁能源、集中供热替代等措施，继续推进散煤、燃煤锅炉、工业炉窑污染治理。

第三，从重点行业来看，要高质量推进钢铁、水泥、焦化行业超低排放改造，组织实施石化、化工、工业涂装、包装印刷等行业挥发性有机化合物全流程深度治理。

第四，着力提升大宗货物清洁化运输水平，大力推进"公转铁"、"公转水"，扎实推进柴油货车污染防治攻坚行动，一些地方可尝试用新能源货车替代传统货车。

政策传真

打好蓝天保卫战的部分政策文件

时间	政策文件名称
2010 年	国务院办公厅印发《关于推进大气污染联防联控工作改善区域空气质量的指导意见》
2013 年	国务院印发《大气污染防治行动计划》
2014 年	生态环境部等 6 部门印发《大气污染防治行动计划实施情况考核办法（试行）》
2018 年	国务院印发《打赢蓝天保卫战三年行动计划》
2018 年	《中华人民共和国大气污染防治法》
2023 年	国务院印发《空气质量持续改善行动计划》

213. 统筹水资源、水环境、水生态治理

碧水保卫战旨在促进"人水和谐"。这些年，我们治理水污染取得显著成绩，很多河流呈现出"鱼翔浅底"的生动画面。特别是 2023

年，全国地表水水质优良断面比例增至 89.4%，长江干流已连续 4 年、黄河干流已连续两年全线水质保持 II 类。

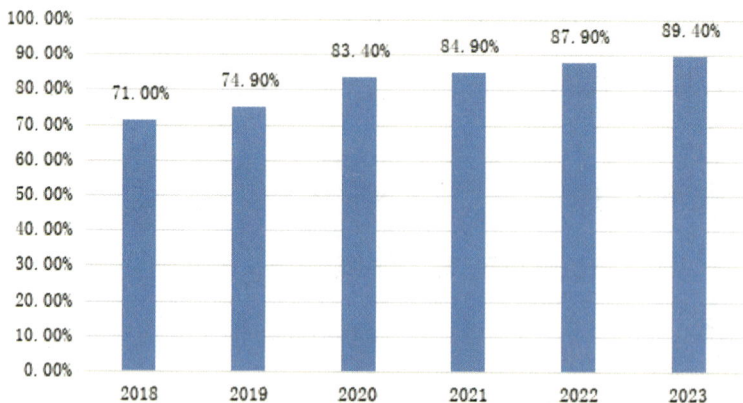

2018 年—2023 年全国地表水水质优良断面比例

（数据来源：生态环境部网站）

我们还要清醒看到，水污染防治还存在着一些问题和短板。2024 年将加强水资源、水环境、水生态"三水"统筹，持续加大工作力度。

一是水资源方面。我国是水资源匮乏的国家，人均水资源不足世界平均水平的三分之一，全国 400 多个城市不同程度缺水，且夏汛冬枯、北缺南丰，时空分布很不均衡。要着力保障河湖基本生态用水，完善河湖生态流量管理机制，加强河湖生态流量监管，强化水资源统一调度。

二是水环境方面。深入推进重点流域水污染防治，全面推进美丽河湖、美丽海湾保护与建设。实施重点排污口整治提升行动，深化工业园区水污染整治，推进城镇污水收集处理，分类推进黑臭水体整治。深入推进长江总磷污染控制，持续推进黄河主要支流消除劣 V 类。

三是水生态方面。要推动建立水生态考核机制，加大保护修复力度。加强水源涵养区和生态缓冲带保护修复，把沿岸保护治理作为重中之重，突出抓好大保护，严禁开展大开发。加强水生生物多样性保护，构建流域水生生物多样性保护网络，实施水生生物增殖放流、栖息地修复、迁地保护、生态通道修复等措施，着力以水岸共治促进水清岸绿。

214. 加强土壤污染源头防控

土生万物、水泽众生。土壤污染往往成因复杂，治理起来难度也比较大。近年来，我们完成《土壤污染防治行动计划》确定的受污染耕地安全利用率和污染地块安全利用率"双 90%"目标任务，初步遏制土壤污染加重趋势。

2024 年工作的总体思路依然是坚持预防为主、风险管控、水土共治，严防新增污染，逐步解决长期积累的土壤和地下水严重污染问题。

第一，要强化耕地保护，耕地污染保护是否得当，关乎粮食安全。要强化优先保护类耕地保护，整县推进耕地土壤污染源排查整治，推动黑土地、盐碱地生态环境保护，扎实推进受污染耕地安全利用和风险管控。推动规范畜禽养殖粪污资源化利用，加强农业面源污染治理与监督指导。

第二，建设用地、办公用地等也要加大治理力度。尤其是要依法加强建设用地用途变更和污染地块风险管控的联动监管，严格居住用地和公共管理与公共服务用地准入管理，加强关闭搬迁企业腾退地块土壤污染管控。

第三，深化土壤污染防治先行区、地下水污染防治试验区建设。稳妥有序开展地下水污染防治重点区划定，开展在产企业和化工园区土壤及地下水污染管控修复试点。

◎ **热点链接**

"十四五"土壤生态环境保护相关指标表

类型	指标名称	2020年（现状值）	2025年	指标属性
土壤生态环境	受污染耕地安全利用率	90%左右	93%左右	约束性
	重点建设用地安全利用	—	有效保障	约束性
地下水生态环境	地下水国控点位 V 类水比例	25%左右	25%左右	预期性
	"双源"点位水质	—	总体保持稳定	预期性
农业农村生态环境	主要农作物化肥使用量	—	减少	预期性
	主要农作物农药使用量	—	减少	预期性
	农村环境整治村庄数量	—	新增 8 万个	预期性
	农村生活污水治理率	25.5%	40%	预期性

（资料来源："十四五"土壤、地下水和农村生态环境保护规划）

215. 强化固体废物、新污染物、塑料污染治理

固体废物、新污染物、塑料污染治理与其他污染源治理之间存在着密切联系，做好这些污染物的防治是环境治理的重要内容。近些年，城乡固体废物等相关污染物的治理取得了积极成效，但仍面临着许多深层次的问题和挑战，必须继续加强治理。

一是要协同推进大宗固废和其他类型固废治理。加强大宗固废源头减量、资源化利用和无害化处置，强化全链条治理，推动资源综合利用产业实现新发展。现在快递、食品包装等过度使用，有很多材料很难自然降解，给环境保护带来很大压力。要加强综合治理，限制商品过度包装。继续深化"洋垃圾"禁止入境工作。

二是加强新污染物治理。新污染物是指新近发现或者被关注，对生态环境或者人体健康存在较大风险，但尚未纳入管理或者现有管理措施不足以有效防控其风险的有毒有害化学物质等，已日益成为损害人民群众身体健康的重要因素。要落实新污染物治理行动方案和新化学物质环境管理登记制度，开展新污染物环境信息统计调查、风险评估和管控。

三是全链条治理塑料污染。塑料是现代生产生活中重要的基础材料。目前，不规范地生产、使用塑料制品和处置塑料废弃物问题突出。要继续有序禁止、限制部分塑料制品的生产、销售和使用，规范塑料废弃物回收利用，全链条治理塑料污染。这些年，我们推行的"以竹代塑"效果非常好，按照竹产业发展规划，到2035年中国竹产业总产值将超过1万亿元。

216. 加强生态环境分区管控

生态环境分区管控是以保障生态功能和改善环境质量为目标，实施分区域差异化精准管控的环境管理制度，在生态环境源头预防体系中具有基础性作用。2024年3月，《关于加强生态环境分区管控的意见》已正式印发，明确到2025年，生态环境分区管控制度基本建立，全域覆盖、精准科学的生态环境分区管控体系初步形成，到2035年，体系健全、机制顺畅、运行高效的生态环境分区管控制度全面建立。

2024 年的主要任务，是细化完善相关政策，以保障生态功能和改善环境质量为目标，推动实现生态环境分区域差异化精准管控。

第一，科学划分生态环境管控单元，通过环境评价合理确定优先保护、重点管控、一般管控三类管控单元，更好实施分区分类管理。

第二，精准编制差异化生态环境准入清单，全面落实市场准入负面清单，根据生态环境功能定位，聚焦解决突出生态环境问题，从管控污染物排放、防控环境风险、提高能源资源利用效率等方面，在全国已划定的 4 万余个生态环境管控单元中，提出"一单元一策略"的生态环境准入要求。

第三，加强生态环境分区管控成果实施应用，将管控要求融入相关政策制定和规划编制，落实到环境准入、环境管理等工作中。

第四，积极提升管理和服务效能，妥善运用新一代信息技术、人工智能等新技术新手段，促进生态环境分区管控系统与其他有关业务系统加强信息共享、业务协同。

典型案例

生态环境分区管控

统筹保护与发展，从被动应对管理到主动管控转变。2019 年 1 月，福建省启动生态环境分区管控编制，划定优先保护、重点管控、一般管控三类生态环境管控单元，相当于构建起了生态环境领域的网格，地图上每个单元，从生态保护的角度可以做什么、不可以做什么、可以做到什么程度，一目了然。

强化生态环境管理的系统性和全面性。山东按照"一单元一策略"制定生态环境准入清单，提出差异化的空间布局约束、污染物排放管控、环境风险防控、资源利用效率要求，为高质量发展提供有力支撑。

（资料来源：《人民日报》）

217. 组织打好"三北"工程三大标志性战役

　　"三北"工程三大标志性战役，指的是黄河"几"字弯攻坚战、科尔沁和浑善达克沙地歼灭战、河西走廊—塔克拉玛干沙漠边缘阻击战。工程实施以来，工程区森林覆盖率由 5.05% 增长到 13.84%，45% 以上可治理沙化土地面积得到初步治理，61% 的水土流失面积得到有效控制，4.5 亿亩农田得到有效保护，助力 1500 万人脱贫增收。2023 年，三大战役全面启动、开局顺利，目前已开工 22 个项目，完成治沙 1800 多万亩。

"三北"工程造林种草成果

（图片来源：新华社）

　　当前，"三北"工程面临的问题是水资源供需矛盾突出，需要从造林种草实际需要和水资源承载力相适应出发，以不同区域的自然降水为主要依据，坚持以水定绿、适地适树、乔灌草结合，建设健康稳定高效持续的生态系统。2024 年将抓好一批标志性项目，为实施好"三北"工程六期规划打牢基础。科学布局一批光伏治沙项目，实施浑善达克—科尔沁沙地南缘综合治理项目，发挥生态治理和绿色产业融合发展示范作用。统筹用好有关中央预算内投资和财政专项资金，鼓励地方探索采用先建后补、以工代赈等方式参与"三北"工程建设，努力提高工程综合效益。

▶▶▶ 典型案例

全国单体规模最大光伏治沙项目并网

2023 年 12 月，全国单体规模最大的光伏治沙项目——蒙西基地库布其 200 万千瓦光伏治沙项目成功并网。项目位于内蒙古鄂尔多斯市杭锦旗库布其沙漠腹地，占地 10 万亩，年均发电量约 41 亿千瓦时，每年可节约标准煤约 123 万吨，减少排放二氧化碳约 319 万吨。该项目是我国首个在沙漠区域大面积应用柔性支架材料的光伏治沙项目。项目成功并网，将有助于改善黄河"几字弯"和库布其沙漠的生态环境，为沙漠地区光伏治沙技术推广应用提供经验。

（资料来源：《人民日报》）

218. 推进以国家公园为主体的自然保护地建设

建立国家公园体制，是生态文明体制改革的一项重大制度创新。经过多年不懈努力，我国初步建立以国家公园为主体、以自然保护区为基础、以各类自然公园为补充的自然保护地体系，已正式设立 5 个国家公园，建有各类自然保护地近万处，各类自然保护地面积占到陆域国土面积的 18%。

武夷山国家公园

（图片来源：新华社）

当前，各地区各部门建设国家公园热情高涨，国家公园进入高质量发展阶段。今后一段时间，推动加快建立以国家公园为主体的自然保护地体系，需遵循以下思路和方向。

第一，兼顾科学保护和合理利用。这关乎国家公园建设能否可持续，我们要牢固树立尊重自然、顺应自然、保护自然的生态文明理念，将自然生态系统中最重要、自然景观最独特、自然遗产最精华、生物多样性最富集的部分保护起来。同时以协同高效保护生态环境为前提，合理利用国家公园的资源禀赋，划定适当区域，让人民群众提供休闲游憩、参观学习。

第二，建设国家公园的目的是为人民群众提供更多的生态福祉。要通过特许经营、志愿服务、生态管护公益性岗位等形式吸纳原住居民、社会公众，直接加入国家公园的保护建设管理，共享国家公园带来的生态福祉。

第三，国家公园建设仍处于不断探索阶段，制度体系还需要不断完善，特别是国家公园设立、建设、运行、管理等各环节，以及生态保护、自然教育、科学研究等各领域的制度办法，还有很长的路要走。

((o)) 热点链接

我国首批国家公园概况

名称	简介
三江源国家公园	地处青藏高原腹地，保护面积19.07万平方千米，实现了长江、黄河、澜沧江源头整体保护。园内广泛分布冰川雪山、高海拔湿地、荒漠戈壁、高寒草原草甸，生态类型丰富，结构功能完整，是地球第三极青藏高原高寒生态系统大尺度保护的典范。
大熊猫国家公园	跨四川、陕西和甘肃三省，保护面积2.2万平方千米，是野生大熊猫集中分布区和主要繁衍栖息地，保护了全国70%以上的野生大熊猫。园内生物多样性十分丰富，具有独特的自然文化景观，是生物多样性保护示范区、生态价值实现先行区和世界生态教育样板。
东北虎豹国家公园	跨吉林、黑龙江两省，与俄罗斯、朝鲜毗邻，保护面积1.41万平方千米，分布着我国境内规模最大、唯一具有繁殖家族的野生东北虎、东北豹种群。园内植被类型多样，生态结构相对完整，是温带森林生态系统的典型代表，成为跨境合作保护的典范。
海南热带雨林国家公园	位于海南岛中部，保护面积4269平方千米，保存了我国最完整、最多样的大陆性岛屿型热带雨林。这里是全球最濒危的灵长类动物——海南长臂猿唯一分布地，是热带生物多样性和遗传资源的宝库，成为岛屿型热带雨林珍贵自然资源传承和生物多样性保护典范。
武夷山国家公园	跨福建、江西两省，保护面积1280平方千米，分布有全球同纬度最完整、面积最大的中亚热带原生性常绿阔叶林生态系统，是我国东南动植物宝库。武夷山有着无与伦比的生态人文资源，拥有世界文化和自然"双遗产"，是文化和自然世代传承、人与自然和谐共生的典范。

（资料来源：国家林业和草原局网站）

219. 实施生物多样性保护重大工程

我国是世界上生物多样性最丰富的国家之一，也是生物多样性受威胁最严重的国家之一。这些年，我国多措并举推动生物多样性保护整体布局逐步优化，有效地保护90%的陆地生态系统类型、74%的

（图片来源：新华社）

国家重点保护野生动植物物种，成功举办《生物多样性公约》第十五次缔约方大会，引领达成"昆明——蒙特利尔全球生物多样性框架"等具有里程碑意义的成果，为全球生物多样性保护和可持续发展作出重大贡献。

2024年，将聚焦重点领域和关键环节实施一批重大工程，为生物多样性保护提供更为坚实的支撑。

加强就地保护与栖息地修复，推进生态系统整体性保护，提升国家重点保护物种保护水平。实施迁地保护与种质资源保护，逐步建立国家植物园体系，建设珍稀濒危野生动物种源繁育基地，进一步建设国家种质资源库。

强化生物安全风险防控，提高生物安全监管应急处置能力。支持生物资源科学合理规范利用，开展生物资源开发利用、生物遗传资源获取与惠益分享。完善生物多样性评估体系，建立生物多样性调查与监测长效机制。开展外来入侵物种普查和监测预警，加强外来物种引入管理和口岸防控，强化农业、森林草原湿地等外来入侵物种治理。

生物多样性保护不能光靠政府投入，如何推动生物多样性保护进一步融入经济社会发展全过程？这是摆在我们面前的一个重大问题，关键要靠改革创新相关体制机制，不断提升全社会参与的积极性，让参与者能够获得"真金白银"的回报。

>>> 典型案例

探索生物多样性保护与利用新模式

北京、河北等地开展了全域生物多样性本底调查，云南、海南等地印发省级"生物多样性指导意见"，山东、浙江更新了省级生物多样性保护战略与行动计划，为全国生物多样性保护提供实践样板。目前，全国已有7批次572个生态文明建设示范区和240个"两山"基地，为各地更好地开展生物多样性保护与可持续利用提供了宝贵经验。

（资料来源：《光明日报》）

220. 完善生态产品价值实现机制

完善生态产品价值实现机制，核心要义就是建立生态环境保护者受益、使用者付费、破坏者赔偿的利益导向机制，引导和倒逼形成绿色发展方式、生产方式和生活方式，实现生态环境保护与经济发展协同推进。

一是拓宽绿水青山转化金山银山的路径。关键要进一步深化生态产品价值实现机制建设，围绕生态产品价值核算及应用、生态产品认证评价、可持续经营开发、生态保护补偿、评估考核等方面深化探索。

二是持续优化国土空间格局。加强生态保护修复，推进自然资源统一确权登记。完善自然资源资产产权制度体系，明晰自然资源资产权利主体和边界，推动自然资源资产设权赋能，促进资产保值增值。

三是聚焦提升林权资产功效，拓宽林权利用功能。打通林权投融资梗阻，健全林业财产权益保护机制，支持有序开展林权流转，培育家庭林场、村集体林场等规模经营主体，支持发展木竹材、经济林、林下经济等绿色富民产业，积极培育森林康养等新业态，切实让人民群众得实惠、有收益。

近年来，相关部门出台一系列政策文件，细化完善配套制度，指导地方开展实践探索，涌现出一批引领全国实践的先进典型案例。

（图片来源：南方网）

>>> **典型案例**

探索建立政府主导、企业和社会各界参与的生态产品价值实现机制

某市综合运用土地储备、生态修复、湿地保护、旧城改造、综合开发等措施，建成"八千米沿江、十千米运河"的城市"生态T台"，形成滨江公园、城郊湿地、环城森林带、沿河绿道等丰富多样的优质生态产品供给区，促进生态环境改善和生态产品价值增值外溢，

充分实现"好山好水好风光"的内在价值，探索了一条长江保护与绿色发展相得益彰、生态改善与经济发展良性互动的高质量发展之路。

（资料来源：《人民日报》）

221. 健全生态保护补偿制度

生态保护补偿制度是生态文明制度的重要组成部分，能够合理地平衡保护者与受益者的利益，让保护环境的人不吃亏、能受益。党的十八大以来，我国加大生态保护补偿力度，深入推进流域横向生态补偿，探索市场化、多元化生态保护补偿方式，初步建成了符合我国国情的生态保护补偿制度体系。当前，此项工作仍面临着补偿资金来自各级财政资金、补偿方式相对单一、补偿综合效力尚未充分发挥等问题。要有针对性采取措施，努力扩大补偿资金来源，提升补偿资金使用效能。

一是系统推进，政策协同。统筹谋划、全面推进生态保护补偿制度及相关领域改革，加强各项制度的衔接配套。例如，如何完善地区之间横向补偿制度，就大有文章可作。按照生态系统的整体性、系统性及其内在规律，完善生态保护补偿机制，促进对生态环境的整体保护。

二是政府主导，各方参与。积极引导社会各方参与，推进市场化、多元化补偿实践，让参与者能真正得到实惠。逐步完善政府有力主导、社会有序参与、市场有效调节的生态保护补偿体制机制。

三是强化激励，硬化约束。加快推进法治建设，运用法律手段规范生态保护补偿行为。清晰界定各方权利义务，实现受益与补偿相对应、享受补偿权利与履行保护义务相匹配。健全考评机制，依规依法加大奖惩力度、严肃责任追究。

>>> **典型案例**

探索跨省流域生态保护补偿模式

从 2012 年开始，浙皖两省连续开展了 3 轮新安江流域生态补偿机制试点，考核断面年度水质达标，浙江拨付安徽补偿资金。这一生态保护补偿机制被称为"新安江模式"。目前，皖浙新安江、渝湘酉水等 19 个省份的 15 个流域已建立起跨省流域横向生态保护补偿机制，有力促进了流域环境综合治理。

（资料来源：《人民日报》）

（二）大力发展绿色低碳经济

222.推进产业结构、能源结构、交通运输结构、城乡建设发展绿色转型

产业结构、能源结构、交通运输结构、城乡建设发展绿色转型是"碳达峰十大行动"的重要内容，也是实现"双碳"目标的重头戏。2024 年，重点行业绿色转型重点工作主要包括：

工业领域。工业是产生碳排放的主要领域之一，对全国整体实现碳达峰具有重要影响。实施工业领域碳达峰行动，优化产业结构，加快退出落后产能，很多传统行业仍需加大转型力度。大力发展战略性新兴产业，例如氢能、新型储能、先进光伏，都大有文章可作。

能源领域。能源是经济社会发展的重要物质基础，也是碳排放的最主要来源。这些年，我们取得的成绩是巨大的，需坚定发展方向，继续大力发展风能、太阳能、生物质能、海洋能、地热能等，不断提高非化石能源消费比重。

交通领域。这个领域的排放是分散性的，治理难度较大，改变运输方式是关键。要大力推进"公转铁"、"公转水"，加快铁路专用线建设，提升大宗货物清洁化运输水平。推进铁路场站、民用机场、港口码头、物流园区等绿色化改造和铁路电气化改造，推动超低和近零排放车辆规模化应用、非道路移动机械清洁低碳应用。

建筑领域。加快推进城乡建设绿色低碳发展，城市更新和乡村振兴都要落实绿色低碳要求。这方面，我们是有潜力、有基础的，2023 年，

我国绿色建材营业收入超过 2000 亿元、同比增长约 10%。要加快既有建筑和市政基础设施节能降碳改造，推动超低能耗、低碳建筑规模化发展。

🔘 热点链接

主要行业碳达峰目标

时间	主要行业碳达峰目标
"十四五"期间	产业结构和能源结构调整优化取得明显进展，重点行业能源利用效率大幅提升，煤炭消费增长得到严格控制，新型电力系统加快构建，绿色低碳技术研发和推广应用取得新进展，绿色生产生活方式得到普遍推行，有利于绿色低碳循环发展的政策体系进一步完善。 到 2025 年，非化石能源消费比重达到 20% 左右，单位国内生产总值能源消耗比 2020 年下降 13.5%，单位国内生产总值二氧化碳排放比 2020 年下降 18%，为实现碳达峰奠定坚实基础。
"十五五"期间	产业结构调整取得重大进展，清洁低碳安全高效的能源体系初步建立，重点领域低碳发展模式基本形成，重点耗能行业能源利用效率达到国际先进水平，非化石能源消费比重进一步提高，煤炭消费逐步减少，绿色低碳技术取得关键突破，绿色生活方式成为公众自觉选择，绿色低碳循环发展政策体系基本健全。 到 2030 年，非化石能源消费比重达到 25% 左右，单位国内生产总值二氧化碳排放比 2005 年下降 65% 以上，顺利实现 2030 年前碳达峰目标。

（资料来源：《2030 年前碳达峰行动方案》）

223. 加快重点领域节能节水改造

节约资源是我国的基本国策，是维护国家资源安全、推进生态文明建设、推动高质量发展的一项重大任务。当前，我国能耗强度是世界平均水平的 1.5 倍，六大高耗能行业能耗占比高达 75%；人均水资源不足世界平均水平的三分之一，全国 400 多个城市不同程度缺水，其中 110 个城市严重缺水，是全球 13 个人均水资源最贫乏的国家之一。

（图片来源：新华社）

2024 年将加大节能工作力度，分行业分领域实施能效提升专项行动。

第一，推动冶金、建材、石油化工等重点行业开展节能降碳技术改造。 国有企业、骨干企业要发挥引领示范作用，政府在财政、税收方面要给予相应的支持政策，切实提升企业积极性。

第二，加强水资源节约集约利用，持续推进重点行业领域节水，将节水改造和合同节水管理取得的节水量纳入用水权交易。 加强工业节水，实施重点用水企业和园区水效领跑者引领行动，发布国家鼓励的工业节水工艺、技术和装备目录。

缺水地区、地下水超采地区的新建、改建、扩建项目，应当制定节水方案，配套建设节水设施。加强城镇节水，实行供水管网漏损控制，实施分区计量工程，开展智能化改造。

第三，农业农村领域节水空间也很大。 要持续推进高标准农田建设和节水型灌区建设，加强农村生活供用水设施建设改造，配备安装计量设备。

政策传真

《节约用水条例》

2024年3月，国务院总理李强签署国务院令，公布《节约用水条例》（以下简称《条例》），自2024年5月1日起施行。《条例》总结党的十八大以来节水工作的丰富实践，将行之有效的经验做法转化为制度规范，全面、系统规范和促进节水活动，为保障国家水安全、推进生态文明建设、推动高质量发展提供有力的法治保障。《条例》共6章52条，主要规定了坚持党的领导、加强用水管理、完善节水措施、强化保障监督、严格法律责任等内容。

（资料来源：《人民日报》）

224. 推动废弃物循环利用产业发展

近些年，我国废弃物循环利用规模不断扩大、成效显著。2023年，大宗固废综合利用率约59%，废钢回收利用量已约占粗钢总产量1/4，资源循环利用企业超过10万家，带动超过3000万人就业。但同时也要看到，我国一些主要资源外采率高，资源能源利用效率总体上仍然偏低，加快构建废弃物循环利用体系，提高资源利用效率的需求十分迫切。

2024年的工作重点是：以提高资源利用效率为目标，加快构建覆盖全面、运转高效、规范有序的废弃物循环利用体系。

第一，加强回收。推进废弃物精细管理和有效回收，加强工业废弃物、农业废弃物、社会源废弃物精细管理和分类回收。这方面，一些大城市社区先行一步，垃圾分类已初见成效。

第二，变废为宝。 要提高废弃物资源化和再利用水平，强化大宗固体废弃物综合利用，加强废旧家电家具等再生资源高效利用，引导二手商品交易便利化规范化，促进废旧装备再制造。

第三，做好动力电池回收。 随着新能源汽车渗透率越来越高，第一批淘汰下来的动力电池规模日益庞大，一旦处置不当，就会给环境造成极大污染。要加强废旧动力电池等重点废弃物循环利用，探索新型废弃物循环利用路径。

第四，完善支持政策。 完善支持政策和用地保障等机制，培育壮大资源循环利用产业，推动产业集聚化发展，引导行业规范发展，让从业者能够获得稳定收益。

政策传真

废弃物循环利用工作目标

时间	主要目标
到 2025 年	初步建成覆盖各领域、各环节的废弃物循环利用体系，主要废弃物循环利用取得积极进展。 尾矿、粉煤灰、煤矸石、冶炼渣、工业副产石膏、建筑垃圾、秸秆等大宗固体废弃物年利用量达到 40 亿吨，新增大宗固体废弃物综合利用率达到 60%。 废钢铁、废铜、废铝、废铅、废锌、废纸、废塑料、废橡胶、废玻璃等主要再生资源年利用量达到 4.5 亿吨。 资源循环利用产业年产值达到 5 万亿元。
到 2030 年	建成覆盖全面、运转高效、规范有序的废弃物循环利用体系。 各类废弃物资源价值得到充分挖掘。 再生材料在原材料供给中的占比进一步提升。 资源循环利用产业规模、质量显著提高。 废弃物循环利用水平总体居于世界前列。

（资料来源：《国务院办公厅关于加快构建废弃物循环利用体系的意见》）

225. 促进节能降碳先进技术研发应用

节能降碳先进技术是影响绿色低碳经济发展水平和竞争力的关键因素。为了支持绿色低碳先进技术推广应用，有关部门 2023 年以来先后印发《绿色低碳先进技术示范工程实施方案》、《国家重点低碳技术征集推广实施方案》，目前正在积极组织实施。

2024 年，将重点通过国家科技计划、专项、基金等，支持绿色低碳科技研发推广。

第一，强化企业创新主体地位。推进产学研深度融合，支持企业牵头组建绿色低碳技术创新联合体，鼓励企业承担或参与财政资金支持的绿色低碳研发项目、市场导向明确的绿色低碳创新项目。

第二，培育建设一批绿色低碳技术的国家技术研究中心、国家重点实验室等创新平台。实施绿色低碳技术创新攻关行动。建设开放联动的技术要素市场，发挥市场对绿色低碳技术研发方向和创新要素配置的导向作用，大幅提高绿色低碳科技成果转移转化成效。

第三，积极利用首台（套）重大技术装备政策支持绿色低碳技术应用。充分发挥国家科技成果转化引导基金作用，强化创业投资等各类基金引导，支持绿色低碳技术创新成果转化应用。及时发布绿色低碳技术推广目录，加快先进成熟技术推广应用。加强知识产权创造、运用和保护，引导各类创新主体在绿色低碳领域加强专利布局。

📱 政策传真

节能降碳技术分类

大类	具体技术
能源绿色低碳转型类	可再生能源开发应用技术 先进储能技术 能源互联网技术 氢能开发利用技术
重点领域降碳类	工业领域降碳技术 建筑领域降碳技术 交通运输领域降碳技术
储碳固碳类	碳捕集利用与封存（CCUS）技术 生态增汇与监测技术
数智赋能类	数字赋能效率提升技术 温室气体排放智能化管理技术 数据中心降碳技术
非二氧化碳减排类	甲烷减排技术 氢氟碳化物减排技术 氧化亚氮减排技术 其他温室气体减排技术

（资料来源：《国家重点低碳技术征集推广实施方案》）

226. 加快形成绿色低碳供应链

近年来，我国绿色低碳产业供给能力不断增强。例如，可再生能源产业发展迅速，风电、光伏发电等清洁能源设备生产规模居世界第一，形成了覆盖节能、节水、环保、可再生能源等各领域的绿色技术装备制造体系，能源设备、节水设备、污染治理、环境监测等多个领域技术已达到国际先进水平。但部分传统领域生产绿色转型面临困难、一些新兴领域绿色低碳发展仍面临卡点。2024年，需要重点在3个方面发力。

第一，加快补齐新兴产业绿色低碳短板弱项，及时发布产业发展新形势，避免无序重复建设，着力解决行业可持续发展的后顾之忧。着力锻造绿色低碳产业长板优势，在财政、税收、价格、金融政策方面给予支持，提高绿色环保、新能源装备、新能源汽车等绿色低碳产业占比。

第二，推动数字化和绿色化深度融合，运用数字技术推动生态环境治理。推动绿色制造业和现代服务业深度融合，积极培育绿色消费市场，通过绿色积分兑换、直接补贴、信贷优惠等方式引导鼓励绿色消费，鼓励有条件的地区对绿色低碳产品和服务予以适当补贴，增强绿色产品市场竞争力。

第三，进一步发挥数字技术在提高资源效率、环境效益、管理效能等方面的赋能作用。以数字化促进绿色化，加速生产方式数字化绿色化协同转型，构建优质高效的绿色制造服务体系。

227. 建设美丽中国先行区

党中央提出美丽中国建设"三步走"目标，到2027年，美丽中国建设成效显著；到2035年，美丽中国目标基本实现；到本世纪中叶，美丽中国全面建成。

美丽中国先行区建设在美丽中国建设中具有标杆示范、带头引领作用，是现阶段推进美丽中国建设的着力点。我国各地环境条件、产业状况差别较大，在一些具备条件的地方率先建设美丽中国先行区，将聚焦区域协调发展战略和区域重大战略，加强绿色发展协作，打造绿色低碳发展高地，可以积累先进经验，增强示范带动作用。

突出重点、分类指导，立足区域功能定位，有针对性地制定政策措施，集中解决区域性流域性生态环境问题。比如，在长江经济带，重点是坚持共抓大保护，建设人与自然和谐共生的绿色发展示范带；在黄河流域，重点是坚持以水定城、以水定地、以水定人、以水定产，建设生态保护和高质量发展先行区。

美丽乡村

（图片来源：新华社）

强化协作、凝聚合力，打破传统以行政区域为单位的环境治理模式，强化生态环境共保联治。比如，京津冀地区将不断完善生态环境协同保护机制，粤港澳大湾区将持续深化生态环境领域规则衔接、机制对接，长三角地区将着力推进共保联治和一体化制度创新。同时，鼓励各地区充分发挥自身特色，立足本地实际谱写美丽中国建设省域篇章。

（三）积极稳妥推进碳达峰碳中和

228.提升碳排放统计核算核查能力

碳排放统计核算是做好碳达峰碳中和工作的重要基础，是制定政策、推动工作、开展考核、谈判履约的重要依据。党的十八大以来，为满足应对气候变化国际履约要求，支撑实现我国提出的控制温室气体排放行动目标，我国在国家、地区、企业、项目和产品碳排放统计核算层面开展了大量工作，取得了积极成效。

新形势下，应对气候变化工作对碳排放统计核算数据的准确性、及时性、一致性、可比性和透明性等提出更高需求，原有的碳排放统计核算体系面临多重挑战。要采取有效措施予以应对。

第一，进一步理顺碳排放统计核算的工作机制，明确各地方各部门关于国家温室气体清单编制等重点任务，夯实统计基础。

第二，推动实现国家温室气体清单常态化编制和定期更新，鼓励有条件地区参照国家做法编制省级清单。

第三，逐步建立完善企业温室气体报告制度，对数据造假等行为加大处罚力度，筑牢行业企业碳排放数据质量基石。

第四，有序开展重点产品碳排放核算，先聚焦于重点行业的原材料、半成品和成品，再逐步扩展至其他行业产品和服务类产品，探索建立碳标签制度体系。

第五，建设全国碳市场一体化管理平台，探索卫星遥感等大尺度高精度监测手段的应用。

🔘 热点链接

我国分别于 2004、2012、2017、2019 年和 2023 年，以中国政府名义向《联合国气候变化框架公约》提交了多份国家履约报告。最新国家清单涵盖能源活动，工业生产过程，农业活动，土地利用变化和林业以及废弃物处理等 5 个领域的温室气体排放和吸收情况，涉及二氧化碳、甲烷、氧化亚氮、氢氟碳化物、全氟碳化物、六氟化硫等 6 类气体。我国履约报告接受了多次《公约》秘书处组织的国际磋商和分析，清单质量得到国际专家认可。

（资料来源：生态环境部微信公众号）

229. 建立碳足迹管理体系

近年来，一些国家逐步建立起重点产品碳足迹核算、评价和认证制度，越来越多的跨国公司也将产品碳足迹纳入可持续供应链管理要求。我国是碳排放大国和外贸大国，加快建立碳足迹管理体系意义重大。碳足迹管理是一项新鲜事物，把碳足迹这件事管好，无先例可循，需要开展的工作很多，2024 年重点工作主要包括：

一是夯实数据基础。加强碳足迹背景数据库建设，在确保方法统一和数据准确可靠的基础上，建立相关行业碳足迹背景数据库，为企业开展产品碳足迹核算提供公共服务。在制定产品碳足迹核算规则和标准、建立相关背景数据库的基础上，建立统一规范的产品碳标识认证制度，通过明确标注产品碳足迹量化信息，引导企业节能降碳。

二是完善相关标准。加强国际碳足迹方法学研究，跟踪国际组织和主要经济体碳足迹相关管理制度、认证规则及实施成效，结合我国实际将有关国际标准有序转化为国家标准、行业标准。

三是加强国际合作。坚持以我为主，充分发挥多双边对话机制作用，加强与国际相关方的沟通对接，积极参与国际碳足迹相关标准规则的制修订，推动与主要贸易伙伴在碳足迹核算规则和认证结果方面衔接互认。

名词解释

碳足迹

一般指产品从原材料加工、运输、生产到出厂销售等流程所产生的碳排放量总和，是衡量生产企业和产品绿色低碳水平的重要指标。

（资料来源：人民网）

230. 扩大全国碳市场行业覆盖范围

全国碳排放权交易市场选择以发电行业为突破口，2021年7月正式开市，已经顺利完成了两个履约周期，实现了预期的建设目标。目前全国碳排放权交易市场覆盖年二氧化碳排放量约51亿吨，纳入重点排放单位2257家，成为全球覆盖温室气体排放量最大的碳市场。和发达国家成熟的碳市场相比，我国碳排放权交易市场还有很多需要进一步建设和完善的地方。我国碳排放主要集中在发电、钢铁、建材、有色、石化、化工、造纸、航空等重点行业，这8个行业占到了我国二氧化碳排放的75%左右。目前，全国碳排放权交易市场只纳入了发电行业，占全国二氧化碳排放总量的40%以上。今后一段时间，要重点做好以下工作。

第一，坚持稳中求进、先易后难的原则，努力扩大碳市场覆盖范围。优先纳入碳排放量大、产能过剩严重、减污降碳协同效果好、数据质量基础好的重点行业。要把握好节奏力度，科学合理确定不同行业的纳入时间，分阶段、有步骤地积极推动碳排放权交易市场覆盖碳排放重点行业，构建更加有效、更有活力的碳市场。

第二，夯实碳排放数据管理根基，激发碳市场建设和发展内生动力。要进一步理顺并明确各级相关主管部门、重点排放单位、技术服务机构等多个主体各自承担的数据管理权责和要求，形成全方位、全要素的全国碳排放权交易市场数据质量管理框架。

第三，不断加强国际合作，密切关注国际碳市场发展动向。进一步加快国内与国际碳交易机制间的政策协调，建立与国际碳市场发展相对应的国家标准，不断提升国际碳定价能力，确立中国在全球碳交易市场上的重要地位。

名词解释

温室气体

是指大气中吸收和重新放出红外辐射的自然和人为的气态成分，包括二氧化碳、甲烷、氧化亚氮、氢氟碳化物、全氟化碳、六氟化硫和三氟化氮。

碳排放配额

是指分配给重点排放单位规定时期内的二氧化碳等温室气体的排放额度。1个单位碳排放配额相当于向大气排放1吨的二氧化碳当量。

清缴

是指重点排放单位在规定的时限内，向生态环境主管部门缴纳等同于其经核查确认的上一年度温室气体实际排放量的碳排放配额的行为。

（资料来源：《碳排放权交易管理暂行条例》）

231. 控制化石能源消费

化石能源主要包括煤炭、石油和天然气。2024年《报告》指出，要"控制化石能源消费"，这是实现"双碳"目标的重要举措。从2023年情况看，我国煤炭消费量增长5.6%，原油消费量增长9.1%，天然气消费量增长7.2%，化石能源减量面临的形势依然严峻。

2024年，做好控制化石能源消费工作，主要包括以下几个方面。

一是煤炭消费方面。要合理规划煤炭消费规模，新建机组煤耗标准应达到国际先进水平，有序淘汰煤电落后产能，积极推动钢铁、建材、化工等主要耗煤行业减煤限煤，大幅压减散煤。

二是石油、天然气消费方面。我国是油气消费大国，也是油气进口大国，合理控制石油消费增速既关乎转型、也关乎安全。要推进先进生物液体燃料、可持续航空燃料等替代传统燃油，提高电动车渗透率，科学优化天然气消费结构，推进油气输送降碳提效，积极推动油气加工转型升级，深入开展碳捕集技术研发应用。

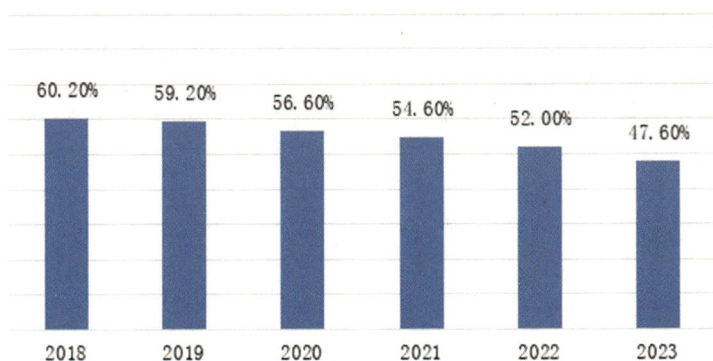

年份	占比
2018	60.20%
2019	59.20%
2020	56.60%
2021	54.60%
2022	52.00%
2023	47.60%

2018年—2023年火力发电装机占比

（数据来源：国家能源局网站）

三是项目管理方面。要根据当地的能源结构和产业结构，充分研判项目的经济性、可行性以及对环境资源的影响。按照相关要求，坚决遏制高耗能高排放低水平项目盲目上马，切实从源头和入口形成有效的碳排放控制阀门。

232. 加快建设新型能源体系

当前，能源转型进程中仍存在一些困难和挑战。我国能源消费年均增量是"十三五"的 1.8 倍，预计今后一个时期仍将维持刚性增长，统筹能源安全保障和低碳转型的难度加大。要深入推进能源革命，控制化石能源消费，加快建设新型能源体系。

⦿ 热点链接

新型能源体系的"五新"

新的能源结构：非化石能源逐步替代化石能源成为主体能源；

新的系统形态：新型电力系统、氢能"制储输用"体系、化石能源低碳零碳化利用等加快涌现；

新的产业体系：以高水平科技自立自强加快形成能源领域新质生产力；

新的供应方式：具有弹性韧性的能源供应链，有力保障极端天气等各类条件下的用能安全；

新的治理体系：各种要素资源实现灵活高效配置。

（资料来源：《人民日报》）

一是进一步发展可再生能源。这方面是我国能源发展的优势所在。要推动风电光伏高质量发展，启动全国风电和光伏发电资源普查，加快大型风电光伏基地第二批、第三批项目建设，积极稳妥推动海上风电开发建设，大力推广分布式可再生能源系统。稳步推动可再生能源制氢项目发展，持续推动光热发电规模化发展。积极稳妥发展水电。

二是科学把控化石能源发展节奏。抓好煤炭、油气资源低碳清洁高效利用这篇大文章，这是我们做好"双碳"工作的重中之重。煤炭利用要实现全过程全要素清洁低碳。合理控制石油消费增速，科学优化天然气消费结构，大力推进油气输送降碳提效，积极推动油气加工转型升级。

应用新能源

三是加快电网等基础设施建设。电网是我们的国家名片，要不断发挥其在新型能源体系中的关键作用。要增强电网资源配置能力，持续优化完善主网架，切实发挥大电网优化资源配置的平台作用。推动配电网高质量发展，全面提升城乡配电网供电保障能力和综合承载能力。

四是积极推动储能研发和应用。储能是平抑新能源波动的关键。要按照既定节奏，有序发展抽水蓄能，着重发展新型储能，促进新型储能与电力系统各环节融合发展。积极发展虚拟电厂、负荷聚合商、综合能源服务等新业态，挖掘用户侧灵活调节潜力。

233. 推动分布式能源开发利用

分布式能源，主要包括分布式风力发电和光伏发电。近年来，我国按照集中式与分布式并举的方式，加快推进风电和光伏发电发展，取得了长足进展。2023年全国新增光伏并网容量21630万千瓦，其中分布式光伏达9628.6万千瓦、占比44.5%，且新增户用分布式光伏并网容量达4348.3万千瓦。

光伏发电站

（资料来源：新华社）

当前，国家和地方对分布式新能源的支持力度较大，但部分地区超规模开发、消纳能力不足、市场机制仍不完善等因素制约了其高质量发展。总体而言，要因地制宜、统筹协调，科学有序开发分布式新能源资源。2024年要重点做好两方面工作。

第一， 开展农村能源革命试点县建设，实施"千乡万村驭风行动"和"千家万户沐光行动"，探索推进农村能源清洁低碳转型，助力乡村振兴。例如，多地开展的"农光互补"、"渔光互补"等分布式光伏项目已颇具规模。

第二，结合分布式新能源发展，积极开展智能电网建设，这是关乎分布式新能源成败的关键。要完善源网荷储多要素互动模式，持续提升分布式新能源智能化调控水平和就地就近消纳能力。

▶▶▶ 典型案例

分布式能源建设的农村实践

目前，我国农村地区户用分布式光伏累计安装户数已超过 500 万户，带动有效投资超过 5000 亿元。据有关机构预测，我国农村地区可安装光伏屋顶面积约 273 亿平方米，超过 8000 万户，开发潜力巨大。

（资料来源：国家能源局网站）

234. 提高电网对清洁能源的接纳、配置和调控能力

风电光伏等新能源发电具有波动性、间歇性和不稳定性等问题，解决的关键在于电网建设。要进一步建设好新能源基础设施网络，推进电网基础设施智能化改造和智能微电网建设，提高电网对清洁能源的接纳、配置和调控能力，保障能源稳定供应。

2024 年重点开展的工作包括：

一是配电网方面，要加快配电网改造升级，推动智能配电网、主动配电网建设，提高配电网接纳新能源和多元化负荷的承载力和灵活性，促进新能源优先就地就近开发利用。积极发展以消纳新能源为主

的智能微电网，实现与大电网兼容互补。

某特高压工程

（图片来源：新华社）

二是主干电网方面，完善区域电网主网架结构，推动电网之间柔性可控互联，构建规模合理、分层分区、安全可靠的电力系统，提升电网适应新能源的动态稳定水平。科学推进新能源电力跨省跨区输送，稳步推广柔性直流输电，优化输电曲线和价格机制，加强送受端电网协同调峰运行，提高全网消纳新能源能力。

235. 发展新型储能

随着电力系统对调节能力需求提升、新能源开发消纳规模不断加大，尤其是沙漠戈壁荒漠大型风电光伏基地项目集中建设的背景下，新型储能建设周期短、选址简单灵活、调节能力强，与新能源开发消纳的匹配性更好，优势逐渐凸显，加快推进新型储能技术规模化应用势在必行。

我国在锂离子电池、压缩空气储能等技术方面已达到世界领先水平，面向世界能源科技竞争，支撑绿色低碳科技创新，加快新型储能技术创新体系建设机不容失。在统筹好安全性、可靠性、经济性的基础上，2024年要重点做好以下工作。

第一，大力推进电源侧储能发展，合理配置储能规模，改善新能源场站出力特性，支持分布式新能源合理配置储能系统。

第二，优化布局电网侧储能，发挥储能消纳新能源、削峰填谷、增强电网稳定性和应急供电等多重作用，让电网能够真正利用储能设施。

第三，积极支持用户侧储能多元化发展，提高用户供电可靠性，鼓励电动汽车、不间断电源等用户侧储能参与系统调峰调频。

第四，拓宽储能应用场景，推动电化学储能、梯级电站储能、压缩空气储能、飞轮储能等技术多元化应用，探索储能聚合利用、共享利用等新模式新业态。

名词解释

新型储能

储能分为传统储能和新型储能。传统储能主要包括抽水蓄能，新型储能包括锂离子电池、液流电池、压缩空气储能、飞轮储能等。"十四五"以来，新增新型储能装机直接带动经济投资超过1000亿元，有力支撑能源电力发展，成为中国经济发展新动能。

（资料来源：《人民日报》）

236. 促进绿电使用和国际互认

近年来，随着经济社会发展全面绿色转型步伐加快，绿色电力需求呈快速增长态势。受可再生能源资源禀赋和输电通道等条件制约，一些地区和企业短期内难以大比例增加可再生能源消费，但可通过购买绿证的方式增加可再生能源消费，从而以更大力度推进节能降碳。

目前，如何充分释放绿电消费和绿证使用的潜力，是我国新能源高质量发展亟待解决的问题。从2024年来看，需重点开展的工作包括：

第一，促消费。加快建立高耗能企业可再生能源强制消费机制，合理提高消费比例要求。鼓励相关项目通过购买绿证绿电进行可再生能源消费替代，扩大绿证市场需求。

第二，建机制。规范绿证交易制度，建立跨省区绿证交易协调机制和交易市场，引导绿证交易价格在合理区间运行。加快建立基于绿证的绿色电力消费认证机制，明确认证标准、制度和标识。完善绿证与碳核算和碳市场管理衔接机制，推动建立绿证纳入地方、行业企业、公共机构、重点产品碳排放核算的制度规则。

第三，强合作。充分利用多双边国际交流渠道，大力宣介绿证作为我国可再生能源电量环境属性基础凭证，解读我国绿证政策和应用实践。推动国际机构特别是大型国际机构碳排放核算方法与绿证衔接，加快绿证国际互认进程。积极参与国际议题设置和研讨，推动绿证核发、计量、交易等国际标准研究制定，着力提高我国绿证的国际影响力和认可度。

📑 名词解释

绿电

一般指风电、太阳能发电、水电、生物质发电、地热能发电、海洋能发电等可再生能源电力。

绿证

是我国可再生能源电量环境属性的唯一证明，是认定可再生能源电力（绿色电力）生产、消费的唯一凭证。1个绿证单位对应1000千瓦时可再生能源电量。

（资料来源：国家能源局网站）

十一

切实保障和改善民生 加强和创新社会治理

　　增进民生福祉是发展的根本目的，也是推动发展的强劲动力。2024年的《报告》聚焦群众关切，在保障和改善民生方面提出了不少新政策、新举措。在2024年工作总体要求中明确"增进民生福祉，保持社会稳定"，在重点工作任务中作了集中部署，相关的内容和要求贯穿全篇。要坚持以人民为中心的发展思想，切实履行好保基本、兜底线职责，采取更多惠民生、暖民心举措，稳步提升民生保障水平。同时要支持社会力量增加非基本公共服务供给，满足群众多层次、多样化需求，提高人民生活品质，积极培育新的经济增长点，形成经济发展与民生改善的良性循环。

（一）多措并举稳就业促增收

237. 加强对稳就业的政策支持

围绕促进就业形势持续向好，要加强财税、金融等政策对稳就业的支持，加大促就业专项政策力度。对常态化实施的政策，要进一步提升实施效果，阶段性政策要及时进行优化调整。

2019—2024 年全国一般公共预算社会保障和就业支出

单位：亿元

2019 年	2020 年	2021 年	2022 年	2023 年	2024 年
29379	32569	33788	36609	39883	41384

2019—2024 年中央财政就业补助资金

单位：亿元

2019 年	2020 年	2021 年	2022 年	2023 年	2024 年
539	539	557	618	667	667

主要用于职业培训补贴、职业技能评价补贴、就业见习补贴、一次性求职补贴、一次性创业补贴、社会保险补贴、公益性岗位补贴、就业创业服务补贴、高技能人才培养补助等支出

财政支持保障和改善民生

（图片来源：财政部）

一是强化宏观政策支持。主要是财税、金融、投资等方面政策。财税政策方面，要强化对应届高校毕业生、退役军人、失业人员等重

强化稳岗促就业政策支持

（图片来源：财政部）

点群体就业创业的税费优惠，继续对符合条件的企业给予创业担保贷款贴息、残疾人就业保障金减征等优惠。金融政策方面，要加大对实体经济和劳动密集型小微企业的信贷优惠力度，支持金融机构发放低利率的稳岗扩岗专项贷款。投资政策方面，要充分发挥投资对就业的带动效应，鼓励采用以工代赈等形式，提升促就业效果。

二是加大专项政策力度。 这方面政策比较多，大体可分为财政补助类、费用减免类、社保返还类等。在财政补助方面，要加强对企业招聘重点群体的就业和社会保险补贴等支持，对职工积极提升职业技能的，符合条件的要给予技能提升补贴。在费用减免方面，要落实好降低失业和工伤保险费率、降低助学贷款利息等政策，减轻企业和劳动者负担。在社保返还方面，要优化失业保险稳岗返还政策，对符合条件的各类企业，继续按一定比例返还企业及其职工上年度缴纳的失业保险费。在政策实施过程中，要进一步突出支持就业容量大的行业企业和重点就业群体。

238. 促进高校毕业生等青年就业

高校毕业生就业是关系青年成长成才和千万家庭的大事。2024年高校毕业生预计超过1170万人、再创历史新高，促就业任务很重。

围绕支持高校毕业生早就业、就好业，2024年将重点采取三方面措施。

一是拓宽就业创业渠道。数据显示，近年来近60%的高校毕业生去了各类企业。2024年将进一步加大对企业吸纳毕业生就业的政策力度，支持地方出台更多针对性政策，支持金融机构创新"稳岗扩岗"产品和服务。继续支持机关事业单位、国有企业招用高校毕业生，组织实施好"三支一扶"、"特岗计划"、"西部计划"等基层项目。对有创业意愿的，落实好一次性创业补贴、创业担保贷款及贴息、税费减免、场地支持等政策，鼓励以创业带动就业。

校招场景

（图片来源：新华网）

二是帮扶困难毕业生和离校未就业毕业生就业。对脱贫家庭、低保家庭、零就业家庭、残疾等困难高校毕业生，要优先提供指导服务、优先推荐就业岗位、优先开展培训和就业实习，按规定发放一次性求职补贴。对离校后未就业的高校毕业生，要做好高校和地方之间的就业服务衔接，"一人一档"给予针对性帮扶，及时组织参加就业见习，着力提高帮扶就业率。

三是优化就业服务和指导。从近年情况看，不少毕业生在求职时，有的没有方向，有的缺乏求职和就业技能，还有的慢就业、缓就业。2024 年不仅要组织各种形式的招聘活动，提供更多岗位选择；而且要更加注重职业指导、择业观教育，帮助高校毕业生从实际出发选择岗位，增强规划意识、提升就业能力。

239. 加强对就业困难人员帮扶

2024 年元旦刚过，为期一个月的就业援助月专项活动就在全国拉开大幕。各级人力资源社会保障、残联等部门，深入走访摸排，制定分类援助计划，为就业困难人员送岗位、送服务、送温暖。对低保群众中有就业需求的人员、200 万左右需要帮扶就业的残疾人、数百万零就业家庭成员，还有各种原因导致的失业人员，2024 年将采取积极有力措施帮助他们就业。

就业援助

一是帮提升技能。就业困难人员，多数是年龄大、技能低的群众，就业竞争力相对较弱。2024年将为他们继续提供免费的职业技能培训，根据他们个人情况培训实用的就业技能。同时还会给予求职方面的辅导，对想自主创业、搞个体经营的，也会给予培训指导。

二是帮对接岗位。对于就业意向较为明确的，将鼓励各类单位拿出合适的岗位，为他们推送岗位信息并积极对接用人单位。对于确实困难无法自主就业的，符合条件的将纳入公益性岗位保障，为他们的就业兜底。实施好《促进残疾人就业三年行动方案（2022—2024年）》，创新打造"美丽工坊"等残疾妇女就业品牌项目，更好帮扶残疾人就业。

三是帮保障生活。对于就业困难人员中的低保对象，要严格落实好最低生活保障要求，及时发放低保金；对于失业人员特别是长期失业人员，要按规定及时发放失业保险金；对其他生活有困难的就业人员，也要想办法帮他们排忧解难。

240. 分类完善灵活就业服务保障措施

灵活就业人员是我国就业人员中的重要群体，其中包括大量非全日制劳动者、零工人员等，覆盖的行业领域广，模式形态丰富，就业服务和社会保障也要注重分类施策，增强针对性。

就业服务要多元灵活。灵活就业人员时间自由、空间变化大，"赶大集式"的招聘会不太适合他们，反而是马路边、桥头上、工厂旁的零工市场更接地气、更符合他们的就业需求。2024年要将灵活就业人员纳入免费基本公共就业服务范围，还要把就业服务向基层延伸，打造"15分钟"就业服务圈。对于灵活就业人员使用较多的零工市场，要加强规范化建设，进一步完善服务功能，优化建设布局，完善运行模式和服务管理制度。现在全国有6900多家零工市场，通过提升功能，将会成为灵活就业人员的就业之家、生活驿站。

湖南湘江新区零工市场

（图片来源：新华社）

社保参保缴费要高效便捷。参加职工保还是居民保，在户籍地还是在就业地参保？为便利灵活就业人员参加社保，2024 年将继续完善相关政策和服务。对于选择在户籍地参加城乡居民养老保险的，要优化缴费服务，支持按月、季度、半年或年度等方式灵活缴费，鼓励通过线上线下多种渠道办理。对于希望在就业地参加城镇职工基本养老保险的，要落实好异地参保的政策要求，进一步便利缴费。今后，将深入研究适合灵活就业人员的参保缴费、待遇领取等政策，为灵活就业人员提供更大便利。

241. 扩大新就业形态就业人员 职业伤害保障试点

为解决新就业形态就业人员职业安全保障制度性缺失问题，自 2022 年开始，有关部门在北京、上海、江苏等 7 省市，选择出行、外卖、即时配送、同城货运等 4 个行业的 7 家平台企业开展职业伤害保障试点。截至 2023 年末，累计将 731 万人纳入保障范围，取得阶段性成效。第九次全国职工队伍状况调查显示，我国新就业形态劳动者达 8400 万人，除试点的地区和企业外，其他地区和企业的新就业形态劳动者保障情况差异较大，有的参加了工伤保险，有的购买了商业保险，还有的没有任何形式保障。2024 年职业伤害保障试点将很快到期，要从以下几个方面加以完善。

一是扩大覆盖范围。在目前已经覆盖的地区、行业和群体基础上，循序渐进、稳妥推进，充分考虑试点工作的成熟度，深入研究扩大试点的思路，逐步扩大职业伤害保障制度涉及的群体和行业范围。

二是完善政策管理。目前，职业伤害保障参保缴费、待遇项目、基金管理等方面政策和制度不断完善，逐步成为工伤保险制度的重要补充。随着试点范围扩大，要进一步加强基金管理，优化职业伤害保障事务经办方式，推动职业伤害保障更加公平、制度更可持续。

三是提高服务效率。依托国家社会保险公共服务平台，进一步提升平台申请受理、职业伤害确认、劳动能力鉴定、待遇发放等服务功能，简化服务流程和办理时间，增强服务便利性。

242. 坚决纠正各类就业歧视

在 2024 年全国"两会"上，有全国政协委员提出取消就业年龄限制的建议，受到社会关注。其实，不光是年龄，包括性别、学历、学校、地域等歧视，在就业市场上都经常被诟病。当就业面临较大压力时，大家对就业歧视的感受会更加明显。对这一问题，各方面要共同努力，切实防止和着力纠正。

机关和企事业单位作为用人主体，要带头遵守促进就业的法律法规。以岗位需要和职业能力为主要用人标准，不搞各种显性或隐性的就业歧视，不设置不合理的招聘要求，把平等就业各项要求落到实处。

求职者是直接当事人，要增强维权意识。当合法权益受到侵害时，敢于善于用法律武器保护自己。现实中有不少人因为专业、性别、体检等方面原因遭遇歧视，有的人采取诉讼的措施，不仅维护了自身权益，还帮助完善了相关制度。

人力资源服务机构要加强自律。我国有 6.3 万多家经营性人力资源服务机构，它们为用人单位和求职者提供就业对接服务，要引导它们把保护求职者权益作为经营准则和底线，多做"牵红线"的实事好事。

政府要严格执法。对"假招聘"、"黑职介"等违法违规现象，要加强突出问题整治，规范人力资源市场秩序。对含有歧视内容和不合理限制的招聘活动，要采取措施加以纠正，维护良好的就业环境。

▶▶▶ 典型案例

最高人民法院 2022 年发布了一个"闫某某诉某公司平等就业权纠纷案"的指导案例。在该案例中，某公司在招聘过程中限制求职者的地域。后当事人向法院提起诉讼，法院依法判决该公司向当事人道歉并赔偿精神抚慰金。该案例说明，用人单位招工时，基于地域、性别等与工作内在要求无必然联系的因素采取差别对待的，构成就业歧视，法律应予支持。

243. 保障农民工工资支付

农民工辛辛苦苦打工挣钱不易。为了帮助他们拿到应有的报酬，2024 年将继续采取有力的措施。**一是**在问题反映渠道上，要畅通

12333、12345 服务热线和全国根治欠薪线索反映平台等方式，让农民工能够及时将自己的遭遇和诉求向有关部门反映。**二是**在争议处置上，有关部门开展了农民工工资争议速裁庭建设专项行动，要依托已经建成的 3100 多个速裁庭或团队，依托 2900 多家劳动人事争议调解仲裁机构，对欠薪问题做到优先受理、快调快裁，着力提高处置效率。**三是**对于恶意欠薪涉嫌违法犯罪的，要加强诉裁联动，强化部门协同，严厉加以惩处。2024 年初，有关部门公布了一批拖欠农民工工资失信联合惩戒对象，今后还要持续强化震慑，让恶意欠薪者付出应有代价。

治理欠薪既要治，更要防。下一步，要着眼健全根治欠薪长效机制，细化落实保障农民工工资支付的法规制度，充分发挥农民工工资支付监控预警平台等作用，全链条监测工资支付各个环节，着力构建源头预防、动态监管、失信惩戒相结合的制度保障体系，推动从根本上解决拖欠农民工工资问题。

全国根治欠薪线索反映平台

（图片来源：中国政府网 ）

244. 加强职业技能培训

当前，我国就业不仅面临总量压力，也面临比较突出的结构性矛盾。一些劳动者技能水平与岗位需求不匹配，很多行业领域存在较大的人才缺口。比如，有关方面测算，制造业重点领域技能人才缺口达 3000 万人，养老护理人才缺口 1000 万人。产业加快转型升级，人民群众需求日益多样化，急需加快培养适应发展需要的各类技术技能人才。

下一步，要围绕提升劳动者就业能力、促进缓解就业结构性矛盾，大力实施多层次、多类型的培训，推动职业技能培训聚焦聚力、提升效能。

一是聚焦重点抓培训。在人群上，聚焦农民工、大龄低技能劳动者、产业结构调整中的转岗人员、重点领域的高技能人才等。在行业上，聚焦先进制造业、战略性新兴产业、未来产业，以及社会民生需求较大的养老照护、托育、家政等。在职业上，突出一线工种、新兴职业和急需紧缺工种等。

二是用好培训资源提效能。发挥职业院校基础性作用，加大硬件设施、师资力量建设，提升培训功能。用好公共实训基地、高技能人才培训基地，强化示范引领。支持企业建设培训中心，依托自身优势开展针对性培训。

三是着眼终身培训建机制。加快健全终身职业技能培训制度，畅通技能人才职业发展通道。进一步完善相关的政策机制，加强培训基础建设和效能评价，推进职业技能培训健康发展。

名词解释

新八级工

按照我国原来的职业技能等级划分，共有初级工、中级工、高级工、技师、高级技师五个等级，职业资格主管部门在此基础上，往下补设学徒工，往上增设特技技师、首席技师，共八级，又称为

"新八级工"。其中，从高级工往上，都属于高技能人才。对职业技能等级的认定，除了学校学习考试外，主要通过企业或社会培训评价机构认定，更好体现市场导向。

245. 多渠道增加城乡居民收入

《报告》提出2024年居民收入增长和经济增长同步的预期目标，政策导向更加鲜明、要求也更高，要采取积极有效措施，更大力度促进居民增收。

一是促进以就业实现增收。调查显示，居民人均可支配收入的七成、脱贫家庭收入的八成，都来自工资性收入和经营性收入。促进居民增收，首先要稳定和扩大就业，进一步拓宽城乡居民劳动收入，提高劳动报酬在初次分配中的比重。更大力度帮扶脱贫人口就业，巩固拓展脱贫攻坚成果。2023年有超过3300万脱贫人口实现稳定就业，2024年要继续努力，特别是加大国家乡村振兴重点帮扶县脱贫人口帮扶力度，提高脱贫人口就业增收水平。

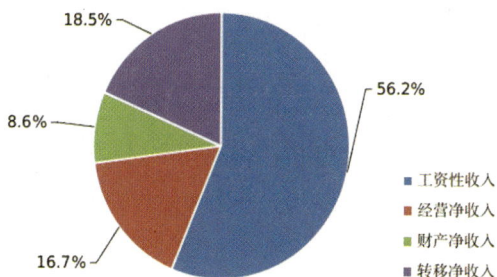

18.5%　56.2%　8.6%　16.7%

■ 工资性收入
■ 经营净收入
■ 财产净收入
■ 转移净收入

2023年全国居民人均可支配收入构成情况

（数据来源：国家统计局）

二是加大社会保障力度。落实好提高城乡居民基础养老金最低标准、退休人员基本养老金、居民医保人均财政补助标准等要求，加强对抚恤优待对象、最低生活保障对象的保障力度，做好受灾等困难群众兜底保障，按时足额发放各类救助金、保障金，增加群众特别是困难群众的可支配收入。

三是深化收入分配制度改革。完善企业薪酬调查和信息发布制度，健全最低工资标准评估机制，深化国有企业薪酬制度改革，完善体现事业单位不同特点的工资分配制度。研究制定扩大中等收入群体、促进低收入群体增收措施，努力提高居民收入在国民收入分配中的比重，推动居民收入稳步增长。

（二）提高医疗卫生服务能力

246. 继续做好重点传染病防控

2023年，我国新冠疫情防控实现平稳转段，取得重大决定性胜利。2024年疫情防控形势依然复杂，新冠病毒不断变异，多病共同流行的趋势短期内难以消除，特别是"X疾病"全球流行风险加大。必须始终绷紧疫情防控这根弦，坚持多病共防，统筹抓好各项防控工作。

一是强化疫情监测预警。考虑到新冠疫情危害和影响，2024年要继续突出抓好新冠疫情防控工作，扎实推进"乙类乙管"措施落实，同时加强重点传染病监测预警，做好疫情分析研判，确保一旦发现异常，能够及时有效处置。

二是加强医疗救治水平。按照平急结合原则，做好应急救治物资生产供应和储备，充实儿科、呼吸科等重点科室和农村地区传染病救治力量，强化基层医务人员培训，确保能够及时发现和诊治各类传染病感染者。

三是提高现场应急处置能力。分级分类建强卫生应急队伍，2024年要新建5支国家突发急性传染病防控队，市、县应急小分队建设实现全覆盖。健全传染病疫情应急预案体系，加强医防协同，强化应急演练，提高处置突发疫情协调联动水平。

四是持续做好健康科普宣传。健康教育是预防传染病最有效的方式。要采取多种渠道加强健康知识宣传和普及，促进群众做好自我防护，科学就医安全用药，引导重点人群接种疫苗。同时，及时发布权威信息，回应社会关切，避免社会焦虑紧张。

名词解释

"X 疾病"

"X 疾病"，并不代表某一种具体的疾病，而是由未知病原体引发可能导致全球大流行的传染病。"X 疾病"最主要的特点是"高致命、传染快、易变异"，它的发生发展存在很大的不确定性，因此很难对病原体以及发生的时间、地点来进行预测。各国专家普遍认为，受全球气候加速变化、人类活动范围不断扩大、病原跨物种传播频繁发生等因素影响，由"X 疾病"引发全球大流行的风险在持续增加。虽然"X 疾病"的发生很难避免，但由此引发的大流行是可以防范和应对的。

247. 推动基本医疗保险省级统筹

提高医保基金统筹层次，有利于增强医保基金互助共济和抗风险能力，更好实现区域公平、代际公平。目前全民基本医保统筹层次偏低，大多数省份还停留在地市级，必须加大力度推动这项改革。改革中要把握好以下要求。

一要精细制定方案。省级统筹不是简单地将基金共济范围从地市拓展到全省，要统筹考虑各地市基金总量、报销政策、管理水平等因素，做好摸底调查，精准精细制定实施方案，确保改革实现基金共济范围拓展、保障质效提升、全省政策更趋平衡的目标。

二要分类指导实施。对于已开始探索省级统筹的省份，要总结完善政策，持续扩大改革成效。对于一些省内政策相对统一、管理服务能力较强的省份，要积极推动，力争年底实现省级统筹。对于基础较弱、条件不具备的省份，要督促加快推动医保待遇清单统一和管理服务能力提升，逐步缩小地市间差距，为实现全省统筹创造条件。

三要创新管理和考核。做好基金管理和医疗服务监管，事关省级统筹后医保基金使用的公平和安全。要建立健全与统筹层次相适应的管理体系，探索推进地市级以下医保部门垂直管理，完善省对地市、县区的基金预算管理和使用绩效考核机制，确保基金调剂均衡、使用规范。

248. 完善国家药品集中采购制度

2018年国家药品集中采购实施以来，挤掉了虚高药价的水分，有效降低了群众用药负担。2023年，国家接续推进两批80种药品集采，平均降价幅度达57%。2024年要继续抓好这项工作，重点做到"一扩大、三确保"。

一是"扩围提质"。启动新批次国家组织药品和高值医用耗材集采，支持和协调有条件的省份牵头对尚未纳入国家组织集采的品种实施全国联盟集采，实现国家和省级集采药品数不少于500个、医用耗材集采持续推进的目标，让群众得到更多实惠。

二是确保医院使用。加强集采品种落地执行力度，强化集采中选产品使用、供应、考核、监测等全链条管理，落实集采结余资金留用等激励政策，探索医保支付与集采价格协同的有效方式，畅通集采药品进入医院渠道。

三是确保供应稳定。常态化开展价格和供应异常变动监测预警，及时发现和解决生产供应的苗头性问题，加强偏远地区配送保障，支持相关企业开展技术改造、扩大生产能力，坚决避免出现短缺断供。

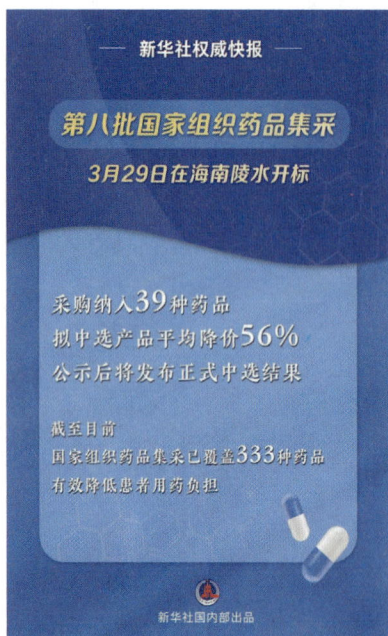

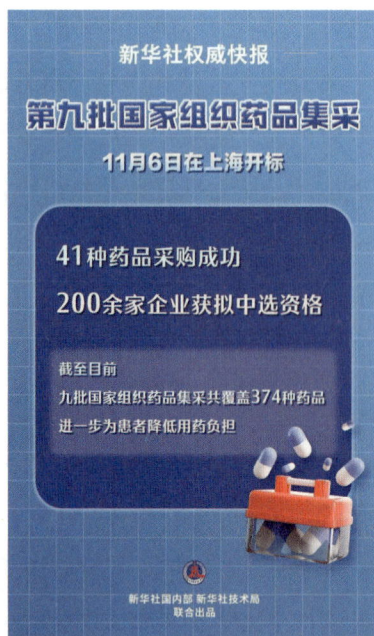

国家组织药品集采新闻快报

（图片来源：新华社）

四是确保安全有效。有些医疗机构和医务人员反映，集采药品的价格下来了，但效果感觉有所降低。要高度重视这个问题，加强集采中选药品真实世界研究，纳入更多药品、引入更多权威机构、拓展更多应用场景，更加准确界定集采中选药品临床真实疗效，确保药品质量。

249. 落实和完善异地就医结算

异地就医直接结算既方便了群众就医，也从制度层面解决了长期以来医保服务与人口流动不适应的问题，成为一项重大惠民举措。2023年住院费用跨省异地结算惠及群众住院1125.48万人次，减少群众垫付资金约1350亿元，跨省直接结算率超过70%。门诊费用跨省直接结算1.18亿人次，较 2022 年 增 长 263.36%。2024年要继续推动落实，重点办好四件事。

一是强化跨区域业务协同，进一步优化跨省异地就医结算管理服务，规范跨省直接

便捷异地就诊宣传材料

（图片来源：国家医保局网站）

结算流程，增加跨省联网医药机构数量，合理确定异地就医人员在不同级别医疗机构的差异报销水平，稳步提高住院费用跨省直接结算率。

二是推进高血压、糖尿病等5种门诊慢特病费用跨省直接结算县域可及，探索扩大门诊慢特病直接结算病种范围，争取再增加3-5种门诊慢特病病种。

三是持续推进定点医药机构接口改造适配工作，加快推动医保电子凭证、居民身份证作为就医介质，优化系统性能，减少响应时间，切实改善参保人员跨省异地就医直接结算体验。

四是增强基层医保经办服务能力，深化医保经办规范化建设，深入推进医保关系转移接续"跨省通办"，推动更多医保公共服务事项"掌上办"、"网上办"、"视频办"，进一步提高群众看病报销的便捷度。

250. 以患者为中心改善医疗服务

以患者为中心改善医疗服务，既是深化医改的内在要求，也是提升群众看病获得感的重要举措。2024 年重点抓好以下四项工作。

一是抓好规范医疗服务制度建设。进一步完善医疗质量安全管理制度和规范、医疗服务行为规范，严格落实医疗质量安全核心制度，完善以结果为导向的服务质量数据系统评估、反馈和激励机制，提升医疗服务标准化、规范化水平。

二是抓好优化就医服务流程。优化入出院流程，提供入院手续办理、医保审核、出院结算、检查检验预约、出院患者健康教育等"一站式"服务。探索推行"先诊疗后付费"、"一次就诊一次付费"等做法，缩短患者门诊等候时间。

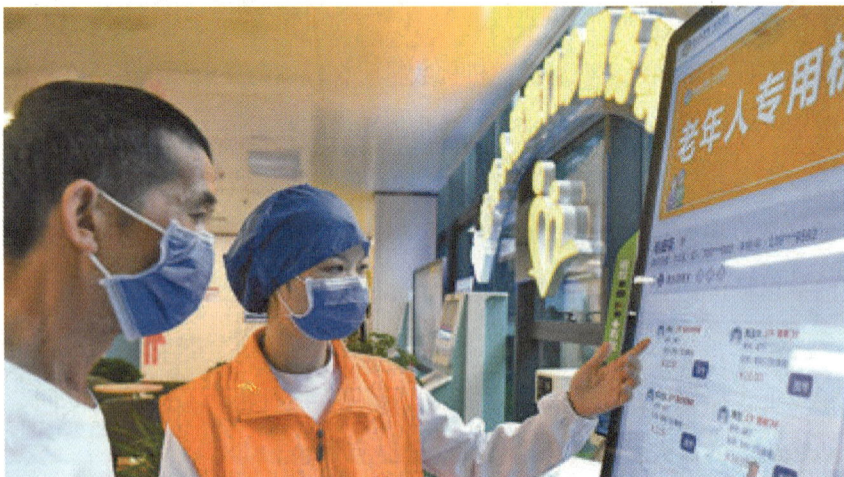

志愿者指导老年患者用"老年人专用机"挂号

（图片来源：《人民日报》）

三是抓好病房改造和设备更新。开展医院病房改造提升行动，适当提高床位配置水平，加强病房适老化、便利化改造，在政策允许的范围内增加特需医疗服务供给，满足人民群众多元化需求。推进医疗卫生机构装备和信息化设施迭代升级，鼓励具备条件的医疗机构加快医学影像、放射治疗、远程诊疗等医疗装备更新改造，提高医疗服务质量。

四是抓好优质护理服务。扩大专业护理人才招用规模，深入开展改善护理服务行动，推进优质护理，增加医疗机构护士配备，逐步提高护医比例，推动合理提高护理服务价格和护理人员待遇。

251. 推动医疗检查检验结果互认

长期以来，患者在就诊过程中，在一家医院做了检查后，换一家医院还要重新检查，既浪费了医疗服务资源，也加重了患者负担。过去，各地医疗机构的检查检验设备和人员技术水平差距较大，难以实施检查检验结果互认。经过这些年的发展，条件基本具备。截至2023年底，全国已经有204个地市开展检查检验结果互通共享。要重点抓好以下工作。

一是制定完善互认规则。制定结果互认项目指引，明确互认机构范围、条件、诊疗项目及技术标准等，并向社会公开，便于群众查询。有条件的省份之间可以联合制定工作方案，逐步实现跨省域医疗机构间检查检验结果互认。

二是严格质量控制。各地卫生健康行政部门要加强对辖区内医疗机构组织管理，健全检查检验的规章制度和操作程序，加强对医务人员和管理人员的培训，确保高标准出具检查检验结果。要定期对检查检验质量情况进行抽查评估，及时完善相关措施，不断提高检查检验结果互认的质量和水平。

　　三是强化基础支撑。加快乡村社区数字化设备升级和县（区）级影像、心电、检验诊断中心建设，提升检测能力。加强区域平台建设，推动辖区医疗机构检查检验结果的互通共享。完善相关绩效分配考核机制，调动医疗机构和医务人员参与改革的积极性和主动性。

2023 健康信息化成果

（图片来源：《人民日报》）

252. 加强县乡村医疗服务协同联动

　　我国县乡村三级医疗卫生体系网络基本健全，加强协调联动不仅有利于提升基层服务水平，也有利于促进分级诊疗，有效缓解看病难看病贵问题。2024 年着力在"帮、补、沉、提"上下功夫。

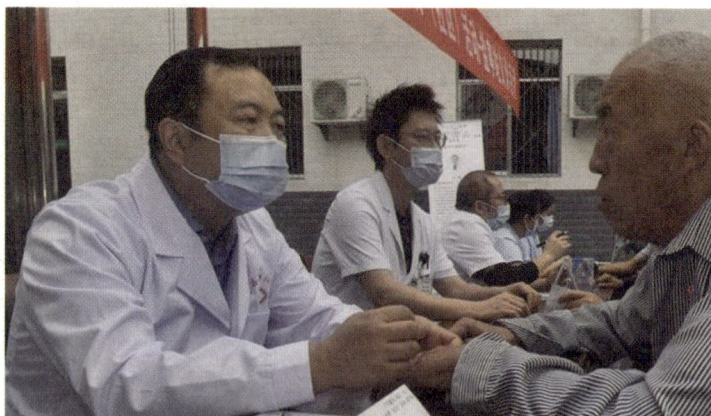

四川省肿瘤医院医生在绵阳市盐亭县金孔镇中心卫生院为群众义诊

（图片来源：新华网）

第一，"帮"就是要加强城市大医院对县域医疗服务的帮扶，通过专家派驻、专科共建、临床带教、远程医疗等方式提升县域医疗服务能力和管理水平。

第二，"补"就是要深入推进"千县工程"，开展全国县医院医疗服务能力评估，通过引进人才、改善硬件条件、派驻人员支援等措施补齐专科能力短板，重点提升对急危重症患者的抢救能力，突发公共卫生事件应急处置能力，肿瘤、神经、心血管、呼吸和感染性疾病等专科疾病防治能力。

第三，"沉"就是要打通县域医疗资源下沉基层通道，建立以县带乡、以乡带村帮扶机制，加强县域医疗卫生人才优化配置和管理，有条件的地方可对招聘引进的医疗卫生人才实行县管乡用、乡聘村用，推进县域内医疗卫生服务一体化。

第四，"提"就是要提高乡镇卫生院和社区卫生服务中心建设标准，健全基层医疗卫生机构临床科室设置和设备配备，在基层推广医学智能辅助诊断系统，提高乡镇卫生院二级及以下常规手术等医疗服务能力，增强群众到基层看病的吸引力。

253. 扩大基层医疗卫生机构慢性病、常见病用药种类

湖北钟祥马北村卫生室药房内的各类药品

（图片来源：《人民日报》）

由于城镇化加快、人口老龄化加剧，加上分级诊疗制度的持续推进，基层医疗卫生机构配备基本药物已经难以满足基层群众用药需求。在中国政府网"@国务院我为政府工作报告提建议"网民建言征集活动中，不少网民提出要扩大基层医疗机构的用药品种。《报告》明确提出扩大基层医疗卫生机构慢性病、常见病用药种类。重点抓好三项工作：

一是全面梳理现有基层医疗卫生机构用药政策和药品使用情况，完善基本药物目录，研究制定基层医疗卫生机构药品遴选指导原则，增加基本药物种类，更好满足基层慢性病、常见病患者用药需求。

二是推动基层医疗卫生机构与上级医院用药目录衔接统一、处方自由流动，探索建立大医院与基层医疗机构共享用药平台，使群众在基层看病就可以购买到大医院的药品。

三是健全基层医疗机构实施基本药物政策支持措施，加大医保报销倾斜力度，完善财政补助机制，调动基层医疗卫生机构愿意进、群

众愿意用的积极性。同时完善基层医疗卫生机构药品联动管理机制，加强配送管理，确保药品及时供应。

254. 加强罕见病研究、诊疗服务和用药保障

罕见病患者数量大

全世界有 **7000** 多种罕见病

只有 **1%** 的罕见病有治疗药物

我国罕见病患者超过 **2000万** 每年新出生的罕见病患儿超过 **20万**

80% 罕见病是遗传病

我国罕见病患者概况

（图片来源：《人民日报》）

罕见病发病率低、治疗费用高，大多数患者家庭无力支付。近年来，国家不断加大罕见病用药保障力度。目前，国内已有80多种被纳入医保报销范围，有效减轻了患者及家庭的用药负担，但与罕见病医疗保障需求相比，还有较大差距，需要采取更加有力的措施解决罕见病患者看病就医问题。

一是鼓励扶持罕见病药品研发，在税收减免、管理使用、审评审批等方面给予更大的扶持力度，调动制药企业投入研制新药积极性。

二是优化调整全国罕见病诊疗协作网，组织对第二批罕见病目录按病种逐一制定诊疗规范，加强基层医务人员罕见病诊疗技术培训，尽量避免因误诊漏诊延误干预治疗时机。

三是探索建立罕见病用药保障机制，整合医疗保障、社会救助、

慈善帮扶等资源，实施综合保障。完善慈善参与激励机制，落实相应税收优惠、费用减免等政策。

四是关口前移做好罕见病防控，加强罕见病知识的宣传普及，采取有效措施鼓励和引导居民实施婚前、孕前筛查，产前筛查和产前诊断，以及新生儿筛查等预防措施，从源头上减少罕见病发生。

255. 加快补齐儿科、老年医学、精神卫生、医疗护理等服务短板

近年来，我国卫生健康事业快速发展，建成了覆盖城乡居民的医疗服务体系，但与人民群众多元化多样化的健康需求相比还有较大差距，特别是儿科、老年医学、精神卫生、医疗护理等临床医疗服务发展不平衡不充分问题突出。要采取有针对性的措施抓好落实。

一是增加服务供给。指导各地根据城镇化水平和人口结构变化，规划布局建设一批儿科、老年医学、精神卫生、心理健康等服务机构。同时，推进大医院对儿科、老年科、精神科、心理健康科做到应设尽设。2024年医院病房改造和设备更新，要优先纳入范围，不断提升服务水平。

二是强化政策支撑。儿科、老年医学、精神卫生、医疗护理等服务出现短板，很大的原因是缺乏有力的政策支持。要健全支持发展的政策体系，在服务价格调整、医保支付、薪酬制度改革、编制统筹、职称晋升等方面加大倾斜力度，增强相关学科执业吸引力。

三是加强人才培养培训。分层分类制定专门人才培养培训规划，调整医学专业结构，专业硕士研究生招生要向紧缺专业倾斜。探索订单定向培养，强化住院医师规范化培训和继续医学教育，壮大儿科、老年医学、精神卫生、心理健康等专业人才队伍。

儿童医疗卫生服务高质量发展主要指标

一级指标	二级指标	指标性质	计算方式及指标说明
资源配置	1. 每千名儿童床位数	定量	本辖区儿童床位数／同期该辖区儿童人口数×1000
	2. 每千名儿童儿科执业（助理）医师数	定量	本辖区儿科（执业医师数＋执业助理医师数）／同期该辖区常住儿童人口数×1000
	3. 每千名儿童儿科护（士）师数	定量	本辖区儿科护（士）师数／同期该辖区常住儿童人口数×1000
	4. 综合医院、儿童专科医院精神心理科设置率（%）	定量	本辖区设置精神心理科的综合医院、儿童专科医院数量／同期该辖区综合医院、儿童专科医院总数×100%
服务供给	5. 危重儿童和新生儿救治中心数	定量	本辖区危重儿童和新生儿救治中心数
	6. 适龄儿童国家免疫规划疫苗接种率（%）	定量	本辖区适龄儿童国家免疫规划疫苗接种人数／本辖区适龄儿童人口数×100%
	7. （0-6）岁儿童健康管理率（%）	定量	本辖区0-6岁儿童纳入健康管理人数／本辖区0-6岁儿童人口数×100%
	8. 儿童中医药健康管理服务率（%）	定量	本辖区儿童接受中医药健康管理服务的人数／本辖区儿童人口数×100%
健康水平	9. 新生儿死亡率（‰）	定量	本辖区年内出生至28天内（0-27天）死亡的新生儿数／活产数×1000
	10. 婴儿死亡率（‰）	定量	本辖区年内不满1周岁婴儿死亡人数／活产数×1000‰
	11. 5岁以下儿童死亡率（‰）	定量	本辖区年内不满5周岁儿童死亡人数／活产数×1000‰
	12. 5岁以下儿童贫血率（%）	定量	本辖区5岁以下儿童贫血人数／本辖区5岁以下儿童人口数×100%
	13. 5岁以下儿童生长迟缓率（%）	定量	本辖区5岁以下儿童生长迟缓人数／本辖区5岁以下儿童人口数×100%
	14. 儿童近视率（%）	定量	本辖区儿童近视人数／本辖区儿童人口数×100%
	15. 儿童超重、肥胖率（%）	定量	本辖区儿童超重、肥胖人数／本辖区儿童人口数×100%

256. 加强全科医生培养培训

近些年，我国全科医生队伍建设取得了积极进展，但要看到，由于起步较晚，全科医生队伍基础薄弱，区域间、城乡间发展不均衡问题仍然较为突出，尚不能担负起基层守门人的责任，需要多措并举培养培训合格的全科医生，不断提升全科诊疗服务水平。

一是加大全科医学人才培养力度。高等医学院校要面向全体医学类专业学生开展全科医学教育和全科临床见习实习，新增临床医学、中医硕士专业学位研究生招生计划重点向全科等紧缺专业倾斜，扩大全科专业住院医师规范化培训招收规模，力争 2024 年新招收培训全科医生 3.5 万人。

二是继续做好定向培养全科医生的技能培训。适当增加为基层定向培养 5 年制临床医学专业学生的临床技能和公共卫生实习时间，积极探索和完善全科专业住院医师规范化培训人员取得硕士专业学位的办法，调动更多的医学生从事全科医学服务的积极性。

三是持续开展基层在岗医生转岗培训。选拔一批符合条件的基层在岗执业医师或执业助理医师，到国家认定的全科医生规范化培训基地开展 1 年 -2 年的转岗培训，尽快缓解基层全科医生人才短缺问题。

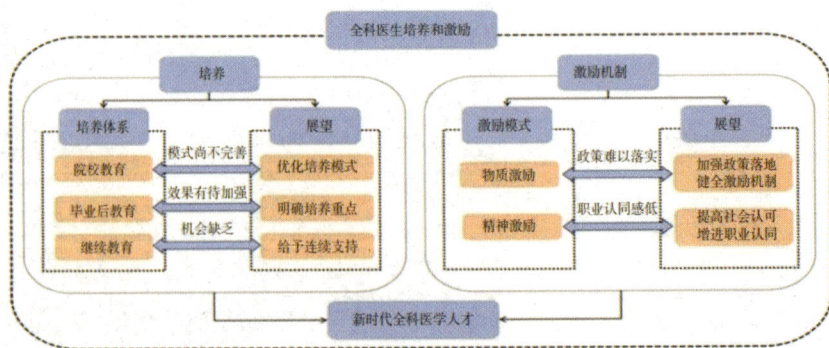

全科医生培养和激励

（数据来源：《中国全科医生培养和使用发展报告（2022）》）

257. 促进中医药传承创新

药农在晾晒

（图片来源：《人民日报》）

中医药学包含着中华民族几千年的健康养生理念及其实践经验，是中华民族的伟大创造和中国古代科学的瑰宝。《报告》明确提出，要促进中医药传承创新，加强中医优势专科建设。抓好落实，重点要做好"四个加强"。

第一，加强中医药服务能力建设。研究制定推进国家中医优势专科建设政策举措，遴选1000个左右的国家中医优势专科和500个左右的中西医协同"旗舰"科室，强化中医院儿科、老年病科建设，推进中医专病门诊建设，发挥好中医药在治未病、重大疾病治疗和康复、传染病防治、卫生应急等方面重要作用。

第二，加强中医药资源的保护和利用。引导道地药材规范种植，推进珍稀濒危中药材人工繁育，做好中医药传统知识保护挖掘工作，加大对重要中医药资源和关键技术的保护力度，提高产业链安全保障能力。

第三，**加强中医药科技创新**。完善中医药现代化研究体系，深化中医药基础理论、诊疗规律、作用机理的研究，注重用现代科学解读中医药学原理，推动传统中医药学和现代科学相结合、相促进。

第四，**加强中医药人才队伍建设**。实施好中医药特色人才培养工程（岐黄工程），新遴选 50 名岐黄学者和 20 个中医药创新团队，启动老药传承工作室建设，促进各类中医药人才脱颖而出。

（三）加强社会保障和服务

258. 提高城乡居民基础养老金最低标准

我国于 2009 年开展新型农村社会养老保险试点，2011 年开展城镇居民社会养老保险试点，2014 年将两项制度合并建立了全国统一的城乡居民基本养老保险制度，这是党和政府健全社会保障体系、增进民生福祉水平的重要举措。

制度建立之初，国家确定的城乡居民基础养老金最低标准为每人每月 55 元，之后 5 次提高标准，分别是：2014 年提高到 70 元、2018 年提高到 88 元、2020 年提高到 93 元、2022 年提高到 98 元、2023 年提高到 103 元。综合考虑群众关切、城乡居民基础养老金实际情况和财力可持续性，2024 年将城乡居民基础养老金最低标准提高 20 元，达到每人每月 123 元。这是近年来增幅较大的调整，比 2023 年增长 19.4%，预计将使超过 1.7 亿老年人受益。按照预算安排，2024 年城乡居民基础养老金提标所需的资金由中央和地方共同负担，其中中央财政补助占大头，确保这项惠民政策落地见效。

在全国最低标准基础上，各地还会根据自身财力状况进一步增加数额不等的基础养老金，加上参保人个人账户的部分，老年人实际领取的待遇会更高一些。截至 2023 年年底，全国城乡居民领取的养老保险待遇为人均每月 214 元。《报告》明确提高基础养老金全国最低标准后，已有不少省份准备提高本地基础养老金标准，两项累加，养老金水平相对较低的省份将得到较大提高，部分养老金水平较高的省份将达到人均每月 300 元以上，能够更好保障城乡老年人的基本生活。

（图片来源：新华社）

📑 名词解释

　　城乡居民每月领取的养老金待遇由基础养老金和个人账户养老金构成，支付终身。

　　计算公式为：

　　月领取养老金 = 基础养老金 + 个人账户总额 ÷139

259. 完善养老保险全国统筹

　　养老保险统筹层次越高，互济性和抗风险能力就越强。改革开放以来，我国企业职工基本养老保险制度不断完善，覆盖面不断扩大，但统筹层次较低。随着城镇化加速推进、人口老龄化加快发展、人口向东部沿海发达地区加速流动，地区间基本养老保险基金收支不平衡、负担畸轻畸重的问题进一步凸显，提高养老保险统筹层次势在必行。

为此，2018年我国建立了企业职工基本养老保险基金中央调剂制度，2022年1月正式启动实施企业职工基本养老保险全国统筹，这是我国养老保险制度改革迈出的重要一步。经过两年时间，养老保险全国统筹平稳推进，各地社保征缴、待遇发放、基金管理等更加规范，统筹调剂力度不断加大，有效解决了地区间养老负担和基金结余不均衡问题。下一步，要继续推进在全国统一养老保险缴费政策、统一计发办法、统一待遇项目、统一待遇调整，完善全国统一的经办服务管理和信息系统，推动全国统筹制度更加健全完善。需要指出的是，全国统筹后并不是说各地退休人员领取的养老金水平都一样了，个人实际领取的养老金仍主要与本地区社会平均工资、个人缴费基数和缴费年限等因素挂钩，遵循"多缴多得、长缴多得"的原则。

260. 在全国实施个人养老金制度

我国养老保险制度总体上包括三大支柱，其中基本养老保险制度是"第一支柱"，企业年金和职业年金制度是"第二支柱"，个人养老金制度属于"第三支柱"。2022年4月，国务院办公厅印发《关于推动个人养老金发展的意见》，11月开始在36个城市和地区进行试点。截至2023年底，开立个人养老金账户人数已经突破5000万人。从试点情况看，个人养老金制度运行总体平稳，开户人数增长较快，但却存在较明显的"开户热、缴存冷、投资难"问题。

考虑到社会上对扩大个人养老金制度范围的期盼和发展第三支柱

养老保险的紧迫性，《报告》明确 2024 年在全国实施个人养老金制度。下一步要重点抓好两方面工作：一是推进制度扩面，即从 36 个试点地区扩大到全国实施，调动更多人参与的积极性，建立个人养老金账户，为养老多增一份保障；二是优化相关政策，针对试点中发现的问题，根据各方面意见建议，进一步完善个人养老金政策措施，包括优化个人养老金相关金融产品供给等，吸引参加者积极缴费，拓宽保值增值渠道，使个人养老金制度更具吸引力、更加稳健发展。

（图片来源：新华社）

261. 大力支持居家社区养老服务

发展居家社区养老服务，是顺应大多数老年人养老愿望、解决老年人急难愁盼问题的一项重要而紧迫的任务。近年来，我国居家社区养老服务快速发展。截至 2023 年底，全国社区养老服务机构和设施达到 36.3 万个、床位 308.5 万张，全年提供居家养老上门服务近 42 万人次。下一步重点要抓好以下工作。

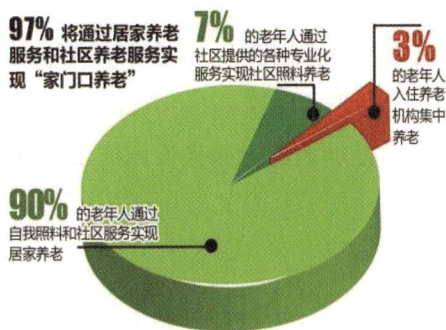

"家门口养老"让老有所依

（图片来源：新华社）

一是完善服务网络。 在县（市、区）、街道（乡镇）、社区（村）不同层级，都要因地制宜建设相应养老服务设施，推动形成连锁化运营、标准化管理、专业化运作的居家社区养老服务网络。当前要特别强化社区嵌入式服务设施的养老服务功能，打通为老年人提供养老服务的"最后一米"。

二是丰富服务内容。 要制定居家社区养老服务清单、服务标准，着力提升生活照料、医疗护理、精神慰藉、紧急救援等服务能力，满足老年人多样化养老服务需求。

三是强化上门服务。 主要是依托社区和其他专业服务机构，为有需求的老年人提供生活照料、日常探访、助餐、助洁、助浴、助医、助行、助急等居家上门服务。同时要支持多建设一些家庭养老床位，让有需求的失能老年人居家就可以获得"类机构"的持续稳定的专业照护服务。

262. 加大农村养老服务补短板力度

根据第七次全国人口普查，我国农村 60 岁以上老年人口比例为 23.8%，比城镇高出近 8 个百分点。同时，农村养老服务体系建设明显滞后，加上部分地区青年劳动力外出、老年农民工返乡现象比较突出，农村养老既缺设施、也缺人手，成为一块突出短板。补短板要从三个方面加大力度。

一是加大养老服务设施建设力度。重点是完善县、乡、村三级养老服务网络，县级养老机构要发挥辐射带动和示范作用，乡镇敬老院要建设为区域养老服务中心。在此基础上，因地制宜发展邻里互助点、农村幸福院、养老大院等互助养老模式，这些更符合农村实际，也更受农村老年人欢迎。

二是加大服务质量提升力度。做实乡镇医疗机构与农村养老服务机构签约合作机制，提升医养结合的服务能力。统筹推进农村养老机构等级评定，加强农村养老护理员培养培训，提升专业化服务能力。

三是加大投入支持力度。与城镇相比，对农村养老服务的投入是不足的，要将农村养老服务发展纳入经济社会发展规划统筹推进，保障服务用地和资金需求，建立健全财政资金、彩票公益金、社会资金等多元投入机制，加强对农村养老服务的金融支持。同时要善于盘活资源，将一些闲置的农村校舍、房屋优先改建为老年食堂、农村幸福院、老年大学学习点等农村养老服务场所。

263. 大力发展银发经济

人口老龄化是今后较长一段时间我国的基本国情。截至 2023 年底，全国 60 岁及以上的老年人已经超过 2.9 亿，占总人口 21.1%，大力发展银发经济正当其时。下一步，这项工作主要从以下几点着力。

一是保基本。满足老年人的衣食住行用医等基本需求，既是重要的民生工作，也蕴含着很大消费潜力。要深入落实积极发展老年助餐服务行动方案，在可持续的基础上扩面提质增效。优化老年健康、养老照护等服务，加强县乡村三级养老服务网络建设，发展社区嵌入式服务设施，让老年人就近就便享受相关服务。

二是优产品。当前广大老年人的养老需求正在从生存型向发展型转变，要推动老年用品功能升级，加大新一代信息技术集成应用，研发制造新产品，发展养老金融产品，夯实应对人口老龄化的社会财富储备。

三是强产业。我国银发经济规模增长空间很大。要兼顾支持国有企业和民营企业，培育壮大银发经济经营主体，通过标准引领质量提升，不断拓宽消费渠道，推动银发经济规模化、标准化、集群化、品牌化发展。

四是重保障。围绕土地、资金、技术、人才等要素加强针对性支持，推动银发经济项目和产业加快落地。推进老年友好型社会建设，强化老年人权益保障，让老年人安享幸福生活。

名词解释

银发经济

是指向老年人提供产品或服务，以及为老龄阶段做准备等一系列经济活动的总和，包含老年阶段的老龄经济和未老阶段的备老经济两个方面。2024年国务院办公厅印发《关于发展银发经济增进老年人福祉的意见》，这是国家出台的首个支持银发经济发展的专门文件。

264. 推进建立长期护理保险制度

建立长期护理保险制度是我国完善社会保障体系，解决失能人员长期护理"钱从哪儿来、服务在哪找"等问题的重要安排。为了稳妥地建立这项制度，2016 年人力资源社会保障部组织在 15 个城市统一开展试点，2020 年国家医保局会同财政部对试点情况进行跟踪评估后，进一步扩大了试点范围。《报告》提出推进建立长期护理保险制度，主要是基于两方面考虑。**一是**群众有需要。目前我国失能老年人超过 3200 万，"一人失能、全家失衡"，不论是失能老年人个人还是他们的家人，对护理服务的需求都是巨大的。**二是**试点有成效。这项制度在试点阶段已经覆盖 49 个城市、超 1.7 亿人，累计有 225 万人享受待遇，达到了减轻失能人员家庭负担、促进试点地区长期护理服务发展、带动部分人员就业等效果，为制度在全国范围实施积累了丰富经验。

当前，国家有关部门正在研究制定建立长期护理保险制度的文件，这项政策正式出台后，将会成为我国社会保障制度的又一创举，为更多老年人尤其是失能老年人带来实实在在的好处。

🔗 他山之石

日本长期护理保险制度

日本比中国早 30 年进入老龄化社会，在 2000 年就建立了长期护理保险制度。日语中一般用"介护"一词来表述护理的含义，它包括对老年人、残疾人等有护理需求的人群的预防、医疗、护理、康复以及日常生活照料援助等等。经过多年实践，日本的长期护理保险制度在两方面成效比较突出：一是带动了居家养老。比如，从护理服务使用人数来看，居家服务使用人数从 2000 年的 129.7 万人增长至 2022 年的 402.6 万人，养老机构使用人数仅从 2000 年的 62.3 万人增长到 2022 年的 95.6 万人。二是带动了护理服务质量提升。日本注重整合基层资源，大力建设社区综合护理服务中心，老年人就近就能享受到悉心照护。

265. 优化生育假期制度

新中国成立以来，我国一直将实施生育假期制度作为保障妇女儿童合法权益的重要举措之一。1951 年《劳动保险条例》就明确规定，女工人与女职工生育，产前产后共给假五十六日。经过 1988 年和 2012 年两次延长之后，我国的法定产假为 98 天。2013 年以来，随着国家生育政策调整，各地也对本地区产假的相关规定进行调整，普遍在国家规定的基础上延长了产假时间并设立陪产假等。从实际情况看，目前全国不少地区的产假已经超过 158 天、陪产假也超过 15 天。

下一步，完善生育假期制度主要是要让现有各项政策更加衔接、更成体系。对于国家法定产假制度，督促各方面落实好现有时间规

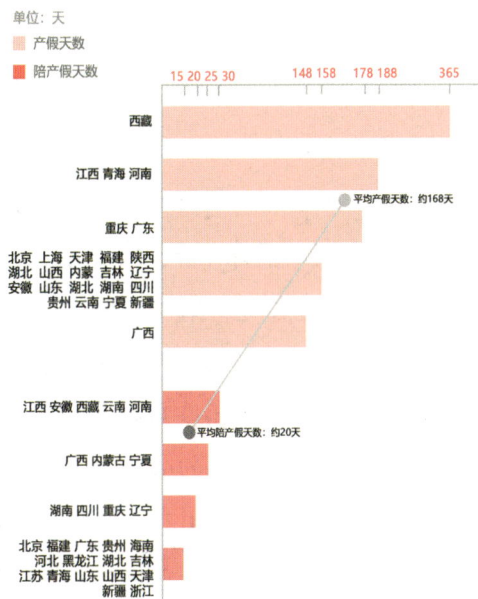

我国部分省市产假与陪产假天数

单位：天
产假天数
陪产假天数

数据来源：《女职工劳动保护特别规定》及各省市对应《人口与生育服务规定》
注：《女职工劳动保护特别规定》规定女职工生育享受98天产假，增加奖励假30天，其中产前可以休假15天，难产和生育多胞胎时，增加产假15天，各个省市在国家规定的产假基础上，还对产假时间进行了调整。图表中仅表示常见情境下产假及陪产假时长，具体以实际情况为准。另，上海陪产假为10天，江苏产假为128天。
数据获取时间：2023年5月20日

我国部分省市产假与陪产假天数

（图片来源：澎湃新闻）

定，并结合各地已普遍提高实际产假时间的情况研究完善。对陪产假、育儿假、哺乳假等政策制度，要进一步细化优化相关管理办法，同时鼓励支持用人单位实行弹性工作制，帮助婴幼儿的父母在休完相关假期之后还有更多时间来育儿。通过国家法定产假与地方政策的高效协同，进一步扩大生育假期制度的实施效果，更好呵护女性劳动者孕产期健康，鼓励和支持父亲更多参与育儿，给予新生儿家庭更大力度支持。

266. 完善生育假期间经营主体用工成本合理共担机制

近年来我国育龄妇女生育意愿走低，与女性在生育期间可能面临工作不稳定、收入缺保障有一定关系，这背后其实是政府、用人单位、家庭等各方如何分担生育假期间休假人员的用工成本问题。我国 1994 年出台的《企业职工生育保险试行办法》规定，国家通过社会保险为育龄妇女提供生育保障，因此在 98 天的国家法定产假之内，参保女职工的收入主要是通过生育保险来保障的，包括生育津贴和生育医疗费两部分。但由于目前各地普遍延长了产假时间，有一部分时段的收入社会保险并未覆盖，并且对于各地近年来新设立的陪产假、育儿假等，相关人员休假期间的待遇保障也还没有统一规定，以上这些资金有不少是由企业来承担的，有企业反映这增加了其用人成本。

下一步，完善生育假期间经营主体用工成本合理共担机制，主要是要通过科学测算来合理确定政府、用人单位、家庭等各方责任，适当加大财政或社会保障制度支持，延长生育津贴支付期限，降低企业用人成本，让育龄夫妇的就业及收入更加稳定，缓解其后顾之忧，带动提高生育意愿。

267. 多渠道增加托育服务供给

为减轻家庭的生育、养育、教育负担，从 2020 年至 2023 年，国家共安排中央预算内投资 36 亿元，新建了 48 个地市级以上托育综合服务中心，各地区也加大了投入力度，目前全国共有提供托育服务的机构近 10 万个，托位约 480 万个，每千人口托位数约 3.4 个。但也要看到，目前全国 3 岁以下婴幼儿有近 3000 万，三分之一以上婴幼儿家庭有托育需求，托位缺口仍然较大，一些现有的托育机构还面临运营成本高、专业人才不足等困难。

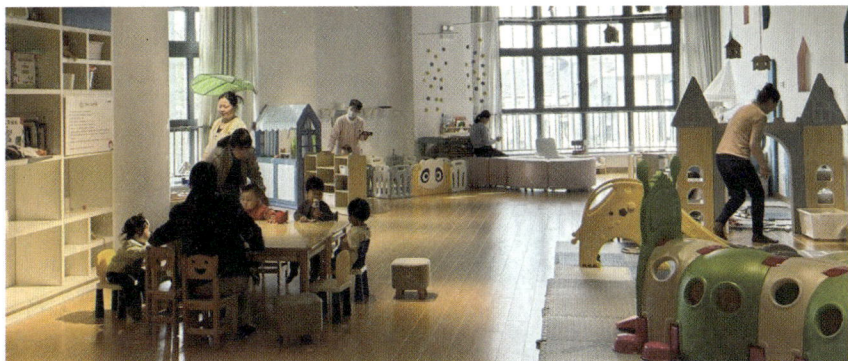

某市社区托育服务"宝宝屋"

（图片来源：新华网）

接下来，托育服务将围绕两方面持续发力。**一是增加供给、降低价格。**深入实施普惠托育专项行动，充分调动社会力量参与，增加托位和人才供给，加大对各类托育服务机构的支持力度，帮助把运营成本、收托价格降下来，让有需要的婴幼儿家庭能够送得起、用得上。**二是强化监督、提高质量。**实施跨部门综合监管，提升托育服务的质量，守住安全和健康底线。同时，加快推进托育服务立法，用法律手段保障托育规范健康发展。

268. 做好留守儿童和困境儿童关爱保护

儿童是祖国的未来、民族的希望，留守儿童和困境儿童是其中需要特别关注的群体。做好留守儿童和困境儿童工作，既是一项社会工程，也是一项爱心工程、良心工程。

要强化各方面责任。督促父母增强监护责任意识，履行好抚养、教育和保护等责任。充分发挥 66 万多名村（居）儿童主任作用，健全监测预防、强制报告、应急处置、评估帮扶、监护干预"五位一体"的基层儿童保护机制。

要着力解决他们面临的突出问题。在基本生活方面，要用好现有的帮扶政策和服务渠道，主动、精准识别发现留守儿童和困境儿童，及时纳入相应的社会救助和保障范围。在教育、医疗方面，要落实好教育资助、医疗康复等政策，保障他们义务教育有学上、生病能够及时就医，减轻家庭教育医疗支出负担。在关爱保护方面，要统筹用好城乡儿童之家等平台，发挥社会组织、专业社工和志愿者的作用，加强对留守儿童和困境儿童心理、情感、行为、安全等方面的指导服务，严厉打击侵害儿童权益的违法违规行为。总之，要通过法律、教育、福利、社会等手段，多措并举关心关爱留守儿童和困境儿童，把党和政府的温暖送到身边，促进他们健康快乐成长。

名词解释

留守儿童

一般指农村留守儿童，即父母双方外出打工，或者一方外出务工另一方无监护能力，留在原籍的农村户籍儿童。

困境儿童

因家庭经济贫困、自身残疾、缺乏有效监护等原因，面临生存、发展和安全困境的儿童。包括：弃婴、孤儿、艾滋病病毒感染儿童、事实无人抚养儿童、重病重残儿童、服刑和强制戒毒人员未成年子女、流浪儿童、被拐卖儿童、受虐待受侵害儿童等。

269. 加强残疾预防和康复服务

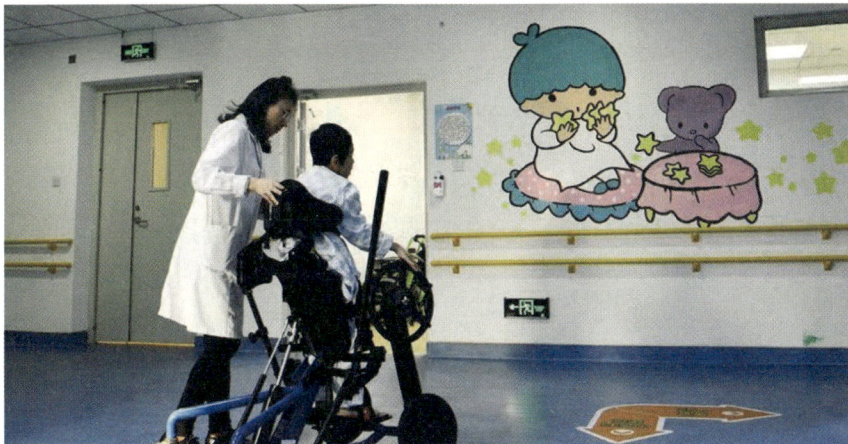

工作人员陪伴残疾儿童进行康复训练

（图片来源：新华社）

我国有 8500 万残疾人，他们是一个特殊群体，也是社会大家庭的平等成员。加强残疾预防和康复服务，是全社会义不容辞的责任。

残疾重在预防。受工业化、城镇化和人口老龄化加快等因素影响，我国仍处在残疾高发期。要树立全人群、全生命周期的残疾预防意识，实施好《国家残疾预防行动计划（2021—2025 年）》，提高全社会残疾风险综合防控能力，有效减少残疾的发生与发展。

康复是生命的重建，是残疾人最迫切的需求。目前，我国残疾人基本康复服务覆盖率稳定在 85% 以上。要继续锚定残疾人"人人享有康复服务"目标，深入开展精准康复行动，落实好残疾儿童康复救助制度，推动医疗康复发展，让残疾人得到及时有效的康复服务。近年来，我国孤独症患病率持续上升，社会关注度较高，对这个群体来说，早期干预和康复是最关键的。要加强孤独症康复的基础研究，加强儿童精神科和公办孤独症儿童康复机构建设，做好早期筛查、干预和康复，为他们健康成长创造更好条件。同时要加快补齐康复专业人才短板，努力办好康复教育，为康复事业发展提供有力人才支撑。

政策传真

残疾儿童康复救助制度

对残疾儿童来说，如果在 0—6 岁这个黄金时期能够得到有效的康复治疗和护理照料，就能够大大促进孩子身心健康，为一生的发展打下良好基础。

2018 年，国务院印发《关于建立残疾儿童康复救助制度的意见》，明确对符合条件的 0—6 岁视力、听力、言语、肢体、智力等残疾儿童和孤独症儿童，提供以减轻功能障碍、改善功能状况、增强生活自理和社会参与能力为主要目的的手术、辅助器具配置和康复训练等服务。这是残疾儿童一项重要福利制度。

270. 分层分类做好社会救助

社会救助是保障困难群众基本生活的最后一道"防护网"。2023 年，国务院办公厅转发了民政部等 10 部门制定的《关于加强低收入人口动态监测做好分层分类社会救助工作的意见》，这是社会救助体系建设的新突破。分层分类做好社会救助，要围绕兜住、兜准、兜好基本民生底线，着重在以下几个方面发力。

一是基本生活救助要应保尽保。低保对象、特困人员属于最困难的一类群体，特别是其中有 1900 多万通过纳入兜底保障实现脱贫的人口，更是重中之重。要完善用好全国低收入人口动态监测信息平台，加强精准监测和识别，将符合条件的困难群众及时纳入保障范围，确保不出现脱保漏底。

二是急难救助要及时到位。全面推进由急难发生地实施临时救助，不论是否有本地户籍，都可以得到救助。进一步落实"分级审批"、"先行救助"、乡镇（街道）临时救助备用金等政策，提高响应速度，真正为困难群众解"燃眉之急"。

三是专项社会救助要精准覆盖。目前专项救助范围已经扩大到低保边缘家庭、刚性支出困难家庭，要进一步细化政策规定，全面开展认定工作，及时精准落实相应的专项救助。同时，根据困难群众多元化需求，积极发展服务类救助，加快形成"物质＋服务"的救助方式，更好保障困难群众基本生活。

名词解释

分层分类

所谓分层，就是把困难群众根据困难程度分成不同的层次。第一个层次就是低保对象和特困人员，第二个层次是家庭人均收入在低保线1.5倍以下的低保边缘家庭，第三个层次是刚性支出困难家庭。

所谓分类，就是对不同层次的对象分别采取不同的救助政策，包括经常性的基本生活救助、临时救助，以及教育、就业、医疗、住房等其他专项救助。

（四）丰富人民群众精神文化生活

271. 推动文化传承发展

文化关乎国本、国运。文化兴则国家兴，文化强则民族强。党的二十大报告强调要"推进文化自信自强，铸就社会主义文化新辉煌"，并从五个方面重点部署文化建设工作。2023 年 6 月，习近平总书记主持召开文化传承发展座谈会，强调"在新的起点上继续推动文化繁荣、建设文化强国、建设中华民族现代文明，是我们在新时代新的文化使命"，明确了文化建设方面的"十四个强调"。2023 年 10 月，党中央召开全国宣传思想文化工作会议，习近平总书记对宣传思想文化工作作出重要指示，会议正式提出习近平文化思想，在新征程上高举起我们党的文化旗帜。这些为我们推动文化传承发展提供了根本遵循和科学指南。

推动文化传承发展，必须深入学习贯彻习近平文化思想，认真贯彻落实党中央关于文化建设的决策部署。**一要**坚定文化自信，坚持走自己的路，立足中华民族伟大历史实践和当代实践，用中国道理总结好中国经验，把中国经验提升为中国理论，实现精神上的独立自主。**二要**秉持开放包容，坚持马克思主义中国化时代化，传承发展中华优秀传统文化，促进外来文化本土化，不断培育和创造新时代中国特色社会主义文化。**三要**坚持守正创新，以守正创新的正气和锐气，制定推动文化传承发展的政策举措，赓续历史文脉、谱写当代华章。

272. 深入推进国家文化数字化战略

文化数字化是建设文化强国的重要抓手。习近平总书记指出："要顺应数字产业化和产业数字化发展趋势，加快发展新型文化业态，改造提升传统文化业态，提高质量效益和核心竞争力。"2022年5月，中共中央办公厅、国务院办公厅印发《关于推进实施国家文化数字化战略的意见》，明确到"十四五"时期末，基本建成文化数字化基础设施和服务平台，形成线上线下融合互动、立体覆盖的文化服务供给体系；到2035年，建成物理分布、逻辑关联、快速链接、高效搜索、全面共享、重点集成的国家文化大数据体系。

近年来，我国数字文化建设加快推进，不少精品文物和文化典籍入"网"上"云"、"数字故宫"、"数字敦煌"等大量虚实联动、融通古今、雅俗共赏的优秀产品持续涌现，云演艺、线上观展、数字化藏品、沉浸式体验等新业态新模式成为新的消费热点。下一步，要顺应时代趋势，进一步加快文化资源数字化步伐，支持数字技术在文化艺术创作、公共文化服务、文化遗产保护传承等领域广泛应用，积极培育数字文化领军企

《关于推进实施国家文化数字化战略的意见》

（图片来源：新华社）

业，不断丰富数字文化消费新产品、新体验、新场景，完善知识产权保护、标准体系构建、市场监管、数据安全等法规政策，为文化强国建设筑牢"数字基石"。

273. 创新实施文化惠民工程

公共文化服务是实现好、维护好、发展好人民基本文化权益的主要途径。要从三方面发力，健全现代公共文化服务体系，创新实施文化惠民工程，让人民享有更加充实、更为丰富、更高质量的精神文化生活。

一是创作更多有质量的文化精品。随着社会文化素养、欣赏水平、审美能力的不断提升，人民群众对文艺精品的需求也越来越强烈。要引导广大文化文艺工作者践行以人民为中心的创作导向，深入生活、扎根人民，推出更多展现中国精神、反映时代气象、深受人民喜爱的优秀作品。

某市城市书房外景

（图片来源：中国文化传媒网）

某地四季村晚现场

（图片来源：新华网）

二是建设更多有特色的文化设施。近年来，除了图书馆、博物馆、美术馆、文化馆（站）等传统公共文化空间外，"城市书房"、"文化驿站"等灵活多样的新型公共文化空间也越来越多，并且深受人民群众欢迎。要立足城乡特点，继续打造有特色、有品位的公共文化空间，延伸公共文化服务触角，增强吸引力和实效性。

◎ **热点链接**

新型公共文化空间新在哪儿？

新型公共文化空间是公共文化服务高质量发展的重要标志，颜值高、设计感强、内容丰富、运行灵活，据统计全国这类空间已经超过 3.4 万个。

"新"在建设场所——突破传统空间载体，多设置在都市商圈、文化园区、居民社区等人群密集场所。

"新"在多元参与——广泛吸纳文化企业、协会、个人等社会力量参与投资和运营。

"新"在业态融合——融合阅读、演艺、展览、餐饮等多维业态，创造全新的文化场景体验。

三是开展更多有魅力的文化活动。结合传统节日、民间习俗、地域特色等,开展更多健康有益、启智润心的群众文化活动,持续打造"四季村晚"、"大地欢歌"、广场舞大会等文化品牌,让群众精神生活更加多姿多彩。支持社会力量广泛参与公共文化服务,创新开展文化下乡、"春雨工程"等,推动优质文化资源深入基层农村、向边疆和民族地区流动。

274. 提高公共文化场馆免费开放服务水平

目前,我国所有公共图书馆、文化馆、综合文化站、美术馆和90%以上博物馆都实行免费开放,进馆看展日益成为人们休闲生活的新风尚。特别是2023年以来"博物馆热"持续升温,"跟着博物馆去旅行"受到不少游客青睐,三星堆博物馆新馆、中国考古博物馆、殷墟博物馆新馆等一开放就成为网红打卡地。但与此同时,不少热门场馆参观预约难、排队时间长、馆内拥挤影响体验等情况也越来越突出,还有一些"黄牛"将免费门票变成高价"讲解套餐"出售,既损害公共文化场馆的便民性,也给场馆运营管理带来挑战。

针对这些情况,相关部门和地方已经采取了一些优化服务的措施并收到了积极

云端国博

(图片来源:中国国家博物馆官方网站)

某地博物馆

（图片来源：新华社）

效果，下一步还要继续提高公共文化场馆服务水平。一方面要不断丰富公共文化场馆优质服务内容。推进县级文化馆、图书馆总分馆制建设，推动优质资源下沉到街乡社区。持续加快博物馆改革发展，优化博物馆布局。鼓励推出"夜游博物馆"、"云游博物馆"、沉浸式互动式体验等服务，创新展陈方式，丰富参观体验。另一方面要大力缓解供需矛盾。推动热门博物馆等在节假日采取延长开放时间、提高参观人数限额等措施，最大限度满足参观需求。规范社会讲解，对"黄牛"进行专项打击，宣传引导游客共同维护良好参观秩序。

275. 大力发展文化产业

2024 年春节档总票房 80.16 亿元，刷新中国影史春节档票房纪录，总观影人次 1.63 亿人次，也再创春节档观影人次新高，这从一个侧面反映出我国文化产业自疫情以来强劲复苏的势头。2023 年，有关部门和地方积极出台文化产业支持政策和促消费政策，推动文化产业快速恢复发展，演唱会、音乐节等演出市场持续火爆，网络视听、国风国潮等新文化消费广受青睐。全国 7.3 万家规模以上文化及相关产业企业实现营业收入 13 万亿元，同比增长 8.2%；其中文化新业态特征较为明显的 16 个行业小类实现营业收入 5.2 万亿元、同比增长 15.3%。

某沉浸式文化空间

（图片来源：《人民日报》）

　　发展文化产业，不仅能以"文化之繁荣"满足人民群众精神文化需要、增强精神力量，还能以"产业之兴盛"拉动消费、带动经济和就业增长。要持续完善文化经济政策，推动文化产业体系和市场体系不断完善。以重大文化产业项目为抓手优化产业结构布局，加快培育一批品牌文化产业园区，打造富有竞争力的文化企业，提高文化产业规模化、集约化、专业化水平。以数字科技赋能文化产业提质升级，改造提升演艺、娱乐、工艺美术等传统业态，培育线上演播、数字艺术、互动式沉浸式产品等新业态新模式，加快形成更多新的增长点。值得注意的是，各地发展文化产业，都应立足本地文化资源和产业基础，

某地音乐节现场

（图片来源：新华网）

探索独具特色、可持续的发展模式，避免低水平、同质化建设和过度商业化开发。

276. 加强文物系统性保护和合理利用

我国是文明古国，也是文物大国。目前，我国共拥有各类不可移动文物 76.7 万处，其中全国重点文物保护单位 5000 余处；国有可移动文物 1.1 亿件（套），其中一二三级珍贵文物近 400 万件（套）；还有世界文化遗产 39 项、世界自然遗产 14 项、文化与自然双重遗产 4 项。这是老祖宗留下的宝贵历史文化财富，一定要精心保护好、传承好、利用好。

要系统实施重点文物保护工程，加大古建筑、古遗址、古墓葬、石窟寺、石刻、近现代建筑等文物古迹的保护力度，做好低级别不可移动文物保护管理工作，强化可移动文物和古籍保护修复，加强历史

国务院近日印发

《关于开展第四次全国文物普查的通知》

决定于2023年11月起

开展第四次全国文物普查

此次普查分三个阶段进行

普查标准时点为2024年4月30日

第一阶段

2023年11月 至 2024年4月

主要任务是建立各级普查机构，确定技术标准和规范，开发普查系统与采集软件，开展培训、试点工作

第二阶段

2024年5月 至 2025年5月

主要任务是以县域为基本单元，实地开展文物调查

第三阶段

2025年6月 至 2026年6月

主要任务是依法认定、登记并公布不可移动文物，建立国家不可移动文物资源总目录，逐级验收并向社会公布普查成果

县级以上地方各级人民政府要根据普查结果，及时将重要的不可移动文物核定公布为相应级别的文物保护单位

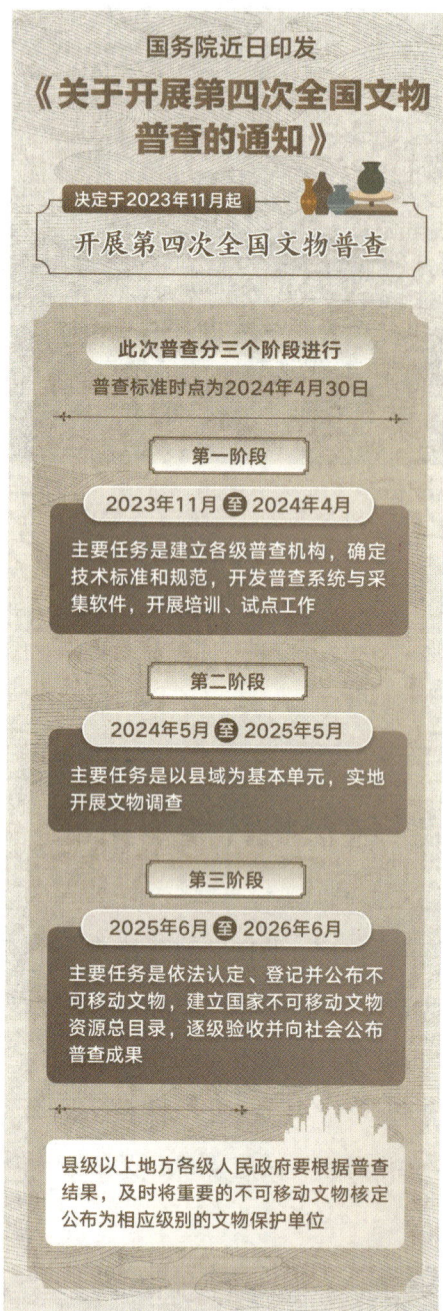

《关于开展第四次全国文物普查的通知》速读图

（图片来源：新华社）

文化名城、街区、村镇等的整体保护和活态传承。健全文物安全长效机制，防范法人违法、盗窃盗掘、火灾事故等风险。我国从2023年11月至2026年6月开展第四次全国文物普查，力争全面掌握不可移动文物资源情况，为加强文物保护夯实工作基础。

文物的活力在于融入生活、回归社会、服务人民。要推进国家文化公园、国家考古遗址公园建设，发挥好红色遗址、革命文物在党史学习教育、革命传统教育、爱国主义教育等方面的重要作用，运用数字化技术、全媒体方式加强文物研究阐释传播。要让收藏在禁宫里的文物、陈列在广阔大地上的遗产、书写在古籍里的文字都活起来，丰富全社会历史文化滋养。

277. 推进非物质文化遗产保护传承

非物质文化遗产是中华文明绵延传承的生动见证，是联结民族情感、维系国家统一的重要基础，被誉为历史文化的"活化石"。2022年11月，我国申报的"中国传统制茶技艺及其相关习俗"成功通过评审，列入联合国教科文组织人类非物质文化遗产代表作名录。至此，我国共有43个非遗项目列入该名录，总数居世界第一位。

目前，我国已经建立国家、省、市、县四级非遗名录体系，共有各级非遗代表性项目10万余项、各级代表性传承人9万余名。尽管我国非遗资源丰富，但由于不少非遗技艺没有文字记录，有赖于师徒之间口传心授、长期实践，随着时代发展变迁，一些非遗技艺正面临后继无人的困境。

要贯彻"保护为主、抢救第一、合理利用、传承发展"的工作方针，深入实施非物质文化遗产传承发展工程。完善调查记录体系，推进非遗工坊、非遗保护示范基地、文化生态保护区等建设。实施传承人研修培训计划，推动非遗活动进校园、非遗知识进教材、非遗传承人上讲台，拓宽人才培养渠道，促进非遗技艺传承。市场传承是最有效的传承，要加大非遗传播普及力度，调动全社会关注非遗保护传承的积极性，依托非遗资源开发多种多样的文化旅游产品，让传统技艺重焕光彩，让非遗更好地走进人民群众生活。

📒 名词解释

国家级文化生态保护区

国家级文化生态保护区是指以保护非物质文化遗产为重要任务，对历史文化积淀丰厚、存续状态良好、具有重要价值和鲜明特色的文化形态进行整体性保护，并经文化和旅游部同意设立的特定区域。试验性阶段的个保护区暂定为"文化生态保护实验区"，待条件成熟后正式命名为"文化生态保护区"。2007 年我国设立首个国家级文化生态保护实验区——闽南文化生态保护实验区，目前全国共有国家级文化生态保护区 16 个。

278. 促进群众体育发展

建设体育强国，是全面建设社会主义现代化国家的一个重要目标，而体育强国的基础在于群众体育。目前我国经常参与体育锻炼的人数已超 4 亿，近两年来"村 BA"、"村超"等群众性体育赛事蓬勃发展，马拉松、划龙舟、户外运动、冰雪运动等吸引了越来越多的参与者。要把满足人民健身需求、促进人的全面发展作为体育工作的出发点和落脚点，构建更高水平的全民健身公共服务体系。主要是在三方面下功夫。

北京某冰场

（图片来源：《北京日报》）

一是加快建设健身场地设施。2023 年我国人均体育场地面积达到 2.89 平方米、比 2019 年增长 107%，但与一些发达国家 6-7 平方米的人均面积相比仍有差距。要深入实施全民健身场地设施提升行动，重点支持建设贴近社区、方便可达、价格适宜的健身场地设施，让城市闲置边角地变身运动空间，推动更多体育场馆免费或低收费开放，打造"家门口的健身圈"。

二是办好群众体育赛事活动。形式多样的赛事活动，最容易点燃全民健身热情。要办好第一届全国全民健身大赛，推动群众身边的"三大球"赛事活动等广泛开展，巩固扩大"带动三亿人参与冰雪运动"成果，鼓励各地积极打造品牌赛事、壮大体育产业。

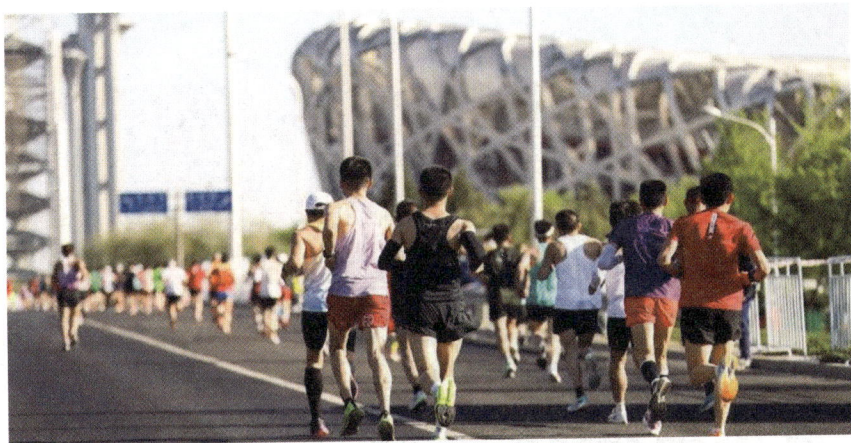

马拉松

（图片来源：新华网）

三是注重抓好青少年体育。当前"小胖墩"、"小眼镜"、青少年心里问题不断增多，在很大程度上与体育锻炼不足有关。要深化体教融合，加强学校体育工作，组织好中国青少年足球联赛、"奔跑吧·少年"等赛事活动，推动青少年文化学习和体育锻炼协调发展，让他们在体育锻炼中享受乐趣、增强体质、健全人格、锻炼意志。

（五）维护国家安全和社会稳定

279. 提高公共安全治理水平

公共安全一头连着经济发展和社会稳定大局，一头连着千家万户，囊括生产安全、食品安全、公共卫生安全、交通安全、社会治安、信息安全等一系列安全领域。

山东省枣庄市某社区，法院工作人员在向居民讲解国家安全知识

（图片来源：新华社）

近年来，我国公共安全保障能力持续提升，为防范化解风险、促进经济社会发展、保障人民生命财产安全提供了有力支撑，但还存在不少短板弱项，面临不少新的挑战。要着力解决突出问题，不断完善体制

机制，提高治理水平，编密织牢全方位、立体化的公共安全网。

预防为主。推动公共安全治理模式向事前预防转型，可以起到未雨绸缪的效果。要严把规划安全关、安全准入关，把风险

（图片来源：新华社）

隐患从开始就挡在门外。强化对矿山、建筑、化工等重点区域的常态化监管，做到风险隐患早识别、早研判、早防范。

聚焦重点。夯实防灾工程基础，强化预警和应急响应联动，切实提高防灾减灾救灾能力。深入落实安全生产责任制，坚决遏制重特大事故发生。加强对食品、药品、特种设备等监管，强化社会治安整体防控，守护好"百姓身边的安全"。

全员参与。公共安全离不开全员参与。要眼睛向下，坚持资源向基层倾斜、力量向一线下沉，补上基层短板，引导社会公众转变重救治、轻预防的传统应急观念，增强风险意识和自救互救能力，筑牢公共安全的人民防线。

280. 着力夯实安全生产和防灾减灾救灾基层基础

安全生产和防灾减灾救灾事关人民生命财产安全和社会大局稳定。这些年我国应急管理体系建设取得显著成效，同时基层基础还存在不少薄弱环节，体制机制不够健全、事前预防不够到位、应急处置

不够高效等问题在一些地方仍然比较突出。要进一步提升基层应急管理能力，切实把各项责任措施落实到基层一线、终端末梢，实现高质量发展和高水平安全良性互动。

第一，**理顺管理体制**。坚持分级负责、属地管理为主，优化基层应急组织指挥体系，发挥应急管理部门综合优势以及相关部门和有关方面专业优势，衔接好"防"和"救"的责任链条。

第二，**完善工作机制**。落实乡镇（街道）定期重点检查、村（社区）日常巡查和生产经营单位主动自查等制度，形成隐患排查、风险识别、监测预警、及时处置闭环管理，做到预防在先、发现在早、处置在小，杜绝"事后发力"。

第三，**加强工程治理**。实施自然灾害应急能力提升工程，完善流域防洪工程体系，提升气象灾害预报预警服务能力。实施地震易发区房屋设施加固工程，加大农房抗震改造力度。

第四，**增强应急能力**。推进基层应急管理专业化规范化，完善各类应急预案，加强实战化演练。加大基础性投入，强化物资保障，构建"综合＋专业＋社会"基层应急救援力量体系。

第五，**筑牢人民防线**。持续开展"人人讲安全、个个会应急"等宣传活动，加大相关法律法规和科学知识普及力度，切实提升社会公众风险防范意识和自救互救能力。

281. 扎实开展安全生产治本攻坚三年行动

2023 年重特大事故出现反弹，表明安全生产形势依然严峻复杂。当前，传统领域风险集中暴露与新领域新风险不断积累并存，产业规模增长快与"小散乱"企业多并存，安全生产须臾不可放松。要立足从根本上消除事故隐患、从根本上解决问题，扎实开展安全生产治本攻坚三年行动（2024年—2026年），坚决防范和遏制重特大事故发生。

第一，推动安全生产责任制落实落细。强化安全生产考核巡查权威性，加大典型事故挂牌督办、提级调查和追责问责力度，严格地方属地责任、部门监管责任、企业主体责任。

安全生产治本攻坚三年行动方案示意图

围绕"一件事"特别是对新业态新领域，及时明确落实监管责任主体。

第二，推动重大事故隐患动态清零。完善重大事故隐患判定标准体系，健全重大事故隐患自查自改常态化机制，对重大事故隐患实行闭环管理、及时销号。严格重大事故隐患排查责任倒查机制，坚决杜绝"零处罚"、"只检查不处罚"等安全监管执法"宽松软虚"问题。

第三，推动本质安全补短板强弱项。加快重点行业领域落后工艺和设备淘汰更新，大力推进"机械化换人、自动化减人"。深入开展老旧场所消防设施升级改造、应急逃生出口和消防通道打通等行动。强化安全教育培训，提升从业人员安全素质。

282. 严格食品、药品、特种设备等安全监管

食品药品安全无小事。我国食品药品安全状况总体稳定，2023年抽检合格率分别达到98.6%、99.3%。要继续落实"四个最严"要求，

（图片来源：青年报）

织密织牢全链条全覆盖防护网络，确保人民群众"舌尖上的安全"。

我国 14 亿多人每天消费食品超过 40 亿斤，生产经营主体众多，对其中的安全风险必须保持高度警觉，2023 年就爆出了"鼠头鸭脖"等事件。要针对超范围超限量使用食品添加剂、农兽药残留超标等问题，围绕校园、医院等集中用餐单位，紧盯城乡结合部等重点地区和外卖、预制菜等新产业，持续开展整治，全方位提升监管水平。

药品是用来治病救命的。对制售假药劣药等违法违规行为，要始终保持高压严打态势，让百姓用上新药、好药、放心药。对临床试验、生产销售等各环节以及网络售药等新业态，要开展全覆盖监督检查。特别是对疫苗、血液制品、植入类医疗器械等高风险产品，要强化全周期监管。

我国特种设备保有量大、老旧设备存量多，电梯等不少特种设备就在群众身边。要持续完善特种设备标准体系，严格特种设备检验检测，深入开展电梯安全筑底行动，强化"悬崖秋千"等新型设施监管，有效防范化解风险隐患。此外，还要加强重点工业品质量安全监管，牢牢守住质量安全底线。

283. 强化城乡社区服务功能

社区服务关系民生、连着民心。城乡居民对公共服务的高频需求 90% 在社区满足，社区服务水平直接决定了居民群众对公共服务的获得感和满意度。近年来，我国加快推进城乡社区综合服务设施建设，城市已实现全覆盖，农村覆盖率超过80%，社区服务供给不断增加、服务品质逐步提高，但与人民群众美好生活新期待相比，仍有明显差距。要坚持因地制宜、分类施策，持续提升社区服务水平，强化社区为民、便民、安民功能。

一是健全服务设施。 要根据城市人口分布和结构变化等，科学规划、合理布局社区服务设施。这方面有具体的建设要求，即每百户居民拥有社区综合服务设施面积平均应不低于30平方米，关键是推动真正落实，同时支持有条件的城市达到不少于80平方米。

二是增加服务供给。 一个重要着力点是发展社区嵌入式服务设施，面向社区居民提供养老托育、社区助餐、家政便民、健康服务、体育健身、文化休闲、儿童游憩等服务。2024年将选择50个左右城市、每个城市100个左右社区开展试点，优先保障建设婴幼儿托位、具有短期托养功能的护理型养老床位等必要空间。

三是不断提升质量。 实施城市社区美好生活建设行动，积极培育社区综合服务和专项服务运营主体，加快数字赋能，推动线上线下社区服务融合发展。

政策传真

(1) 国务院办公厅关于转发国家发展改革委《城市社区嵌入式服务设施建设工程实施方案》的通知（国办函〔2023年〕121号）

(2) 发展改革委 住房城乡建设部 自然资源部关于印发《城市社区嵌入式服务设施建设导则（试行）》的通知（发改社会〔2024年〕5号）

284. 坚持和发展新时代"枫桥经验"

20 世纪 60 年代，浙江省诸暨市枫桥镇的干部群众在基层社会治理中创造了"枫桥经验"，从"发动和依靠群众，坚持矛盾不上交，就地解决"到"小事不出村、大事不出镇、矛盾不上交"，"枫桥经验"不断丰富和发展，成为我国基层社会治理的一张"名片"。各地坚持和发展新时代"枫桥经验"，结合实际创造出一个又一个化解矛盾、服务群众的好形式、好方法。

坚持和发展好新时代"枫桥经验"，要坚持党的领导这一根本保证，坚守以人民为中心这一根本立场，更加彰显法治思维、更加突出科技支撑、更加注重社会参与，把准群众诉求，及时解决基层群众的困难和矛盾。要正确处理新形势下人民内部矛盾，加强和改进人民信访工作，畅通和规范群众诉求表达、利益协调、权益保障通道，完善网格化管理、精细化服务、信息化支撑的基层治理平台，不断提高从源头上、根本上预防化解人民内部矛盾的能力水平。要紧紧依靠人民群众，充分发挥基层党组织战斗堡垒作用和党建引领作用，发展壮大群防群治力量，推动社会治理重心向基层下移，建设人人有责、人人尽责、人人享有的社会治理共同体。

285. 推动信访工作法治化

2022 年，中共中央、国务院印发《信访工作条例》，这为做好新时代信访工作提供了有力法治保障。推动信访工作法治化，就是要认真落实《条例》，运用法治思维和法治方式做好信访工作，切实发挥好信访制度作为社会"减压阀"、"稳定器"的作用。

（图片来源：新华社）

一是推动信访依法规范运行。法律是信访工作的基石。要牢固树立法律权威，在法律框架内明确权利、界定义务，努力实现定分止争的目标，决不能为了化解一时一地矛盾而突破法律底线。

二是依法分类处理群众诉求。信访涉及的问题性质、利益诉求多种多样，不可能简单套用一个模子。这方面要进一步健全分类处理的工作机制，确保各类信访问题依法合理分流、妥善处理。特别是要严格落实诉讼与信访分离制度，对可以通过人民调解、行政调解予以解决的诉求，不能简单地推向司法途径去解决。

三是教育引导群众依法维权、理性信访。要在全社会营造办事依法、遇事找法、解决问题用法、化解矛盾靠法的良好环境，引导群众从"信访"向"信法"转变。同时信访干部也要提升依法履职的能力水平，努力让人民群众在每一件信访事项办理过程中感受到公平正义。

十二

提高政府履职能力

新征程新使命，对政府工作提出了新的更高要求。各级政府及其工作人员要深刻领悟"两个确立"的决定性意义，增强"四个意识"、坚定"四个自信"、做到"两个维护"，自觉在思想上政治上行动上同以习近平同志为核心的党中央保持高度一致，不断提高政治判断力、政治领悟力、政治执行力，把党的领导贯穿政府工作各方面全过程。要当好贯彻党中央决策部署的执行者、行动派、实干家，把坚持高质量发展作为新时代的硬道理，把为民造福作为最重要的政绩，切实转变工作作风，不断提高政府履职能力和行政效能，努力建设人民满意的法治政府、创新政府、廉洁政府和服务型政府，全面履行好政府职责。

286. 切实做到"四个抓落实"

抓工作贵在落实、成在落实。在 2023 年中央经济工作会议上，习近平总书记提出"不折不扣抓落实，雷厉风行抓落实，求真务实抓落实，敢作善为抓落实"等"四个抓落实"的要求，为深入贯彻落实党中央决策部署、扎实推动高质量发展提供了重要的方法指引。2024 年经济社会发展各项任务艰巨繁重，要继续下功夫狠抓落实。

一是压实工作责任。各地区各部门要对照《报告》确定的主要目标任务，结合本地区本部门实际细化实化具体措施，明确分工、压实责任，一级一级抓落实，将"时时放心不下"的责任感转化为"事事心中有底"的行动力。

二是加强协同配合。政府工作是一个有机整体。中央部门和地方政府之间、部门与部门之间、部门内部之间要高效协同、形成合力。重大政策落实要实行清单化、闭环化管理，从政策设计到执行落实到结果反馈，打造完整工作闭环。

三是完善监督考核。继续用好督查工作机制，加强对政策执行情况的督促检查、跟踪问效。发挥新闻媒体、人民群众和企业等的监督作用。

四是力戒形式主义、官僚主义。紧盯老问题新变种，加大力度纠治文山会海、扎堆督查检查、工作过度留痕、任务层层加码、"指尖上的形式主义"等问题，推动干部把更多精力用到干实事、抓落实上来。

287. 深入推进政府职能转变

进一步转变政府职能，不仅是提高政府效能的必然要求，也是增强社会发展活力的必然要求。2023 年新一轮机构改革中央层面已经基本完成，2024 年地方层面的机构改革也将落地。各级政府要以机构改革为契机，围绕贯彻好、落实好党中央决策部署，深入推进政府职能转变。

转变政府职能要明确大方向。就是要进一步厘清政府和市场、政府和社会的关系，充分发挥市场在资源配置中的决定性作用，更好发挥政府作用，推动有效市场和有为政府更好结合。要完善政府经济调节、市场监管、社会管理、公共服务、生态环境保护等职能，着力创造良好发展环境，维护社会公平正义，扎实推进中国式现代化建设。

转变政府职能要突出发力点。转职能不是空的，而是贯穿在一些具体工作之中。2024 年要重点推动打造一流营商环境，持续清理市场准入、政府采购、工程招投标中的"隐性门槛"，坚决纠正各种形式的地方保护、内卷式招商等问题，更好服务全国统一大市场建设。还要继续深化行政审批制度改革，加强行政许可规范管理。加强和创新政府监管，严格落实监管责任，不断提升监管效能。

288. 加快数字政府建设

建设数字政府是数字时代创新政府治理理念和方式的重要举措，对加快转变政府职能，建设法治政府、创新政府、廉洁政府和服务型政府意义重大。近年来，我国数字政府建设迈出新步伐，各地涌现出不少各具特色的创新实践。下一步，要以落实《国务院关于加强数字政府建设的指导意见》为重点，总结推广好的经验，进一步加快数字政府建设。

一是建好用好一个"平台"。目前已经建成了全国一体化政务服务平台，要不断完善其功能，建设好这个"总门户"。要注意加强统筹，推进数字政府标准化、集约化建设，坚决防止"形象工程"、重复建设等问题。同时，推动与政务服务大厅、12345政务服务便民热线等融合发展，优化线上线下办事体验。

二是抓住数据共享这个"牛鼻子"。这是影响数字政府建设的关键问题，当前仍然存在一些突出堵点。要加快条块信息系统互联互通，重点推动有关部门垂直管理业务系统与地方数据平台联通。推动出台政务数据共享条例及工作指南，推进政务数据安全有序共享和高效利用。

三是切实筑牢安全"防线"。安全可控是建设数字政府的重要原则和前提。要加快构建数字政府安全保障体系，提升安全保障能力，确保网络安全、数据安全、技术安全。

289. 推进"高效办成一件事"

在政务服务事项办理过程中，企业和群众反映比较突出的一个问题，就是当一件事涉及多个环节、多个部门、多个层级时，整个办下来往往耗费很多时间和精力。对此，国务院把"高效办成一件事"作为优化政务服务、提升行政效能的重要抓手，坚持系统观念，强调整体设计，通过跨地区、跨部门协作，把政务服务的各环节串起来，优化办事流程、精简办事材料、提高办事效率，最大限度利企便民，激发经济社会发展内生动力。

2024年1月，国务院印发《关于进一步优化政务服务提升行政效能推动"高效办成一件事"的指导意见》，从全面加强政务服务渠道建设、深化政务服务模式创新、强化政务服务数字赋能、推动政务服务扩面增效、夯实政务服务工作基础等五方面提出了系列具体举措。比如，推进线下办事"只进一门"、线上办事"一网通办"、企业和群众诉求"一线应答",形成"一门一网一线"多级覆盖、多渠道融合的政务服务体系,避免"找多头"、"进多门",多头填、反复报,应而不答、推诿应答等问题。

👤 政策传真

"高效办成一件事"首批重点事项清单

《关于进一步优化政务服务提升行政效能推动"高效办成一件事"的指导意见》,按照"办理高频、涉及面广、反映问题多"的原则,提出了首批 13 个重点事项。属于经营主体办事的有 8 项,涵盖企业变更、开办运输企业、开办餐饮店等企业准入准营事项 3 项,水电气网联合报装、信用修复、企业上市合法合规信息核查等企业经营发展事项 3 项,企业破产信息核查、企业注销登记等企业退出事项 2 项;属于个人办事的有新生儿出生、教育入学、社保卡服务、残疾人服务和退休等 5 项。

今后将着力形成"高效办成一件事"常态化机制,每年都梳理一批重点事项,一件接着一件办,一年接着一年干,不断提高政务服务标准化、规范化、便利化水平,切实提升企业和群众办事满意度、获得感。

290. 全面推进严格规范公正文明执法

行政执法工作量大面广,一头连着政府,一头连着群众,直接关系群众对党和政府的信任、对法治的信心,对此必须高度重视。2024年是实施提升行政执法质量三年行动计划(2023 年—2025 年)的关键一年,重点做好以下几个方面工作。

一是抓好行政执法突出问题整治。聚焦人民群众反映强烈的运动式执法、"一刀切"执法、简单粗暴执法、野蛮执法、过度执法、机械执法、逐利执法等问题，开展专项治理和监督行动，严肃整治行政执法中的不作为乱作为。2024 年年底前，有关部门将组织对各地区专项整治情况开展专项监督。

二是健全行政执法标准规范。主要是针对长期存在的自由裁量权大问题，全面落实行政裁量权基准制度，规范自由裁量空间，防止出现"同案不同罚"、"小过重罚"等问题。

三是完善行政执法工作机制。这方面机制比较多，比如，要健全以信用为基础的新型执法机制，完善联合检查、非现场执法等机制。再比如，针对有的不当行政执法对企业造成较大影响，要探索建立涉企行政执法案件经济影响评估制度，依法降低行政执法对企业的负面影响。

总之，只有做到严格规范公正文明执法，让执法既有力度又有温度，才能切实增强行政执法的权威性和公信力，提升群众满意度。

291. 加强审计监督

审计是党和国家监督体系的重要组成部分，是推动国家治理体系和治理能力现代化的重要力量。新时代新征程加强审计监督，总的要求是构建集中统一、全面覆盖、权威高效的审计监督体系，更好发挥审计监督作用。

一是聚焦主责主业开展审计。坚持和加强党中央对审计工作的集中统一领导，强化审计工作的政治属性和政治功能。准确把握和领会党中央决策意图和战略部署，围绕党和国家中心工作，立足经济监督定位，查实"账本子"、看好"钱袋子"，发挥好经济运行"探头"作用，保障党中央令行禁止。

二是推进审计全覆盖。坚持审计无禁区，做到应审尽审、凡审必严。在对象上，对所有管理使用公共资金、国有资产、国有资源的地方、部门和单位的审计监督权无一遗漏、无一例外，消除监督盲区和死角，形成常态化、动态化震慑；在效果上，兼顾质量和效率，聚焦重点区域、重点领域、重点单位、重点人员的查深查透，不断拓展审计监督广度和深度，形成实际的、实质的震慑。

三是推动审计结果权威高效运用。把审计整改"下半篇文章"与审计揭示问题"上半篇文章"摆在同等重要位置一体推进，进一步健全完善全面整改、专项整改、重点督办相结合的审计整改总体格局，做到整改到位、处理到位、问责到位。

292. 持续为基层和企业减负

近年来，各地区各部门大力纠治形式主义、官僚主义突出问题，精简会议与发文数量，解决督查检查考核过多过频、过度留痕等问题，为基层和企业卸下不必要的负担。同时也要看到，真正做到为基层和企业减负，不是一蹴而就的，需要持续用力，不断健全长效机制。

各地区各部门要牢固树立正确政绩观，将"对上负责"与"对下负责"统一起来，坚持务实功、求实效，不慕虚荣、不务虚功、不图虚名，使各项工作更加符合党中央的决策意图、顺应人民群众期待。形式主义、官僚主义问题具有顽固性和反复性。要继续严守精文减会的硬杠杠，严控督查检查考核总量和频次，持续纠治线上学习、打卡填表、网络投票等行为中存在的"指尖上的形式主义"。基层工作千头万绪，要推进基层治理体系和治理能力建设，建立健全基层履职尽责的正面清单和减负的负面清单，一看就知道"干什么活、办什么事、担什么责"，防止以"属地管理"为由搞"责任甩锅"。

293. 完善政务公开制度

政务公开是政府发布政策、通报情况、沟通工作、连接社情民意的重要渠道。当前，国内外形势深刻复杂变化，信息技术发展也对政务公开带来新的机遇和挑战，需要进一步完善制度、做好政务公开工作。

从政府信息公开内容看，哪些应当主动公开，哪些依申请公开，哪些属于涉密信息不能公开，都要有明确规则。要建立主动公开事项目录，实行清单化管理，逐项明确公开主体、方式、渠道、责任等，做到法定公开事项主动公开到位。全面提升政府信息公开申请办理工作质量，有效保障公众合理信息需求。

从政策解读方面看，2023年以来，各级政府在加强经济宣传和舆论引导上做了不少积极有效工作。2024年要全面加强政策解读，更加注重对政策出台背景目的、重要举措以及经济发展热点问题等的解读，让企业和群众能够及时知晓政策、更好理解政策、便捷享受政策，更有针对性、更有说服力地唱响中国经济光明论，更好稳定社会预期、增强市场信心。

从政务公开方式看，除了在政府网站进行公开外，还要创新方式，因地制宜、因事制宜，综合运用传统媒体、政务新媒体等多种平台，采取群众喜闻乐见的方式，不断提高政务公开的实效。

（图片来源：新华社）

后 记

第十四届全国人民代表大会第二次会议审议和批准了李强总理所作的《政府工作报告》（以下简称《报告》）。《报告》以习近平新时代中国特色社会主义思想为指导，全面贯彻党的二十大和二十届二中全会精神、中央经济工作会议精神，深入贯彻落实习近平总书记重要讲话和重要指示批示精神，按照党中央决策部署，总结了2023年工作，提出了2024年经济社会发展的总体要求、政策取向和工作任务，是做好今年政府工作的纲领性文件。

为深入学习贯彻习近平新时代中国特色社会主义思想，认真学习贯彻习近平总书记在今年两会期间发表的重要讲话精神，帮助广大干部群众学习理解《报告》提出的今年经济社会发展主要目标任务和政策举措，国务院研究室编写组编写了《2024政策热点面对面》一书，从《报告》中选取293个重点热点问题，进行深入浅出、通俗易懂的解读阐释。本书以党中央大政方针、国家相关法律法规和政策为依据，观点权威准确、形式生动活泼，是干部群众学习领会《报告》精神的重要辅助读物。

本书由国务院研究室主任、《报告》起草组负责人黄守宏同志担任编委会主编并作序。编委会成员对书稿内容进行了审读把关。国务院研究室参加本书撰稿工作的有：刘日红、姜秀谦、王胜谦、宋立、李攀辉、牛发亮、乔尚奎、王汉章、侯万军、包益红、黄良浩、刘军民、高振宇、史德信、袁鹰、贺达水、杨春悦、孙慧峰、王晓丹、王敏瑶、张凯竣、黄涛、闫嘉韬、章轩、杜庆彬、叶世超、孙韶华、李强、冯晓岚、杨祎、马波、宋哲、吴兰谷、方松海、梁希震、张伟宾、王存宝、杜浩然、杨云超、郭琨焜、饶璨、冯晓宇、刘若霞、陈光华、庾波、刘帅、刘一鸣、刘开标等同志。参加本书组稿和编校工作的有：包益红、孙韶华、张伟宾和中国言实出版社冯文礼、朱艳华、马衍伟、廖厚才、曹庆臻、张海霞、郭江妮、王蕙子、邱耿、许小雪、史会美、王建玲、王君宁、代青霞、华竹、宫媛媛、张国旗、韩梦、刘晓云、徐晓晨等同志。

本书编写组

2024 年 3 月